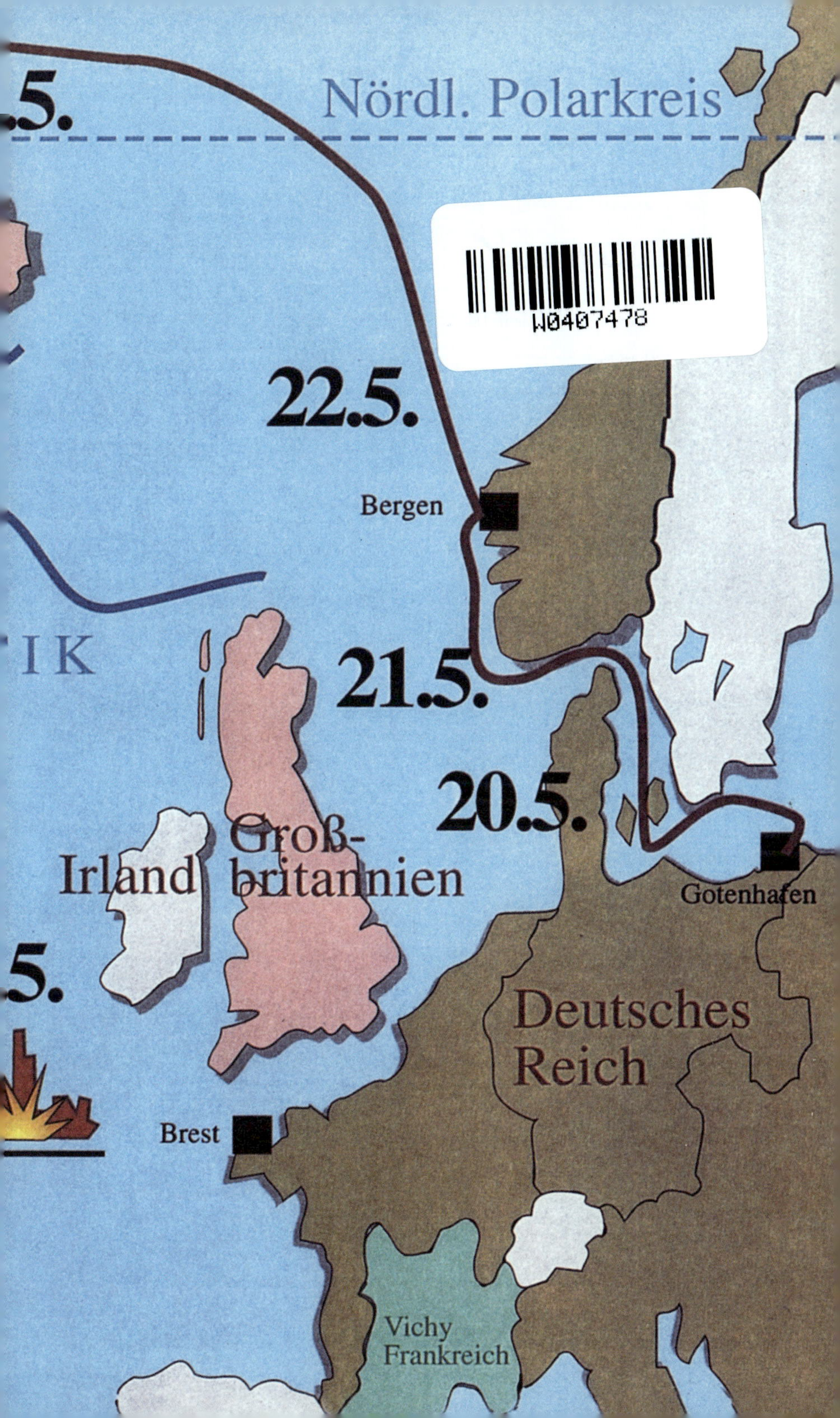

.5.
Nördl. Polarkreis
22.5.
Bergen
I K
21.5.
20.5.
Groß-
britannien
Irland
Gotenhafen
5.
Deutsches
Reich
Brest
Vichy
Frankreich

Die Schicksalsfahrt der **Bismarck**

Will Berthold

Die Schicksalsfahrt der Bismarck

Sieg und Untergang

Tatsachenbericht

Weltbild

Genehmigte Lizenzausgabe für Verlagsgruppe Weltbild GmbH,
Steinerne Furt, 86167 Augsburg

Umgschlaggestaltung: Uhlig, Augsburg / www.coverdesign.net
Umschlagmotiv: Süddeutsche Zeitung Photo / Scherl (Bildnummer 31387)
Gesamtherstellung: CPI – Clausen & Bosse GmbH, Leck
Printed in the EU

ISBN 978-3-8289-0888-8

2012 2011 2010 2009
Die letzte Jahreszahl gibt die aktuelle Lizenzausgabe an.

Seit Stunden jagen sich die Latrinenparolen. Als die ersten Abendnebel den schlanken grauen Koloss streifen, kommt der Admiral an Bord. Jetzt weiß jeder, dass es Ernst wird, dass es dahingeht. In den Krieg. An die Wasserfront. In den von den Engländern beherrschten Atlantik. Totale Urlaubssperre ab sofort. Die Hafenbräute und die Hafendirnen, die Frauen der Offiziere und die Mütter der blutjungen Matrosen warten heute vergeblich.

Der Einsatz beginnt mit Eintopf. Noch verbindet die Gangway das Flottenflaggschiff *Bismarck* mit dem Land, das 2.287 Mann der Besatzung nie mehr sehen werden. So viele werden sieben Tage später von den Granaten zerrissen, von den Torpedos zerfetzt, von den Bomben zermalmt; so viele werden in den brennenden Ölpfützen der gepeitschten See ertrinken.

Aber daran denkt keiner, der jetzt mit großem Appetit einen Labskaus hinunterlöffelt. Wer denkt schon an das Sterben, solange er noch im Hafen liegt?

Die Männer an Bord spielen Karten. Sie hören Radio. Sie erzählen sich derbe Witze, und sie lachen darüber. Andere sind ernster, schreiben an ihre Mütter, an ihre Bräute, an ihre Frauen. Sie sind unruhig, aber zuversichtlich. Zuversicht steckt an. Zuversicht ist erwünscht. Zuversicht ist befohlen. Zuversicht ist selbstverständlich, wenn man an Bord des modernsten Schlachtschiffes der Welt ist. Von den eisgrauen, stahlkalten 38-cm-Geschützen strahlt sie aus, von den 175.000 Pferdestärken der Turbinen, von den 190.000 Granaten in den gepanzerten Munitionskammern des Riesenschiffes.

Die Matrosen wissen, dass sich die feindlichen Geschosse erst durch unbezwingbare Chromnickelstahlplatten hindurchbeißen müssen, wie sie außer der *Bismarck* kein Schiff der Welt hat; sie wissen, dass ihr Kahn nicht sinken kann, dass in den letzten Monaten der Baubelehrung, bei den Übungsfahrten in der Ostsee jeder Handgriff, jedes Manöver, jede Eventualität hundertmal, tausendmal exerziert wurden.

Es gibt nichts, was das 46.000-Tonnen-Schiff *Bismarck* zu befürchten hätte – nichts außer dem, was kommen wird …

Vier Mann der Besatzung fehlen noch: Oberfähnrich zur See Peters und drei Mann, abkommandiert zur Kartenvergleichsstelle. Sie sollten den letzten Stand der minenfreien Wege in die Karten der *Bismarck* eintragen. Damit waren sie am Nachmittag fertig. Da sie später an Bord zurückerwartet wurden, entschlossen sie sich, ihre Freizeitgestaltung in die eigenen Hände zu nehmen.

Sie stoppten einen Lastwagen und fuhren von Gotenhafen nach Danzig, wo es teuren Schnaps und billige Mädchen gab. Sie passierten sattgrüne Kastanienalleen und blühende Kirschbäume. Aber sie sahen den Frühling nicht. Sie interessierten sich nicht für die Schönheit des Maitags. Sie wollten noch einmal Land schnappen oder vielmehr das, was sich ein Seemann unter Land vorstellt.

Der Lastwagen hält vor einer Gaststätte. Sie geben dem Fahrer ein paar Zigaretten und haben es eilig.

»Um neunzehn Uhr seid ihr hier«, sagt der Oberfähnrich, »sonst soll euch der Teufel holen!«

»Jawohl, Herr Oberfähnrich«, entgegnen die drei Männer. Dann machen sie sich lachend auf den Weg …

Nur das typische Schiffsgeräusch, das halblaute, gleich bleibende Surren und Sausen der Maschinen, zeigt an, dass die *Bismarck* bald von Schleppern aus dem Hafen gezogen werden soll. Der Besatzung fällt die surrende Monotonie nicht mehr auf. In den letzten Stunden wurde sie durch dreihundert »Badegäste« verstärkt; so nennt man die Prisenkommandos, den Zweiundachtzig-Mann-Stab des Flottenchefs Admiral Lütjens, und die Besatzungen der fünf Bordflugzeuge, die so lange auf Freiwache sind, bis es mulmig wird. Das Flottenflaggschiff *Bismarck* ist eine schwimmende Stadt mit Nachbarn, die einander kennen, und Fremden, die sich nie gesehen haben und kühl aneinander vorbeilaufen; mit Plätzen und mit Straßen, mit Friseurgeschäften, Wäschereien, Schuhmacherwerkstätten und Schneidereien. Erst im Einsatz unterstehen die Friseure, Schuster, Schneider, Zivilstewards und Kantinenpächter als Hilfssanitäter militärischem Befehl. Die Vorgesetzten werden nur einmal am Tage gegrüßt.

Auf dieser Zweihundertsechsundvierzig Meter langen und sechsunddreißig Meter breiten schwimmenden Stadt gibt es natürlich keine Frauen. Frauen kleben nur als Fotografien mit gefrorenem Lächeln oder erstarrtem Ernst, mit hochgeschlossenen, züchtigen Kleidern oder in halb nackter Pinup-Stellung an den Spinden, zwischen den Kojen oder an den stählernen Wänden der Decks. Die Fotos sind Allgemeingut der Besatzung und das ständige Thema Nummer eins.

Der Flottenchef befiehlt fünf Offiziere in den Kartenraum. Er hat ein schmales, verbissenes Gesicht, kurz geschnittene, sorgfältig gescheitelte Haare. Er spricht dialektfreies Hochdeutsch und mustert seine Offiziere, darunter den Kommandanten, Kapitän zur See Lindemann, ohne ein Zeichen persönlicher Teilnahme.

»Meine Herren«, beginnt er, »wir laufen in zwei Stunden aus. Aus Tarnungsgründen wird heute Nacht unser Schwesterschiff, die *Tirpitz,* hier festmachen. Wir erreichen morgen früh norwegische Gewässer, bunkern in Bergen kurz auf und vereinigen uns dann mit der *Prinz Eugen,* die mit uns zusammen operieren wird. Wir werden im Atlantik Kreuzerkrieg führen. Auf Befehl des Oberkommandos der deutschen Kriegsmarine sind Kampfhandlungen mit feindlichen Kriegsschiffen nach Möglichkeit zu vermeiden.«

Der Admiral sieht einen Augenblick vom Kartentisch auf. Noch immer ist in seinem Gesicht der verbissene Zug. Sein schneeweißer Kragen ist eine Nuance zu weit. Zwischen den Ecken hängt das Ritterkreuz.

»Es ist anzunehmen, dass der Gegner den bevorstehenden Einsatz der *Bismarck* bereits in Norwegen ausmacht. Wir laufen aus Bergen mit Scheingeleit aus und gehen dann mit der *Prinz Eugen* allein weiter. Die verfügbaren deutschen U-Boote halten sich in dem beabsichtigten Operationsgebiet auf, ebenso verstärkt die Luftwaffe ihre Tätigkeit. Die Versorgungsschiffe stehen an den von mir benannten Positionen. Haben Sie noch eine Frage?«

»Nein, Herr Admiral«, entgegnet Kapitän Lindemann.

»Gut… Ich habe keinen Zweifel, dass sich der Feind über die Feuerkraft und den Aktionsradius der *Bismarck* im Klaren ist. Er wird uns alles entgegenwerfen, was er hat. Wir werden siegen oder nicht zurückkehren.«

Der Admiral entlässt mit einem flüchtigen Kopfnicken seine Offiziere. Er sieht durch sie hindurch, als ob sie aus Glas wären. Er ist kein Mensch nach ihrem Geschmack. Aber sie wurzeln viel zu sehr in der Tradition der Kriegsmarine, als dass sie sich das eingestehen würden.

Die Mannschaften haben es leichter. Sie nennen den Flottenchef Günther Lütjens kurzerhand »Schwarzer Teufel«.

Oberfähnrich Peters ist als Erster am Treffpunkt. Er ist schlank, schmal und blass. Vor einer Viertelstunde hat er sich von seiner Mutter verabschiedet. Er sagte ihr nicht, dass die *Bismarck* ausläuft, aber sie wusste, sie fühlte es, und sie weinte. Er ärgerte sich über ihre Tränen, und er ärgerte sich darüber, dass sie ihm auf die Nieren gingen. Er schüttelt den Gedanken an die alte Dame barsch ab, flucht über das Ausbleiben seiner drei Leute und hat das Gefühl, dass er einen Schnaps gut gebrauchen könnte.

Als Zweiter kommt der Matrosengefreite Pfeiffer, ein Junge von knapp achtzehn Jahren, dem der Krieg lieber ist als die Schule. Vorläufig wenigstens.

»War wohl schön, was?«, fragt Peters.

»Jawohl, Herr Oberfähnrich.«

»Wo sind die anderen?«

»Ich weiß nicht. Ich habe mich von ihnen getrennt.«

»Warum?«

»Ich habe plötzlich keine Lust mehr gehabt. Ist ja immer das Gleiche… Sie sind ja auch nicht mitgegangen, Herr Oberfähnrich.«

»Wenn die zwei jetzt nicht kommen, sind wir aufgeschmissen.« Der Oberfähnrich bereut bereits seinen Ausflug nach Danzig. Neben ihm, auf der Wirtshausbank, liegen die Seekarten, die der Navigationsoffizier dringend erwartet. Er denkt an seine Mutter und sieht auf die Armbanduhr. Im gleichen Augenblick kommen die beiden Maate. Mehring lallt schon unter der Türe: »Jetzt müssen wir sehen, dass wir auf den Dampfer kommen.« Hinrichs sieht nicht viel besser aus. Er hat ein gerötetes Gesicht und rülpst vor sich hin.

»Der Teufel soll euch holen«, sagt Peters.

»Zu Befehl, Herr Admiral«, entgegnet Mehring. »Der Teufel kann uns alle noch holen. Aber jetzt wird's Zeit, Kinder. Draußen wartet unser Auto.«

Der Oberfähnrich stutzt, als er den Wagen sieht. Ein schwarzes Kastenauto mit silbernem Palmenzweig und der Aufschrift »Pietät«. Die beiden Maate haben einen Leichenwagen organisiert.

»Sehr symbolisch«, sagt der Matrosengefreite Pfeiffer.

»Halt's Maul«, versetzt Hinrichs. »Totenautos bringen Glück.«

Die vier Soldaten stehen gebückt zwischen immergrünen Zweigattrappen und verblichenen Kranzschleifen. Sie halten sich an der Sargstange fest. Die ungewöhnliche Umgebung dämpft für einen Augenblick ihre Gespräche.

Bei jeder Kurve fallen sie gegeneinander, fluchen und lachen. Mehring holt unter seinem Troyer eine Flasche Schnaps hervor, nimmt den Korken ab und hält sie Peters hin.

»Prost«, sagt er, »besser saufen als absaufen.«

Die Flasche pendelt von Mund zu Mund. Peters, der nichts verträgt, steigt der Schnaps sofort in den Kopf. Mehring grölt den »Westerwald«. Pfeiffer trinkt widerwillig mit verbissenem Gesicht.

»Wo warst du denn überhaupt?«, fragt Hinrichs.

»Das geht dich nichts an.«

»Mensch«, erwidert der Maat, »ich glaub', der war in der Kirche. Hast' wenigstens für uns mitgebetet?«

Wieder kreist die Flasche.

»Wollt ihr wissen, wo wir waren?«, fragt Mehring.

»Wo ihr wart, wissen wir ganz genau«, entgegnet Peters, »im Puff natürlich.«

»Wo ein Seemann hingehört.«

Mehring rülpst und fährt dann fort:

»Wir haben's für euch mitgetrieben.«

Die Flasche ist jetzt fast leer. Pfeiffer hat seinen Widerwillen gegen den Fusel aufgegeben und trinkt kräftig mit. Peters ist fast blau. Die beiden Maate haben den üblichen Pegelstand längst erreicht.

»Möcht' wissen, für was ihr nach Danzig gefahren seid«, beginnt Mehring wieder. »Mensch, da bin ich doch gleich an die Rote gekommen. Dachte, die wäre es. War einen Dreck wert. Zehn Mark hat es gekostet. Dann hab' ich mir die Blonde geschnappt, die mit dem prima Herz, weißt schon. Kann nur sagen: Extraklasse. Das ist immer so, die Blonden halten, was die Roten versprechen. Wie war's denn mit dir?«

Er stößt Hinrichs an. Aber Hinrichs ist geistig weggetreten und grölt den »Westerwald« vor sich hin.

»Der wird gleich kotzen!«

»Reißt euch zusammen«, sagt Peters, »wir sind da.«

»Reiß dich selbst zusammen, Oberfähnrich. Du machst schließlich die Meldung.«

Der Wagen hat sein Ziel erreicht, fährt am Kai entlang, hält. Es ist ziemlich neblig, dreißig, vierzig Meter Sicht vielleicht.

»Na, wo ist denn unser Dampfer?«, fragt Mehring. Er gibt dem Fahrer Zigaretten. »Wenn du so weitermachst«, sagt er zu ihm, »springt noch einmal der Sargdeckel auf, Kumpel.«

Der Oberfähnrich hält die eingerollten Seekarten krampfhaft unter dem Arm. Die frische Luft wirft ihn fast um. Der Wagen wendet, fährt ab.

»Bin ich besoffen?«, fragt Peters, »das Schiff ist weg!«

Die *Bismarck* hat ihren Liegeplatz verlassen. Sie liegt auf Reede. Bis das der Oberfähnrich und seine drei Mann erfahren, vergeht eine halbe Stunde. Es ist jetzt allerhöchste Zeit. Eine Barkasse bringt sie zum Flottenflaggschiff. Sie klettern das Fallreep hoch. Hinrichs tritt Pfeiffer auf die Hand. Pfeiffer flucht. Mehring fällt eine volle Flasche Schnaps aus dem Troyer.

»Scheiße«, sagt er.

Peters erreicht als Erster das Deck. Fünf Meter neben ihm steht Kapitänleutnant Werner Nobis. Peters geht auf ihn zu, grüßt.

»Oberfähnrich Peters und drei Mann vom Seekartenvergleich zurück«, meldet er.

»Besoffen?«, antwortet Nobis.

»Nein, Herr Kaleu.«

»Mensch, fressen Sie Kaffeebohnen. In einer halben Stunde werde ich abgelöst, dann kommen Sie mit den Seekarten zu mir. Nüchtern! Verstanden!«

»Jawohl, Herr Kaleu.« Mehring, Hinrichs und Pfeiffer verziehen sich fluchtartig.

»Mensch, wo bin ich denn zu Hause?«, fragt Mehring. »Der Schnaps ist auch im Eimer … Wohl bekomm's … Aber jetzt werd' ich den Kameraden mal was erzählen.«

Eine halbe Stunde später geht die *Bismarck* Anker auf in See. Kurs Großer Belt/Skagerrak. Die Antriebsturbinen sind jetzt eingeschaltet. Erst ab Brücke A kann man die Vibration spüren. Marscherleichterung ist befohlen. Die Freiwache soll schlafen, um sich für den Einsatz zu schonen. Aber für die meisten der jungen Matrosen ist es die erste Feindfahrt, und sie erwarten, dass jeden Augenblick etwas geschehen müsse.

Die Stimmung ist ausgezeichnet. Es sind fast nur Freiwillige an Bord, junge, prächtige Burschen, denen der Krieg noch nichts gegeben und genommen hat. Der Krieg des Jahres 1941, der zielstrebig auf den deutschen Sieg zuzumarschieren schien …

Ruhig und souverän stampft das Flottenflaggschiff durch die See. Achtundzwanzig Seemeilen macht es in der Stunde, die sich bei äußerster Kraft auf einunddreißig Meilen steigern lassen. Der Tiefgang ist elf Meter bei voller Belastung. Dann hat die *Bismarck* 46.000 Tonnen Wasserverdrängung. Von der Wasserlinie bis zur Mastspitze ist sie zweiundzwanzig Meter hoch. Die Bordwand ragt vier Meter hoch über den Wasserspiegel, die Außenhaut ist durch einen Torpedogürtel aus starkem Chromnickelstahl zusätzlich geschützt. Kein britischer Torpedo des Jahres 1941 ist stark genug, um diese Wand zu durchschlagen.

Achtundneunzig Geschütze aller Kaliber warten auf den Feind. Die vier Türme verfügen über hydraulisch zu ladende Zwillingsrohre von achtunddreißig Zentimeter Durchmesser. Das besagt noch nichts, denn mit gleichen Kalibern hat die deutsche Marine schon im Ersten Weltkrieg geschossen. Neu aber ist, dass die Geschütze der *Bismarck* auch bei Nacht und Nebel durch elektrische Ortung fast metergenau zielen können. Der Gefechtsstand ist in die Artillerie-, in die Kommando- und in die Signalbrücke unterteilt. Je eine halbe Division, etwa sechzig Mann, schlafen in den Mannschaftsdecks, die so nahe wie möglich bei den Gefechtsständen liegen. Die Offiziere schlafen zu zweit. Nur der Kommandant, der Flottenchef und der Erste Offizier haben Einzelkammern.

Unter Deck ist es reinlich, ruhig und ordentlich – wie in einem Sanatorium. Die Dampfkessel heizen das Schiff. Die Klimaanlage regelt die Temperatur. Fünf Jahre war die *Bismarck* im Bau; über dreihundert Millionen Mark hat sie gekostet. Bei der monatelangen »Baubelehrung« hat sich kein wesentlicher Konstruktionsfehler herausgestellt. Auch im Einsatz nicht.

Auch nach dem Untergang nicht …

Im Deck der zweiten technischen Halbdivision schläft keiner. Die Männer sind seit zwei Stunden wachfrei. Wenn kein Fliegeralarm kommt, für weitere sechs Stunden. Es ist nicht viel passiert heute. Mößmer wurde beim Rauchen erwischt und sollte strafweise auf dem Oberdeck eine Runde drehen. Ein Oberleutnant verdonnerte ihn dazu. Mößmer lief hundert Meter, sprang durch eine Luke und verschwand. Der Offizier kannte ihn nicht, und Mößmer kannte den Offizier nicht, es gab auf der ganzen Welt kein besseres Versteck als die *Bismarck.*

Hengst war zu Kapitänleutnant Bilk befohlen worden. Er suchte die Offiziersmesse drei Stunden, fragte zwanzig Kameraden, aber keiner konnte ihm Auskunft geben. Er wollte sie telefonisch einholen, aber man erklärte ihm, dass alle Leitungen für den Dienstverkehr gesperrt seien. Bis er den Kapitänleutnant fand, hatte der Offizier vergessen, was er von ihm wollte, und der Matrosengefreite kam mit einem Anschiss davon.

Burger hatte Bauchschmerzen. Er verbiss sie zwei Stunden lang und meldete sich dann im Lazarettzwischendeck. Es war eine hochgradige Blinddarmentzündung, und bis sich der Gefreite besann, lag er schon narkotisiert auf dem Operationstisch. Noch unter der Äthermaske fluchte er, dass er den ersten Einsatz verschlafen würde. Die Operation verlief ohne Komplikation.

Dann meldete Lauchs, dass er beobachtet habe, wie ein Zivilsteward eine Kiste Kognak auf die Seite brachte. Plötzlich hatten alle Durst. Sie erinnerten sich daran, dass der Maat Lindenberg im Zivilberuf Schlosser war. Sie weihten ihn ein, und er fabrizierte einen Dietrich. Die Zivilstewards hatten als Einzige ihre Spinde abgeschlossen. Der Dietrich funktionierte tadellos. Aber erst im sechsten Spind fanden sie den Schnaps. Sie schlichen sich lautlos in ihr Deck zurück und machten das Schott dicht. Es ließ sich nicht vermeiden, dass die Kameraden des Maats Lindenberg mitsoffen. So brauchten sie wenigstens die Steuermänner nicht zu fürchten …

Auf dem Gang stand abwechselnd einer Schmiere. Später, als die ersten zwei Flaschen ausgetrunken waren, wurde er vergessen, und er meldete sich mit durstigem Protest. Sie zogen ihre Beobachtungsposten zurück. Von jetzt an war ihnen alles wurscht. Um diese Zeit betraten erfahrungsgemäß die Offiziere selten ein Mannschaftsdeck, und die Unteroffiziere ließen sich mit Schnaps kaufen. Bis auf ein paar Spinner. Aber die waren bei anderen Divisionen.

So beginnt für die zweite technische Halbdivision die erste Feindfahrt. Sie verbrüdern sich mit den betrunkenen Maaten. Im Einsatz oder beim Männertrunk können Unteroffiziere prima Kerle sein. Die Zeiten, da die blutjungen *Bismarck*-Fahrer noch auf dem Kasernenhof geschliffen wurden, liegen schon Monate zurück.

Sie lassen immer wieder den Obergefreiten Link hochleben. Er heiratet in sieben Tagen. Da sie nicht wissen, ob sie zu diesem Zeitpunkt noch Schnaps haben oder Zeit, ihn zu trinken, feiern sie die Ferntrauung vorweg.

»Wie heißt sie denn?«, fragt Lindenberg.

»Else.«

»Zeig mal ein Foto!«

Link reicht es bereitwillig herum.

»Das Gesicht ist hübsch«, stellt ein Maat sachkundig fest. »Aber wie steht's mit den Beinen?«

»Dafür verbürg' ich mich.«

»Busen auch gut?«

»Verlass dich drauf.«

»Hast du schon mal?«

»Das geht euch einen Dreck an.«

Die Runde lacht schallend.

»Ich glaube, der hat noch nicht«, ruft alles durcheinander.

Link steigt beleidigt in seine Matte. Nach ein paar Minuten kommt er wieder und gießt sich Schnaps ein.

»Also dann auf deine Hochzeit!«, ruft ihm der Chor zu. Sie schütten das Zeug in einem Zug hinunter.

»Schön blöd bist du. Ferntrauung, so was. Du bringst dich ja um den Heiratsurlaub.«

»Sind bloß die Tommys daran schuld«, sagt Link.

»Und wie machst du das mit der Hochzeitsnacht?«

Wieder lachen sie schallend.

Verdammt lustig, dieser Krieg! Wie im Schlafwagen! Herr Ober, noch einen Kognak, bitte! Gut geheizt, der Dampfer. Gepflegte Weine, ff Aufschnitt. Tadellose Maate, saufen wie die Löcher. Prima Offiziere, schlafen oder machen Dienst. Ausgezeichnetes Schiff, nicht mal seekrank wird man! Vorläufig wenigstens ...

Sie lassen alles der Reihe nach hochleben. Zuletzt den Seekrieg.

»Wie lange bist du eigentlich schon bei der Marine?«, fragt einer Lindenberg.

»Drei Jahre.«

»Und wo hast du das EK II her?«

»Von einem Minenräumboot.«

»Und für was hast du es gekriegt?«

»Zwei EKs waren zugeteilt. Da ist der Pott abgesoffen, und ich war einer der beiden, die am Leben blieben.«

»Wieso denn abgesoffen?«

»Eine Mine. Wir fuhren direkt mit dem Kiel drauf. Ich stand zufällig achtern.«

»Und die anderen?«

»Die standen nicht achtern … Na, werdet nicht blass. Minen tun uns gar nichts.«

»Wo warst du sonst noch?«

»Auf einem Versorgungsschiff«, antwortet Lindenberg. Auf einmal hat er den Alkohol abgeschüttelt. Er wirkt jetzt blass und verkniffen. Er steckt die anderen an. Die Stimmung ist beim Teufel.

»Das ist die größte Scheiße im Seekrieg. Da hockst du und wartest, bis so ein dicker Pott kommt wie die *Bismarck* zum Beispiel. Sie kommt aber nicht. Dafür kommen die Tommys mit ihren Flugzeugen und knallen dich in aller Seelenruhe ab. Du hast zwar ein paar Geschütze, aber die Flieger können ihre Bomben aus solcher Höhe abwerfen, dass deine Granaten gar nicht hinkommen. Wenn eine Bombe das Ding trifft, dann brennt der Kahn. Feuerbestattung erster Klasse … Na, werdet nicht blass, Kinder. Ihr sitzt ja nicht auf einem Tanker … Ihr habt alle Schwein! Hier sind wir in Abrahams Schoß oder wie der olle Knilch hieß.«

Der Maat hat keine Lust mehr zum Trinken. Er sagt gute Nacht, steht auf und geht. Auch die anderen lassen jetzt den Schnaps stehen.

Link ist längst in seinen Verschlag gekrochen. Er schließt die Augen. Er sieht Else vor sich. Das Mädchen, das er liebt. Die schlanke, blonde Else mit den Kinderaugen, die in sieben Tagen, um 10.30 Uhr allein auf dem Standesamt stehen wird. Und die Witwe sein wird, noch bevor sie Frau wurde.

Aber das weiß sie nicht. Das weiß auch Link nicht.

Der Rauch steigt ihm in die Augen. Sie tränen. Auf dem Tisch steht noch eine angebrochene Flasche Kognak, die keinen Interessenten mehr fand. Link steigt noch einmal aus seiner Hängematte, geht auf den Tisch zu und setzt die Flasche an den Mund. Wenn er sich jetzt gleich wieder hinhaut, hat er noch drei Stunden Zeit zum Schlafen.

Wie gesagt, er weiß nichts von seinem Schicksal. Keiner der *Bismarck*-Fahrer weiß, ahnt, fühlt es. Keine noch so düsterne Fantasie kann ausmalen, was dem deutschen Flottenflaggschiff bevorsteht.

Dem Matrosenobergefreiten Herbert Link wird lediglich eine

Granate den Kopf wegreißen. Das ist noch ein barmherziges Schicksal …

Als die kühlen Morgennebel den Vorhang über dem kommenden Tag, dem 20. Mai 1941, aufziehen, ist die *Bismarck,* umgeben von Zerstörern, von Räum- und Sicherungsfahrzeugen, geleitet von Flugzeugen, genau an der vorher berechneten Position. Noch führt Kapitän Lindemann, der drahtige Offizier, der von seiner Mannschaft vergöttert wird, sein Schiff. Erst nach dem Zusammentreffen mit der *Prinz Eugen* wird er das Kommando an Admiral Lütjens abgeben.

Jetzt wäre die erste Feindberührung mit Flugzeugen oder U-Booten möglich. Aber sie lässt auf sich warten. Auch Stunden später geschieht nichts, als die *Bismarck* in norwegischen Gewässern dahinzieht.

Die Operation *Bismarck* ist mit einer Sorgfalt ohnegleichen vorbereitet. Der Oberbefehlshaber Nord verlegt Infanterieeinheiten nach Bergen und zieht in der norwegischen Hafenstadt Panzerstreitkräfte zusammen. Scheingeleite fahren an der Küste hin und her. Pionierboote treten in Aktion. Die zweite, fünfte und siebte R-Flottille kontrollieren pausenlos die minenfreien Seewege »Agathe« und »Dorothea«. Die Vorpostenketten des Seebefehlshabers Nord stoßen bis zur Eisbarriete vor. Deutsche Fernaufklärer sind ständig in der Luft.

All diese Maßnahmen sollen den Gegner verwirren. Er soll nicht wissen, ob die *Bismarck* eine deutsche Invasion in Island unterstützt, ob sie einen Mammutkonvoi geleitet oder ob sie, mehr oder weniger auf sich allein gestellt, zum Kreuzerkrieg in den Atlantik durchbricht.

Die norwegischen Agenten der Engländer melden nach London, was ihnen vor die Augen kommt. Sie ahnen nicht, dass die deutsche Abwehr mit Abhörgeräten jede ihrer Durchsagen registriert. Seit Monaten kennen die Leute von Canaris das größte norwegische Agentennetz. Längst haben sie eigene V-Leute eingebaut. Die Aufhebung dieser Zentrale aber haben sie sich für den Tag aufgespart, an dem die *Bismarck* zum ersten Mal auf Feindfahrt geht.

Gegen Mittag erreicht das deutsche Flottenflaggschiff Bergen, bei strahlend blauem Himmel und bei kleinem Seegang. Das wachfreie Personal sonnt sich auf Deck. An Land strömen deutsche Landser zusammen und winken dem Schiff zu. Einer besorgt sich ein Boot, rudert auf die *Bismarck* zu und schreit auf das Oberdeck: »Kumpels, habt ihr was zu rauchen?«

Die Matrosen lachen und werfen dem cleveren Ruderer ganze Bündel von Zigaretten zu.

Der Obergefreite winkt hinauf, lacht und ruft:

»Im nächsten Krieg melde ich mich auch zur Marine.«

An Land gibt es eine andere Attraktion: Zwei blonde, hoch gewachsene Norwegerinnen bummeln am Kai entlang, verfolgt von hungrigen Landseraugen. Ab und zu bleiben sie stehen, lachen den Soldaten zu.

»Was für ein schön Schiff? Wie heißen?«, fragte eines der Mädchen einen Unteroffizier in gebrochenem Deutsch.

»Ich weiß es nicht«, erwiderte der Mann. »Jedenfalls ist es toll.« Die beiden Mädchen ahnen nicht, dass sie an diesem Tag auch von Augen verfolgt werden, die ganz und gar nicht ihren weiblichen Reizen gelten. Dass ihnen die Abwehr auf den Fersen ist, dass jede ihrer Bewegungen bewacht wird. Dass die Männer, die sie verfolgen, genau wissen, wohin sie gehen werden. Dass ihr Ziel bereits umstellt ist. Dass man nur noch einen einzigen Funkspruch abwarten wird, um sie zu verhaften.

Die Mädchen gehen zurück zu Arne, zu Arne Svjenrod, der mit der linken Hand die deutsche Marine tonnenweise mit Klippfisch versorgt und mit der rechten die Morsetaste nach London bedient. Sie melden ihm, was sie gesehen haben. Er wird nicht klug aus ihren Beobachtungen. Die Engländer bestürmen ihn, die Armierung des Schiffs, die Tonnage, den Aktionsradius durchzugeben. Noch ist man in Scapa Flow unsicher, ob es die *Bismarck* ist. Nach den Berechnungen der britischen Admiralität dürfte die *Bismarck* erst in zwei Monaten einsatzfähig sein.

Die Engländer wissen nicht, dass die Baubelehrung verkürzt wurde. Arne geht selbst zum Hafen. In Sachen Klippfisch zunächst.

Er kündigt der Marineleitung eine neue Sendung an. Dann bummelt er am Strand. Einer von vielen, die das schöne Wetter und die Neugierde angelockt haben. Er registriert: vier Geschütztürme. Sein Blick ist geschult. Er schätzt die Tonnage annähernd richtig. Und er kommt zu der Ansicht, dass es die *Bismarck* oder die *Tirpitz* sein muss, an deren Deck sich die Matrosen sonnen. Er sieht, dass sie aufbunkert. Er stellt die Vorbereitungen zum Auslaufen fest.

Jetzt hat er es auf einmal eilig. Er geht in sein Büro zurück, verlässt es schnell, geht in ein Nebengebäude, in eine Hinterstube, holt einen Kasten von der Wand, zieht das Wachstuch ab, bedient die Taste.

Man wartet schon auf seinen Funkspruch. Er meldet:

»Deutsches Schlachtschiff, vermutlich *Bismarck* oder *Tirpitz,* 42.000 Tonnen, vier Geschütztürme mit 38-cm-Zwillingen, fünf Bordflugzeuge. Einsatzklar. Läuft heute noch aus. Vermutlich Invasion in Island.«

Er gibt noch eine Menge durch. Wahres und Falsches. Denn viele seiner Unteragenten, denen er vertraut, tragen auf zwei Schultern. Arne sitzt mit verbissenem Gesicht an der Taste. Er hat zwei Kinder und eine junge, hübsche Frau. Er hat ein gut gehendes Geschäft. Aber er vernachlässigt alles. Er hat nur einen Gedanken, ein Ziel – und seinen Hass.

Die Antwort auf seinen Funkspruch wird er mit einem gewöhnlichen Radioapparat in seinem Hauptbüro abhören. Das Zimmer ist überheizt, aber Arne Svjenrod wagt es nicht, die Fenster zu öffnen. Jetzt, auf dem Weg zum Büro, erfüllt sich sein Schicksal. Nur hundert Meter entfernt von ihm hat die Abwehr seine Meldung mitgehört. Sie wird sofort dechiffriert. Korvettenkapitän Steinbrinck von der Abwehr nickt. »Gut«, sagt er, »es ist so weit.« Es ist alles vorbereitet. Die Abwehr greift schlagartig zu.

Arne Svjenrod erwischt es im Hausflur. Zwei Männer in Zivil kommen ihm entgegen.

»Hände hoch!«, rufen sie ihm zu.

Er zögert eine Sekunde, langt in die Tasche, da knallt es schon. Er bricht zusammen.

Ein Norweger ist der erste Tote der Operation *Bismarck* …

Kapitänleutnant Werner Nobis macht sich fertig zur Wache. Sobald die *Bismarck* ausläuft, wird er im Kartenraum stehen und dem Ersten Navigationsoffizier assistieren. Er ist groß, breitschultrig, jung; er wirkt wie ein moderner Wikinger, der gern Frauen küsst und Kaviar isst. Den Anflug von Gepflegtheit, seine gelöste, überlegene Erscheinung wird er auch noch behalten, wenn ganz andere Werte zum Teufel gegangen sind.

Der Kapitänleutnant ist einer der wenigen, die ohne Illusion in den Atlantik ziehen. Er kennt den Seekrieg. Sein Ritterkreuz hängt im Spind. Später, wenn einmal alles vorüber sein wird, legt er es nie mehr an. So weit ist er schon. Aber er wird noch viel weiter kommen …

Nobis ist frei vom patriotischen Fieber der anderen, er ist auch frei von der stumpfen, stieren Selbstverständlichkeit, mit der der Landser dem großen Sterben entgegentritt.

Etwas ganz anderes hatte ihn zur christlichen Seefahrt gebracht, als der unchristliche, unbarmherzige Kampf an der Wasserfront. Die Weite des Ozeans, das Spiel mit Wind und Wellen, die Sonne mit ihren tausend Lichtern, und ein wenig auch die Abenteuerlust ließen ihn als Sechzehnjährigen den blauen Rock anziehen.

Er ging zur Handelsmarine, passierte ohne Zwischenfall alle Stationen und Schikanen und kam als *»zweiter Vierter«* auf den französischen Luxusdampfer *Ile de France.* Dort heuerte man gern junge, gut aussehende Schiffsoffiziere verschiedener Nationalität an, um sie als eine Art uniformierter Gigolos auf »Gesellschaftswache« einzuteilen.

Statt seine »Bestecke« zu schießen, spielte er mit vereinsamten Millionärsgattinnen Tennis und stillte den Lebenshunger jugendlicher Dollarprinzessinnen. Von Brückendienst war nie die Rede. Dann begann die See sich rot zu färben …

Ein Steward klopfte an die Kabinentür von Mrs. Webbster, deren Mann täglich tausend Rinder schlachten ließ. Nobis löste sich aus den Armen der Vierzigerin, keineswegs ungern übrigens, und nahm die Depesche entgegen.

Es war sein Stellungsbefehl an die Wasserfront.

In Le Havre nahm er Abschied. Er sprach noch einmal mit seinen Freunden, die jetzt seine Feinde zu sein hatten. Er gab dem großen, jungen Oly, der ihm wie ein Bruder glich, die Hand. Sie schlugen sich gegenseitig auf die Schultern, sahen aneinander vorbei und lachten über ihre verkniffene Sentimentalität.

Auch Oly hatte seinen Stellungsbefehl bereits in der Tasche. Zur Royal Navy …

Der Lehrgang war rasch vorüber. Ein halbes Jahr später war Nobis schon wieder auf See. Er jagte britische Frachter, beschoss britische Flugzeuge, übernahm französische Beuteschiffe, führte Geleite durch den Kanal, machte Minen unschädlich und legte Minen, versenkte und wurde versenkt.

Dann kam Deina.

Am falschen Ort, zur falschen Zeit.

Als Kommandant eines winzigen Geleitbootes, als Leutnant zur See, war er hart an der Drei-Meilen-Grenze die spanisch-portugiesische Küste entlanggeblubbert. Er lauerte auf einen australischen Eierdampfer, der sich verspätete. Deshalb gingen ihm Wasser und Öl aus.

Nobis setzte sich, alles auf die eigene Kappe nehmend, mit den neutralen Portugiesen in Verbindung. Er hisste die Quarantäneflagge und lief den Hafen Oporto an. Die Portugiesen hatten versprochen, seine Tanks aufzufüllen. Das Versprechen hielten sie auch. Aber er saß jetzt in der Mausefalle und konnte keinen Meter vor noch zurück. Denn an der Pier von Oporto hing eine britische Korvette, die eben ihre Havarie ausgebessert hatte. Ebenfalls unter Missbrauch der Quarantäneflagge …

Nobis durfte als Einziger seiner Besatzung an Land. Man gab ihm vierundzwanzig Stunden Zeit, und man gab ihm Wasser und Öl. Dann musste er auslaufen. Der britische Zerstörer würde ihm auflauern und ihn schon mit der ersten Salve versenken. Wenn nicht ein Wunder geschah …

Der junge Offizier bummelte verdrossen durch die Hafengassen, auf die er sich in den letzten Stunden so gefreut hatte. Er landete in einer Kneipe, in der ihm durch den Krieg arbeitslos gewordene Dirnen auflauerten. Er zahlte ihnen eine Runde Schnaps und schüttelte sie ab. Jetzt ließ er sich selbst volllaufen, so weit wenigstens, wie es seine Situation erlaubte.

Die Portugiesen waren deutschfreundlich. Die Zwei-Mann-Kapelle wollte ihm einen besonderen Gefallen tun und spielte immer wieder das Englandlied. Der Teufel mochte wissen, woher sie die Noten hatte.

Nobis sann verzweifelt auf einen Ausweg und wusste schon im Voraus, dass es keinen geben konnte. Er hatte die Verantwortung für ein Boot und einundzwanzig Mann. Einundzwanzig prächtige Burschen, die ihm durch dick und dünn folgten und die ihn um seinen Landurlaub beneideten. Ein Kapitän verlässt als Letzter das sinkende Schiff – geht aber als Erster an Land.

Da ging die Türe auf.

Zuerst sah er nur sie.

Sie war schlank, groß und blond. Sie war elegant und selbstsicher. Sie passte so wenig in die Kneipe, dass sie es sich leisten konnte, sie zu besuchen. Nobis verbot seinen Augen, sie anzustarren, aber die Augen machten sich selbstständig. Dann erblickte er ihn. Flüchtig nur, schräg von der Seite. Kein Portugiese, registrierte Nobis.

Dann erstarrte er.

Es war Oly, sein Freund von der *Ile de France,* der Engländer Oly, der genau wie er einen schlecht sitzenden dunkelblauen Zivilanzug trug und ihm so lächerlich ähnlich war.

Im gleichen Augenblick erkannte ihn auch Oly.

Eine Sekunde nur zögerten die Freunde, dann gingen sie lachend aufeinander zu. Ein toller Zufall hatte sie zusammengeführt.

Dann waren sie befangen und schwiegen. Oly hob sein Glas.

»Verdammte Schweinerei«, sagte er, »Prost! Hilft alles nichts. Morgen müssen wir uns beschießen, heute werden wir uns besaufen.«

Sein Inspektionschef von der Kriegsschule hätte die Ausdrücke nicht hören dürfen …

»Dein Kahn an der Pier?«, fragte Nobis.

Oly nickte.

»Deine Nussschale weiter oben?«

Jetzt nickte Nobis.

Sie lachten, aber es war ihnen nicht danach. Sie kannten ihre Situation. Und sie waren Freunde, der eine Deutscher, der andere Engländer – plötzlich mit dem Befehl zur Feindschaft ausgestattet und mit der nationalen Reserve des Seeoffiziers belastet.

Olys Begleiterin hieß Deina. Oly war mit ihrem Vater befreundet gewesen. Werner Nobis saß neben ihr. Sie trug ein eng anliegendes Kleid, vermutlich selbst gemacht. Nobis musste sie immer wieder ansehen. Sie bemerkte es, wurde aber weder böse noch verlegen darüber. Ein paarmal streifte er sie wie zufällig. Die Berührung ließ ihn alles vergessen, aber nur für Minuten, die bereits abgezählt waren.

Sie standen auf und gingen. Deina in der Mitte. Es waren nur ein paar Hundert Meter zum Hafen. Vom Meer her wehte eine frische Brise, die die beiden einander gegenüberliegenden Kriegsfahrzeuge sanft hin und her schaukelte.

»So ist das«, meinte Oly.

»So ist das«, erwiderte Werner.

»Und ihr seid richtige Freunde?«, fragte Deina.

»Ja«, entgegneten beide gleichzeitig.

»Dann ist die Lösung ganz einfach«, fuhr sie fort. »Der eine fährt nach Süden, der andere nach Norden – und wenn ihr euch wiederseht, ist der Krieg aus.«

»Das geht nicht«, versetzte Nobis.

»Das geht nicht«, antwortete Oly.

Er gab Werner die Hand und sah an ihm vorbei.

»Ich bringe jetzt Deina nach Hause.«

Nobis nickte.

»Mach's gut«, antwortete der Deutsche.

»*Take it easy*«, sagte der Engländer.

Die beiden Freunde drehten sich nicht nach einander um. Sie bissen die Zähne aufeinander und verfluchten den Krieg. Dabei würden sie ihn erst am nächsten Tag richtig kennen lernen. Leutnant Nobis dachte an Deina und dachte an sein Schiff. Er konnte nicht ahnen, wie es weitergehen, konnte nicht wissen, wie er sein

Schiff heil nach Hause bringen würde, und er konnte sich noch weniger ausmalen, wie er Deina wiedersehen und lieben und wie ihn der Krieg von ihr wegtreiben würde...

Kapitänleutnant Nobis erhebt sich mit einem Ruck. Oberfähnrich Peters ist eingetreten. Ein wenig zu stramm meldet er: »Kommandant wünscht Herrn Kaleu zu sprechen.«

»Wo?«

»Auf der Brücke.«

Im gleichen Augenblick lichtet das deutsche Flottenflaggschiff *Bismarck* die Anker. Automatisch sieht Nobis auf die Armbanduhr. 17.02 Uhr. Die *Bismarck* fährt dem Feind entgegen.

Sie läuft aus zum größten Sieg der deutschen Kriegsmarine.

Sie läuft aus zur schmerzlichsten Niederlage der deutschen Kriegsmarine...

Langsam und gelassen schert die *Bismarck* aus dem norwegischen Fjord bei Bergen aus. Dicht gefolgt von dem schweren Kreuzer *Prinz Eugen,* einem 19.000-Tonnen-Schiff mit vierzehnhundert Mann an Bord, die ebenfalls zu ihrer ersten Feindfahrt ausläuft. Auf See formiert sich der Verband. Zwei Sperrbrecher fahren an der Spitze. Die Seiten- und Achtersicherung übernehmen fünf Zerstörer.

Auf der Kommandobrücke der *Bismarck* steht Admiral Günther Lütjens, ein Mann, den noch niemand lachen sah. Kurs 260°.

Seegang zwei bis drei. Windstärke vier bis fünf. Sicht: acht Seemeilen. Fahrtgeschwindigkeit: Zweiundzwanzig Seemeilen.

Der Abend bringt diesiges Wetter. Nach vier Stunden und dreißig Minuten Fahrt stößt der Verband rund hundert Seemeilen nordnordöstlich auf einen Konvoi von Handelsschiffen. Der Admiral fordert Erkennungssignal an. Der Konvoi antwortet richtig.

Es ist ein deutscher Scheingeleitzug mit elf Schiffen, gesichert von einem leichten Kreuzer und drei Zerstörern. Der Verband ist lediglich ausgelaufen, um die Operation *Bismarck* zu tarnen. Er erhält den Befehl: »Marsch fortsetzen!«

Die Fahrt geht zurück in die Heimathäfen.

Jetzt werden auch die Sicherungsfahrzeuge entlassen. Das Flaggschiff *Bismarck* und der schwere Kreuzer *Prinz Eugen* gehen auf neuen Kurs. Als ihn Kapitän Lindemann erfährt, schüttelt er den Kopf. Das Oberkommando der Kriegsmarine hatte dem Verband nahegelegt, zwischen Island und den Faröern zum Atlantik durchzubrechen. Grundsätzlich jedoch hat Admiral Lütjens als Flottenchef Handlungsfreiheit. Dass er sich für die viel gefährlichere Dänemarkstraße entschied, ist eine seiner Maßnahmen, die die Seekriegsleitung niemals begriff.

Die Marscherleichterung ist aufgehoben. Die Mannschaft an Oberdeck hat die Schwimmwesten und Stahlhelme griffbereit. Vom Bug bis zum Heck, von der Mastspitze bis zum Kiel knistert Nervosität. Auf einmal spürt jeder das Vibrieren des Schiffes, sagt sich, dass es natürlich ist, und fürchtet sich doch – die blutjungen Matrosen im ersten Einsatz genauso wie die erfahrenen Offiziere, die es sich um keinen Preis der Welt anmerken lassen möchten. Jeder reagiert auf seine Weise. Die einen reden doppelt so viel, die anderen sagen gar nichts mehr, die einen flüstern, die anderen schreien, die einen kommen aus dem Klo nicht raus, und die anderen kommen nicht mehr hinein.

Der Maat Mehring vergisst seine Weibergeschichten. Link denkt an seine Braut. Oberfähnrich Peters erzählt Witze. Aber die Pointen kommen gequetscht. Die Leisen werden angeschrien, sie sollen nicht so laut sein.

Plötzlich fühlt jeder den Gegner, der aus der Nacht, aus dem Nebel heraus, aus der Luft oder unter Wasser angreifen kann. Dass stundenlang nichts geschieht, erhöht die Spannung. Die Männer am Ausguck kämpfen mit Nachtgespenstern. An allen Seiten sehen sie plötzlich U-Boote. Die feixende Fata Morgana löst Latrinenbefehle am laufenden Band aus. Sie werden widerrufen, nochmals gegeben und abermals widerrufen. Nichts ist stürmischer als Waffenruhe auf Feindfahrt …

Oberfähnrich Peters schmeckt das Essen nicht. Aber er fasst nach, um Appetit vorzutäuschen. Warum musste ich blöder Hund zur Marine gehen, denkt er verbissen. Er stellt seinen »Scheinwerfer« – das Essgeschirr – weg und meldet sich wieder im Kartenraum.

»Sie sind ja blass, Peters«, empfängt ihn Kapitänleutnant Nobis. »Ich bin immer blass, Herr Kaleu ... Schon als Kind.« Im gleichen Augenblick wird er rot.

»Jetzt nicht mehr«, stellt Nobis grinsend fest.

»Ich habe keinen Schiss, Herr Kaleu.«

Der Offizier klopft ihm auf die Schulter.

»Hat ja auch niemand behauptet. Mensch, was meinen Sie, wie mir's beim ersten Mal mulmig war. Sie brauchen es ja nicht weiterzusagen: Damals habe ich zweimal am Tag gekotzt.«

»Verstehen Sie den Admiral?«, fragt Peters.

»Ne. Hab' auch gar nicht die Absicht.«

»Der Alte wäre viel lieber durch die Faröer gefahren.«

»Ich auch«, brummte Nobis.

»Lütjens meint wohl, dass die Engländer glauben, wir nähmen diesmal den anderen Weg. Der Admiral denkt eben um zwei Ecken herum. Dafür ist er schließlich Admiral ... Wenn die Engländer auch um zwei Ecken denken, dann klappt alles ... Und jetzt hau' ich mich eine halbe Stunde hin.«

Nobis verlässt den Kartenraum, meldet sich auf der Brücke ab, schnappt ein paar Brisen frische Luft und geht über den Niedergang in das Zwischendeck.

Im gleichen Augenblick verlässt der Matrosengefreite Pfeiffer das Offiziersklo. Im Wirrwarr des »Frontgefühls« hat er die »Schiffsgärten« verwechselt.

»Wo kommen Sie denn her?«, hält ihn Nobis an.

»Jawohl, Herr Kaleu.«

»Was heißt: jawohl?« Nobis lacht. »Das nächste Mal scheißen Sie gefälligst zu Hause.«

»Jawohl, Herr Kaleu.«

Der Obergefreite bleibt unschlüssig stehen.

»Wissen Sie überhaupt, wohin Sie müssen?«

»Nicht mehr so recht, Herr Kaleu.«

»Welche Division?«

»Zweite seemännische.«

»Kommen Sie mit.«

Nobis betritt das Mannschaftsdeck.

Der Deckälteste ruft »Achtung!« und meldet.

Wie Nobis zwischen den Spinden steht, wie er den Mief riecht, wie er die Bilder der halb nackten Mädchen sieht – auf einmal fühlt er sich zu Hause. Auf einmal vergisst er, dass er Offizier ist. Auf einmal ist er da. Unter den Leuten. Unter den Männern. Unter denen, die sein Schicksal teilen. Das Vibrieren ist weg. Nicht nur für ihn. Auch für die anderen. Fünf Minuten. Nur Minuten.

Auf der Back steht eine halb volle Flasche Kognak. Ein Obergefreiter will sie wegräumen.

»Lassen Sie«, sagt Nobis. Er schnappt sich eine Mugg und füllt sie. »Auf Saufen steht Bau«, sagt er. Er schüttet den Becher hinunter. Dann steht er auf.

»Weitermachen!«

Plötzlich ist ihm eingefallen, er ist Offizier auf der *Bismarck.* Und weiter stampft das Schiff durch die Nacht. Mit 2.403 Schicksalen an Bord, über die in wenigen Tagen befunden wird. Vom Krieg, dem Vater allen Mordens. Mit Menschen, die hoffen, sich sorgen, vor Angst zittern oder vor Mut großsprechen. Mit Pflichtgefühl, mit Schweiß, mit Zagen. Einem Ziel entgegen: der Vernichtung. Der eigenen oder der des Gegners. Siegen oder sterben. Vor allem aber mit einem Ziel – weiterleben – wenn's geht.

Und die andere Seite? Was machen die Engländer? Was denken sie? Was wissen sie? Was haben sie dem modernsten deutschen Schlachtschiff entgegenzusetzen? Wie viele Menschen, wie viel Material, wie viele Geschosse? Wie viel Mut, wie viel Glück? Wie viel Zufall?

Im Gebäude der Admiralität in London laufen die Fäden zusammen. Fäden, die sich zunächst nicht entwirren lassen. Von der *Bismarck* weiß man Wunderdinge. Ob sie schon ausgelaufen ist? Oder ist's ihr Schwesterschiff, die *Tirpitz?* Was will sie? Ob alle Meldungen der norwegischen Agenten stimmen?

Die wichtigste Frage aber ist für Admiral Sir John Tovey: Hat der deutsche Verband den Hafen bereits verlassen?

Nur die Luftaufklärung kann sie sicher beantworten.

An diesem Tag, dem 21. Mai 1941, ist das Wetter so schlecht, dass für die »Royal Air Force« generelles Startverbot herrscht. Operativer Einsatz von Flugzeugen wird einfach für sinnlos gehalten. Nach langen Verhandlungen hinter verschlossenen Türen entschließen sich die Briten, das Unmögliche zu versuchen. Mit Freiwilligen ... Mit Fregattenkapitän Rotherham, einem der erfolgreichsten Fernaufklärer.

Rotherhams Erfahrungen erschienen der Marineleitung so wertvoll, dass sie den Offizier längst aus dem Frontdienst zurückgezogen hatte. Rotherham erklärt sich sofort bereit, das Flugboot des veralteten Typs *Maryland* zu besteigen und Bergen anzusteuern – in siebzig Meter Höhe, um die deutschen Radareinrichtungen zu »unterfliegen«. Ziel ist zunächst eine kleine Insel, fünfzehn Seemeilen von Bergen entfernt. Erst von da soll das Flugboot zum entscheidenden Einsatz über dem Fjord ansetzen. Ohne moderne Navigationsmittel – die *Maryland* diente normalerweise als Wetterflugzeug – startete die Maschine. Sie fliegt so tief, dass die Besatzung fürchtet, an den Klippen des norwegischen Festlandes zu zerschellen.

Rotherham erreicht die Orientierungsinsel und fliegt ohne Aufenthalt den Fjord an. Im Tiefflug stößt er durch die Wolkendecke – und stellt fest, dass die Bucht leer ist. Um sicherzugehen, zieht er noch einige Schleifen und fliegt dann nach Bergen weiter, um zu sehen, welche Schiffe im Hafen liegen.

Jetzt nimmt die deutsche Flak den feindlichen Fernaufklärer unter wütenden Beschuss. Im Sturzflug entkommt Rotherham und funkt seine sensationelle Meldung nach England:

»Feindliche Schiffe ausgelaufen.«

Der kühne Pilot springt in der Kombination ans Telefon. Die Admiralität wartet bereits. Um ganz sicherzugehen, wollte sie mit dem Offizier noch sprechen, bevor sie ihre Gegenmaßnahmen anlaufen ließ. Jede Stunde, die die britischen Einheiten noch länger im Hafen bleiben können, ist unersetzlich, weil die Brennstoffvorräte dann eben eine Stunde länger reichen würden.

Später erfährt die Admiralität auch von einem norwegischen Agenten, dass das Schlachtschiff ausgelaufen ist. Wohin?

Etwas steht fest: Der deutsche Verband, der von dem Schlachtschiff geführt wird, hat einen Vorsprung von mindestens sechs Stunden.

Noch bevor die Admiralität weiß, was die deutsche Kriegsmarine vorhat, mobilisiert sie die Gegenkräfte.

Die schweren Kreuzer *Suffolk* und *Norfolk* rücken zur Aufklärung in die Dänemarkstraße aus.

Die *Hood,* das größte Schlachtschiff der Welt, die *Prince of Wales* und sechs Zerstörer stoßen in das Gebiet der Hvalfjord vor.

Die Kreuzer *Birmingham* und *Manchester* erhalten Befehl, westlich Island auf Patrouillendienst zu gehen.

Im Westen Schottlands steht der Kreuzer *Arethusa* mit fünf Zerstörern.

Auf die Jagd nach der *Bismarck* geht auch das Flaggschiff des britischen Admirals Sir John Tovey, die *King George V,* geleitet vom Flugzeugträger *Victorious,* vier Kreuzern und sieben Zerstörern. Doch das ist noch nicht alles.

In der But-of-Lewis-Gegend steht die *Repulse* mit drei Zerstörern. Bei den Faröern lauern fünf britische Kreuzer.

Das Kesseltreiben auf die *Bismarck* hat begonnen. Der Seekrieg reserviert sich achttausend Meilen Operationsraum …

Eine gespenstische Ruhe macht sich sechsundzwanzig Stunden und dreißig Minuten lang breit. Sechsundzwanzig Stunden und dreißig Minuten flackern die Augen der Männer an Bord grundlos. Dann scheint es so weit zu sein. Dann detonieren die ersten Salven …

Kurz vor diesem ersten Alarm stellt Marinestabsarzt Thiele fest, dass der Matrosengefreite Heinz Burger die Blinddarmoperation ungewöhnlich gut überstehen wird. Er liegt im schneeweißen Bett des Lazarettzwischendecks, aber er schätzt es nicht. Zwischen Narkose und erster Genesung ist das gleichmäßige Vibrieren des Schiffs für ihn ohne Bedeutung. Das Fürchten wird er noch lernen.

Kurz vor dem ersten Alarm hat Kapitän zur See Lindemann eine erste harte Kontroverse mit Admiral Lütjens. Niemand hört sie, aber jeder scheint zu wissen, was sich zwischen Admiral und

Kommandant hinter den Stahlwänden der Kommandobrücke abspielt. Wie sehr die Meinungen der beiden Offiziere in der Beurteilung taktischer Fragen auseinander gehen, wird sich nach der Versenkung der *Hood* erschreckend deutlich zeigen ... Ein Drama der Disziplin. Ein Sieg des Befehls über die Vernunft. Es ist jetzt 19.10 Uhr. Die Freiwache hat Essen gefasst: Plum un Klüten – Pflaumen und Klöße. In fünfzig Minuten ist Ablösung.

Die erste Spannung scheint nachzulassen. Die meisten *Bismarck*-Fahrer haben keine Ahnung, wo sie sind. Ihr Maschinenraum ist immer derselbe. Immer derselbe Nachbar, immer derselbe Vorgesetzte. Derselbe Handgriff. Mit Erstaunen und Freude stellen die Gleichmütigen unter den jungen Matrosen fest, wie monoton eine Feindfahrt ist.

Andere reagieren anders. Ein paar Leute der dritten seemännischen Division probieren gerade aus, ob ihre Schwimmwesten wasserdicht sind. Einer hievt in einer Pütz zehn Liter Meer an Bord und hält die Hand in das kalte Wasser, um festzustellen, wann sie abstirbt. Man lacht ihn aus. Draußen sind zwölf Grad unter Null.

Diese Temperatur trägt gerade Kapitänleutnant Nobis in seine Wachkladde ein. Dann hat er wieder eine Stunde wachfrei. In diesen sechzig Minuten sich hinzuhauen, hat er gelernt. Er geht in seine Kammer.

Die vier nackten Holzwände, hauchdünn und schamhaft über Stahl gezogen, vermitteln ihm plötzlich das Gefühl, zu Hause zu sein.

Lächerlich! Zu Hause auf einem Kriegsschiff? Wo ist er schon zu Hause, der Kapitänleutnant Nobis?

Auf einmal ist Deina da, bei der er jetzt sein könnte. In Portugal. In einem neutralen Land. Mitten im Frieden. Gedanken sind schneller als Seemeilen – Werner Nobis tritt für zehn Minuten geistig weg. In die Erinnerung. Er holt Briefe hervor, Fotografien. Er vergisst, wo er ist und wo er sein muss.

Damals, als er im Hafen von Oporto stand, als er sich von seinem englischen Freund Oly verabschiedete, ohne sich noch einmal nach ihm umzudrehen, ging das Leben weiter. Ein Leben, das der Teufel holen sollte, weil es ihm keine Chance ließ. Das er aber Gott sei Dank bis jetzt nicht geholt hat.

Es war 1940, und der Krieg an der Wasserfront war noch ganz gemütlich, wenn man von der Situation des deutschen Geleitboots G 69 absah, auf das hart an der portugiesischen Drei-Meilen-Zone eine britische Korvette wartete. Der damalige Leutnant zur See Werner Nobis musste von seinem Reservekriegsschiff noch einmal an Land zurück, um sich beim Hafenkapitän für die Hilfeleistung zu bedanken.

Man ließ ihn warten. Man hatte seine Gründe dafür. Man wollte keinen kriegerischen Zwischenfall vor der Küste eines neutralen Landes. Es fehlte noch eine Unterschrift zum Auslaufen. Sie fehlte noch einige Stunden.

»Im Augenblick ist kein Lotse frei«, sagte man zu Leutnant Nobis.

»Wie lange dauert ein Augenblick?«

»Zwei Stunden vielleicht.«

Missmutig und sinnlos schlenderte Nobis die Hafengassen entlang. In Zivil natürlich. Wie es das Reglement eines neutralen Staates vorschrieb. Die Nacht hatte ihm Gelegenheit gegeben, sich an den Gedanken zu gewöhnen, dass sein eigener Freund Oly ihn zusammenschießen würde. Weil er Engländer war. Aber umgekehrt wäre es schließlich genauso.

Plötzlich stand sie vor ihm. Die Sorge um seine Leute hatte sie ihn längst vergessen lassen. Wiederum wirkte sie frisch, jung und elegant. Deina.

Sie lachte ihn an. Er betrachtete ihre Augen und dachte an seine Sorgen.

»Warum starren Sie mich so an?«, fragte sie.

»Verboten?«

»Nein.«

Werner Nobis ging mit Deina in ein Cafe, gab seine Bestellung auf, entschuldigte sich und telefonierte mit der Lotsenstation. Natürlich war noch kein Lotse frei. Warten, warten, warten. Und Nerven behalten. Und neben Deina sitzen.

»Was machen Sie in Portugal?«, fragte er sie.

»Ich lebe«, antwortete sie.

»Woher kennen Sie Oly?«

»Sein Vater war ein Freund meines Vaters. Beide waren Seeleute. Vor ein paar Jahren sind sie gestorben. Fast gleichzeitig. Ich bin Engländerin«, sagte sie unvermittelt.

»Verzeihung«, erwiderte Werner Nobis.

»Warum?«

Er schwieg.

»Ich weiß genau, was Sie sagen wollen«, fuhr sie fort. »Ich bin in England aufgewachsen. Meine Mutter ist Portugiesin. Als mein Vater starb, kehrte ich mit ihr in dieses Land zurück. Ich liebe es. Und ich lernte, dass man zwei Länder schätzen kann, auch wenn sie gegensätzlich sind. Verstehen Sie mich?«

»Ja.«

»Ich bin eine schlechte Engländerin. Ich wäre auch eine schlechte Portugiesin. Oder von mir aus eine schlechte Deutsche. England ist für mich nicht mehr als ein Land, das ich achte. Mein Pass ist britisch. Von mir aus. Pässe sind eine Formalität, auf den Menschen kommt es an, nicht auf die Ausweise.«

Deinas Gesicht rötete sich. Ihre Augen glänzten. Sie sprach schnell und heftig. Sie kümmerte sich nicht um die Leute, die zu ihrem Tisch hersahen. Deina kümmerte sich nie um Leute.

Nobis starrte sie an. Er sah ihre Augen, ohne ihre Worte zu hören. Sie sah es, ohne es zu bemerken.

»Macht Ihnen der Krieg Spaß?«, fragte sie.

»Natürlich nicht«, entgegnete er.

»Sehen Sie«, fuhr sie fort, »wir zwei könnten jetzt Tennis spielen oder baden gehen. Oder vielleicht wären wir auf einer Tanzparty und würden uns gerade kennen lernen. Oder wir träfen uns im Theater und würden schrecklich aneinander vorbeisehen. Reizt Sie das gar nicht?«

»Sie tun gerade so, als ob ich den Krieg vom Zaun gebrochen hätte.«

Er stand auf und telefonierte wieder mit der Lotsenstation. Er wusste schon im Voraus, dass der Bescheid negativ sein würde. Er wollte ihn sich nur bestätigen lassen.

»In einer Stunde«, sagte man ihm.

Eine Stunde hat sechzig Minuten. Eine Minute hat sechzig Sekunden. Und eine Sekunde ist wenig kürzer als ein Herzschlag. Ein Herz schlägt schneller, wenn man neben Deina sitzt. Sie standen auf und gingen nebeneinander her. Am falschen Ort, zur falschen Zeit. Nebeneinander her, als gehörten sie zusammen. Aber sie gehörten dem Krieg.

Beide dachten sie es, aber Deina sprach es aus.

»Was wird jetzt aus Ihnen? Ist das nicht hirnverbrannt, was Oly und Sie jetzt tun werden? Was ihr für eure Pflicht haltet? Eine dreckige Pflicht! Eure Pflicht ist, zu leben, zu heiraten, Kinder zu zeugen und ihnen auf die Finger zu schlagen, wenn sie ein Spielzeuggewehr in die Hand nehmen sollten.«

»Das werde ich tun, wenn es so weit ist.«

Deina lächelte Nobis an. Für einen Augenblick legte sie ihre Hand auf seinen Arm. Es war eine natürliche, unabsichtliche Bewegung, aber in dieser Sekunde ahnte, erlebte, liebte sie Werner Nobis. In dieser Sekunde erfuhr er, wer sie war, dass ihn ihr Bild immer begleiten würde. Auf den langen, zerreibenden Patrouillenfahrten, in den kalten, unheimlichen Nächten, im Hagel der Geschosse und in der Öde des Heimatdienstes. Durch den ganzen Krieg hindurch, durch die Nacht, durch die Angst, durch das Grauen.

Eine Viertelstunde später standen sie sich zum letzten Mal gegenüber. Sie glaubten das jedenfalls. Und sie mussten es den Umständen nach annehmen.

Deina sah Werner Nobis an und lächelte. Das Lächeln war schmerzhaft. Er bemerkte es und freute sich für den Bruchteil einer Sekunde darüber.

»Jetzt muss ich mich verabschieden«, begann er.

»Ja«, antwortete sie leise.

Er wollte ihr alles sagen, aber er brachte kein Wort hervor.

»Ich werde morgen keine Zeitung lesen«, sagte sie.

Sie drehte sich noch einmal nach ihm um, dann beschleunigte sie ihre Schritte. Leute, die ihr begegneten, sahen, dass sie weinte. Von jetzt ab ging alles blitzschnell. Nobis fuhr zurück auf sein Geleitboot. Bis zur Drei-Meilen-Zone war alles einfach. Aber dort würde Oly auf ihn warten, mit Geschützen, die ihm keine Chance ließen. Er würde die Zähne zusammenbeißen und seiner Besatzung die Messwerte zurufen. Krieg! Krieg! Scheißegal! Wenn Oly richtig dachte, würde er annehmen, dass Werner Nobis mit seinem Boot nach Norden ausweicht. Also musste man nach Süden laufen. Aber was würde das nützen? Die englische Korvette war schneller als das läppische Geleitboot.

Nobis lief nach Süden – und der erwartete australische Eierdampfer kam ihm entgegen. Er kaperte ihn. Für alle Fälle aßen er und seine Besatzung erst einmal Spiegeleier.

Die Korvette blieb aus. Minuten, Stunden, Tage. Längst hatte das G-Boot mit dem aufgebrachten 15.000-Tonner im Geleit den Rückweg angetreten. Von Oly keine Spur.

Oly hatte, wie sich später herausstellte, seine eigenen Sorgen. Auch in Oporto war ein Posten der deutschen Abwehr. Er hatte die Korvette nach Spanien gemeldet. Von Spanien ging die Meldung weiter nach Südfrankreich. In Südfrankreich stiegen deutsche Bomber auf, um sich das Boot vorzunehmen.

Die ersten Bomben gingen daneben. Dafür saßen die nächsten umso besser. Der Kahn begann zu brennen. Die Mannschaft löschte. Die Hälfte der Mannschaft, die andere war draufgegangen.

Nichts Neues im Seekrieg. Wer kümmerte sich schon um die Olys? Um die Olys auf der anderen Seite?

Nobis lief mit zehn Millionen erbeuteten Eiern im Hafen von Bordeaux ein. Er wurde ausgezeichnet und sofort wieder eingesetzt. Viel später erfuhr er, dass Oly davongekommen war. Vierzehn Tage später wusste auch Nobis, wie Fliegerbomben schmecken. Was es heißt, willenlos in haushoher See zu treiben, am endlosen Horizont zu verzweifeln.

Der Seekrieg hatte ihn unbarmherzig beim Wickel. Nobis hatte eine Chance, ihn abzuschütteln. Deina begegnete ihm wieder. Er liebte das Mädchen und verscherzte seine Chance. Das hielt er für seine Pflicht. Die Pflicht soll der Teufel holen …

Ein Signal unterbricht die Erinnerungen des Leutnants zur See Werner Nobis, der inzwischen zum Kapitänleutnant befördert worden war.

Alarm auf der *Bismarck!*

»Alle Mann auf Gefechtsstation!«

»Klar Schiff zum Gefecht!«

Da spuckten bereits die Geschütztürme ihre Ladungen aus …

Auftragsgemäß hat der britische Kreuzer *Suffolk* die diesige See abgesucht. Er verfügt über eine moderne Radaranlage. Bevor er auf die *Bismarck* stieß, kam er zu Fehlortungen. Beim ersten Mal war es Packeis, beim zweiten Mal die *Norfolk,* das Führerschiff des Verbandes. Sowohl das Packeis als auch die *Norfolk* waren zunächst für die *Bismarck* gehalten und der Admiralität nach London gemeldet worden. Es kam zu einem erstaunlichen entscheidenden Zufall: Wegen einer falschen Ortung änderten die *Hood* unter Vizeadmiral Holland und die *Prince of Wales,* die inzwischen mit sechs Zerstörern in See gegangen waren, ihren Kurs.

Zufällig in die richtige Richtung.

Denn jetzt erscheint auf dem Radarschirm der *Suffolk* die *Bismarck.* Ein neuer Funkspruch geht hinaus.

Auch die *Norfolk* trifft plötzlich auf den Gegner, als sie aus einer Nebelbank heraustritt. Der Versuch, sich von der nur sechs Seemeilen entfernt stehenden *Bismarck* abzusetzen, gelingt. Rasch erreicht der Kreuzer den schützenden Nebel. Der Ausguck auf der *Bismarck* hat ihn aber trotzdem gesichtet.

Vierzig Sekunden später rauscht die erste Salve rund um den britischen Kreuzer in die See. Granatsplitter fallen an Deck. Das deutsche Flottenflaggschiff schießt genau. Die *Norfolk* dreht mit hoher Fahrt ab und stößt mit »Äußerster Kraft« tiefer in die Nebelwand hinein.

Im Maschinenraum der *Bismarck* hat man die Abschüsse als dumpfe Schläge gehört. Mit blassen, verschwitzten Gesichtern stehen die Männer auf ihrem Posten.

»Sind das Abschüsse oder Einschläge?«, fragt Link.

»Abschüsse natürlich«, erwidert Maat Lindenberg.

»Woran erkennt man das?«

»Das kennt man überhaupt nicht. Da muss man Optimist sein. Das ist alles.«

»Da würden wir hier unten also gar nicht merken, wenn unser Schiff zusammengeschossen wird?«

»Das merkst du dann schon, wenn du in die Luft fliegst. Aber bis du es merkst, ist alles schon vorbei.«

»Wir sitzen hier in der Mausefalle«, stößt Link hervor. »Wenn ein Treffer in unseren Maschinenraum kommt…? Wenn sie ihn fluten lassen, dann ersaufen wir hier wie die Katzen.«

»Halt's Maul!«, sagte Obermaat Nagel, »mach die Leute nicht verrückt. Außerdem hat das Schießen aufgehört. Und hast du schon einmal gehört, dass ein Kommandant ausgerechnet den Maschinenraum fluten lässt? Du Arsch mit Ohren! Hau ab und scheiß dich aus!«

Für die Männer ist das Duell im Nebel vorbei. Wie es weitergehen wird, weiß eine Hand voll Offiziere auf der Kommandobrücke. Weiß der Radarschirm der *Bismarck,* der den Gegner im Nebel ortet.

Die *Bismarck* versucht, ihn abzuschütteln. Es gelingt nur vorübergehend. Immer wieder meldet die Ortung, dass ein feindliches Schiff in der Nähe ist. Das deutsche Flottenflaggschiff hat keinen Grund, den Gegner zu fürchten. Was es zu fürchten hat, ist die Verstärkung, die er unweigerlich herbeirufen wird.

Stundenlang belauern sich die Schiffe. Die *Norfolk* fällt zurück. Auch die *Suffolk* bleibt in respektvollem Abstand, wie ein kleiner Hund, der ein größeres Tier aus der Ferne beschnuppert, sich aber nicht herantraut. Aber die *Bismarck* ist erkannt und wird nun ständig beschattet.

Die Schlacht im Nordatlantik hat begonnen…

Am 24. Mai 1941 um 5.05 Uhr, nach sechsunddreißig Stunden und fünf Minuten Feindfahrt, stoßen die *Bismarck* und die *Prinz Eugen* auf 60,5° Nord, 38° West auf einen starken feindlichen Verband. Der Erkennungsdienst meldet:

»Schlachtschiff, ca. 46.000 Tonnen. Vier Türme mit je zwei Rohren, Kaliber 40,6.«

Kein Zweifel, das muss die *Hood,* das größte Schlachtschiff der Welt, sein. Mit 2.416 Mann Besatzung an Bord. Mit Radareinrichtung. Mit den neuen Pong-Pong-Vierlingen der Flak. Mit einer Panzerung von über dreihundert Millimetern.

Das Begleitschiff wird von der *Bismarck* als die *King George V* identifiziert. Das wird sich später als falsch herausstellen. Tatsächlich handelt es sich um die *Prince of Wales,* ein Schwesterschiff der *King George V.*

Eine knappe halbe Stunde lassen sich die beiden Verbände Zeit, um sich zum Kampf zu formieren. Die *Hood* ist größer, die *Bismarck* moderner. Sie sind jetzt auf etwa zwanzig Seemeilen aneinander herangekommen. Auf Sichtnähe.

»Klar Schiff zum Gefecht!«, kommt der Befehl auf beiden Seiten. Einmal auf Deutsch, einmal auf Englisch. Hüben und drüben sind Männer, die Frauen, Kinder und Mütter haben. Männer, die sonst irgendwo als Buchhalter, als Handwerker, als Bauern leben würden. Und die der Krieg auf die Stahlkolosse gerufen hat. Von denen einer siegen und einer sterben wird. Wie es der Krieg erfand.

Kapitän Lindemann drehte sich nach seinem Rudergänger um, gibt ihm halblaut die Anweisungen weiter, die er von Admiral Lütjens empfängt. Er ist ruhig, kalt und beherrscht. In seinem Gesicht, das der Mannschaft so vertraut ist, klebt ein gefrorenes Lächeln, das ihn während der Schlacht mit der *Hood* nicht ein einziges Mal verlässt. Welche Kräfte, welche Macht, welche Todesverachtung in dem Mann stecken, wird er knapp drei Tage später beweisen.

Er wird am Achterdeck stehen und sich mit beiden Händen an der Bordwand festkrallen. Mit Bärenkräften. Zwei, drei Männer der Besatzung, einfache Soldaten, selbst schon für den Tod bestimmt, wollen ihn mit Gewalt in das vielleicht rettende Wasser ziehen. Aber er wird sich weigern. Er wird zum ersten Mal in seinem Leben seine Leute anbrüllen. Er wird sich weigern, mit ihnen zu gehen. Wie es sich gehört. Wie er meint, dass es sich gehöre. Ein Kapitän hat mit seinem Schiff zu sterben. Vor dieser Tradition wird die natürliche Todesangst des Kapitäns zur See Lindemann, der im Nebenberuf Mensch ist, kapitulieren. Plötzlich werden alle Gesetze des Selbsterhaltungstriebs vor diesem verzweifelten Mut eines Mannes desertieren.

Er wird die rechte Hand an den Mützenrand legen und sterben wie in einem billigen Film.

Nur, dass es kein Kitschfilm ist. Nur, dass der Krieg Regie führen wird und menschliches Schicksal zur Komparserie abstellt.

Aber noch ist es nicht so weit.

Vorläufig ist erst die andere Seite mit dem großen Sterben dran.

Di-da, di-da, schrillen die Alarmglocken durch das Riesenschiff Di-da, di-da. Die Männer stürzen auf ihre Gefechtsstationen. Die Nerven vibrieren im Rhythmus Tausender von Seestiefeln, die über dic eisernen Flurplatten hinwegtrampeln. Die Schotten knallen in die Verschlüsse. Stellt denn niemand das verdammte Gebimmel ab! Di-da, di-da, läutet es weiter, als ob es nicht jeder der Männer über Deck, im Zwischendeck, unter Deck schon vor endlos gedehnten Minuten, die in Wirklichkeit nur Sekunden sind, gehört hätte.

Die Klar-Meldungen von Artillerie, Maschine und Deck laufen über die Leitstände in das Nervenzentrum des stählernen Kolosses, die Kommandobrücke. Der Erste Offizier meldet das Schiff dem Kommandanten gefechtsklar, die Meldung geht weiter an den Flottenchef.

Hastige Hände legen den Gefechtsgürtel an – Gasmaske, Hammer und die im Beutel zusammengerollte Schwimmweste.

Die *Bismarck,* das Flottenflaggschiff, läuft zum Gefecht an. Seitlich gestaffelt der schwere Kreuzer *Prinz Eugen.* Diesmal geht es um Leben und Tod, um Siegen oder Sterben.

Der Gegner hinter einem dünnen Dunstschleier ist die *Hood,* das größte Kriegsschiff der Welt und der Stolz der britischen Flotte.

Auch dort junge Männer, die mit fiebernden Nerven, mit dem Würgen im Hals, mit dem gluckernden Gefühl im Magen den Kampf erwarten. Auch dort einzige Söhne, Stolz, Hoffnung und Sorge der Eltern, auch dort Männer, die sich der Krieg griff, zu dem sie nicht beigetragen hatten. Dieser Krieg, der sich einen Dreck um ihre Frauen, um ihre Kinder, um ihre Zukunft schert. Auf beiden Schiffen die immer wieder sich selbst beteuerte Zuversicht, dass die *Bismarck* nicht sinken kann, dass auch die *Hood* nicht sinken kann. Und zwischen diesen Gesprächen mit den eigenen Gedanken die Angst, von allen abgestritten, von allen erlebt.

Die beiden Stahlkolosse stehen sich zunächst in einer Entfernung von etwa vierundzwanzig Kilometern gegenüber. Bei dieser Distanz werden sie das Feuer eröffnen. Im Lauf des Gefechts werden sie sich um weitere neun Kilometer einander nähern. Die *Bismarck* wird begleitet von der *Prinz Eugen,* die *Hood* von dem neuen Schlachtschiff *Prince of Wales,* das man auf deutscher Seite fälschlich für das Schwesterschiff *King George V* hält. Außerdem befinden sich die Kreuzer *Norfolk* und *Suffolk* in Sichtweite.

Es ist 5.35 Uhr (mitteleuropäische Zeit), und die erregendste Seeschlacht des Zweiten Weltkriegs wird wenige Minuten später in der Dänemarkstraße auf 60,5° Nord, 38° West beginnen.

Das Kommando des *Hood*-Verbandes führt Vizeadmiral Lancelot E. Holland, ein verdienter, alter Offizier, qualifiziert durch Rang, Dienstalter und Fachkenntnisse. Die *Hood* ist ein nationales Symbol der Engländer. Sie ist über zwanzig Jahre alt und galt, als sie in Dienst gestellt wurde, als eine Art schwimmendes Weltwunder. Sie wurde zum Prunkstück bei Flottenparaden. Überall, wo das Empire repräsentieren musste, fuhr die *Hood* auf. In den Lehrbüchern der Schulkinder ist ihr Foto, in den Schaufenstern der Geschäfte hängt es und in Tausenden von Privatwohnungen. Obwohl Fachleute schon bald nach dem Stapellauf Mängel feststellten, betrachteten die Öffentlichkeit und die britische Kriegsmarine die *Hood* geradezu mit Ehrfurcht. Gerade dieser Wunderglaube aber wird einmal 2.397 Matrosen das Leben kosten.

Denn die *Hood* hat eine Achillesferse: die Munitionskammern. Die Deckpanzerung ist zu schwach, wenn ein Geschoss aus steilem Winkel einschlägt. Die britische Admiralität weiß das. Seit 1924 versucht sie immer wieder, diese Gefahrenquelle zu beseitigen. Aber die Modernisierung wird hinausgeschoben. Zuerst ist kein Geld dafür da, dann keine Zeit, denn die *Hood* eilt von einer Parade zur anderen. Als sich die politische Lage zuspitzt, im Abessinienkrieg zunächst, braucht man das Schlachtschiff. Dann kommt der Bürgerkrieg in Spanien, dann die Sudetenkrise – und schließlich der Zweite Weltkrieg.

So fährt die *Hood* mit einem gewaltigen Risiko in die Schlacht …

Admiral Lütjens kommt dem feindlichen Verband immer näher. Er muss den Kampf, dem er zunächst befehlsgemäß ausweichen wollte, annehmen. Immer dringender wird dem deutschen Flottenchef die sich von Minute zu Minute verringernde Entfernung vom Gegner bekannt gegeben. Endlich – es ist 5.52 Uhr – kommt der Befehl: »Feuererlaubnis!«

Die Flaggen Jot Dora gehen am Signalmast der *Bismarck* hoch. Die *Prinz Eugen* reagiert sofort. Dann nimmt auch die *Bismarck* das Feuer auf. Donnernd fahren die Geschosse aus den Rohren. In jedem der vier Geschütztürme stehen vierundsechzig Mann. Vierundsechzig Menschen, blass, mit schweißigen Gesichtern, mit flackernden Augen, mit trockenen, rissigen Lippen. Die wuchtigen, tödlichen 38-cm-Geschütze werden automatisch geladen. Der Abstand von Salve zu Salve beträgt zweiundzwanzig Sekunden. Die Granaten jaulen in Richtung Südost …

»Feuer deckend!«, ruft der Erste Artillerieoffizier in das Mikrofon.

Die *Bismarck* nimmt die *Hood* unter Beschuss. Immer dichter liegen ihre Salven. Immer näher am Schiffsrumpf detonieren haushohe Wasserfontänen …

Vizeadmiral Holland begeht einen entscheidenden Fehler: Er verwechselt die an der Spitze liegende *Prinz Eugen* mit der *Bismarck* und konzentriert sein Feuer zunächst auf das kampfschwächere Schiff. Seine Position ist unglücklich. Seine Schiffe laufen genau in Kiellinie auf den Gegner zu, fast in einem Winkel von 90°. Die *Hood* steht dadurch vor den Buggeschützen der *Prince of Wales.* Beide Schiffe können die achteren Türme nicht einsetzen. Sie beginnen den Kampf mit halber Gefechtskraft.

Aber ihr Feuer liegt gut. Die dritte Salve ist deckend. Da jedoch erhält die *Hood* am Großmast den ersten Treffer. Von der *Prinz Eugen.* Ein Brand entsteht und dehnt sich rasch nach vorne aus. Unter Beschuss rasen die Löschkommandos über das Deck.

Und noch immer schießt die *Hood* auf das falsche Ziel …

Auf der *Prince of Wales* sind die Zerstörungen schlimmer. Treffer auf Treffer schlägt ein. Eine 38-cm-Granate zerfetzt die Brücke. Es sieht wie in einem Schlachthaus aus. Nur Kapitän Leach und der Obersignalmeister kommen davon. Durch das Sprachrohr, das die Verbindung zum Koppelraum herstellt, fließt das Blut im zähen, dicken Strom auf den Kartentisch. Aber gleich daneben, im Artillerieleitstand, bemerkt man den schweren Einschlag nicht einmal. Die *Prince of Wales* feuert weiter … Gerade als das Bordflugzeug zur Zielbeobachtung die Katapultanlage verlassen will, schlägt die nächste Salve ein und beschädigt das Flugzeug. Das Wrack wird über Bord geworfen. Verdammt, wo bleibt die *Hood,* denkt der Kommandant der *Prince of Wales.* Warum nimmt sie nicht endlich die *Bismarck* unter Beschuss!

Denn nun treten an den Geschütztürmen plötzlich technische Versager auf. Rohre fallen vorübergehend aus, die Türme klemmen. Es macht sich bemerkbar, dass das Schiff vorzeitig eingesetzt wurde und nicht genügend erprobt ist. An Bord befinden sich noch die Facharbeiter der Geschützfabrik. Sie nehmen in den Türmen an der Seeschlacht teil und helfen beim Beseitigen der immer neu auftretenden Mängel.

Das deutsche Flottenflaggschiff hat jetzt ebenfalls die ersten Treffer erhalten. Unmittelbar danach beobachtet die im Hintergrund lauernde *Norfolk* – sie nimmt am Gefecht selbst nicht teil – eine schwarze Rauchfahne auf der *Bismarck.* Eine Granate zerstört die Pressluftleitungen der Katapultanlage.

Jetzt endlich schwenkt die *Hood* in günstigere Gefechtsposition. Spät, zu spät.

Das Meer brennt. Es ist eine Hölle von Rauch, Stahl und Feuer. Die Vernichtung tobt aus allen Rohren. Die Giganten zweier Flotten sind aufeinandergestoßen …

Die *Bismarck* feuert Salve um Salve. Kalt und ruhig gibt der Erste Artillerieoffizier, Korvettenkapitän Schneider, seine Kommandos. Das Feuer liegt ausgezeichnet. Die nächste, spätestens die übernächste Breitseite muss die *Hood* erfassen …

Im Lazarettraum befindet sich der Gefreite Burger. Bei jedem Abschuss will er aufspringen, aber Sanitätsfeldwebel Zeiger drückt ihn in die Kissen zurück.

»Was ist das?«, fragt er, »Abschuss oder Einschlag?«

»Halt's Maul!«, erwidert der Feldwebel. »Du wirst noch früh genug merken, was los ist.«

Obwohl der Gefreite keine Schmerzen hat, presst er vor Erregung seine beiden Hände auf die Operationsstelle.

Der Obergefreite Link denkt an seine Ferntrauung und schwitzt. Lindenberg schreit, obwohl ihn jeder verstehen würde. Im Spind schaukelt der »organisierte« Schnaps. Keiner denkt mehr daran.

Keine Zeit zum Denken. Keine Ruhe dazu, keine Nerven. Vor den Augen, vor den Händen der verdammte Hebel mit dem metallkalten Griff, das Armaturenbrett mit den flimmernden Signallampen und der Lautsprecher mit seinen verdammten Durchsagen. Und keiner sieht, was los ist. Keiner weiß es, keiner von denen, die unter Deck bei elektrischem Licht ihre Handgriffe verrichten, als seien sie auf »Baubelehrung« und nicht im mörderischen Kampf mit dem größten Kriegsschiff der Welt.

In der nächsten Sekunde geschieht es. Das Unfassbare! Das Ungeheuerliche! Das Einmalige. Der größte Tag der deutschen Kriegsmarine. Die größte Niederlage der britischen. Das Glück der *Bismarck,* ein Glück, das 2.397 Menschen auf der anderen Seite das Leben kostet.

Wieder fährt die Salve donnernd aus den Rohren. Sie müsste die *Hood* treffen. Gebannt starren die Offiziere durch das Glas. Kein Aufschlag zu sehen. Was ist denn los? Kein Treffer? Es können doch nicht lauter Blindgänger gewesen sein!

Da!

Eine Stichflamme! Hunderte von Metern hoch. Ein Schlag. Blitzschnell geht das alles. 46.000 Tonnen Stahl fliegen durch die Luft. So schnell, dass das Auge fast nicht folgen kann. Glühendes Metall fetzt in die See. Das schwimmende Öl brennt lichterloh. Eine Wolke von Qualm, Feuer und Eisenteilen …

Die *Hood* ist in die Luft geflogen.

Von der Besatzung nichts mehr zu sehen. Weg! Vorbei! In zwei, drei Sekunden erledigt. Gestorben. Gefallen. Zerfetzt.

Vom Krieg zerfressen.

Drei von 2.400 überleben es. Wie durch ein Wunder, für das es keine Erklärung gibt, werden der Kadett Dundas, der Signalgast Briggs und der Matrose Tillburn gerettet.

Wie war die Katastrophe möglich? Eine Salve der *Bismarck* hat die Achillesferse der *Hood* getroffen: die zu schwach gepanzerten Munitionskammern. Die Granaten durchschlugen die Stahlplatten und detonierten in der Munitionskammer.

Entsetzt beobachtet die bereits schwer angeschlagene *Prince of Wales* den Untergang ihres Flaggschiffs. Es bleibt ihr nur noch die Flucht, denn die beiden deutschen Schiffe haben sofort Zielwechsel vorgenommen und feuern vereint auf sie. Die *Prince of Wales* bricht das Gefecht ab. Sie nebelt sich ein und versucht, mit äußerster Kraft zu entkommen. Viele Chancen hat sie nicht. Die *Bismarck* ist schneller.

Aber der deutsche Admiral reagiert in erstaunlicher Weise. Er verfolgt die *Prince of Wales* nicht. Deshalb kommt es mit Kapitän Lindemann zu einer schweren Kontroverse. Vergeblich. Der Admiral bleibt bei seiner unverständlichen Entscheidung.

Das Gefecht ist zu Ende. Auch die *Bismarck* hat Treffer erhalten. Und man muss erst sehen, ob sich die Schäden mit Bordmitteln beheben lassen.

Das deutsche Flottenflaggschiff zieht eine Ölspur hinter sich her.

Als die Besatzung der *Bismarck* erfährt, dass die *Hood* vernichtet ist, geht ein Freudentaumel durch den Koloss und lockert für ein paar Stunden die strenge Disziplin. Alles rennt, schreit, brüllt durcheinander. Die Männer liegen sich gegenseitig in den Armen, toben, bis sie heiser werden, boxen sich in die Rippen. Pfeiffer reißt sich den Kampfgürtel vom Leib, wirft ihn immer wieder auf den Boden und ruft:

»Ist das ein Krieg! Kinder, das ist ein Krieg! Was sagt ihr jetzt? Ich hab's doch gleich gewusst!«

»Beruhige dich, Seemann«, sagt ein Maat zu ihm.

Aber Pfeiffer rennt zur nächsten Gruppe. Und das Schauspiel wiederholt sich.

Manche singen, andere tanzen. Die Begeisterung schlägt Kapriolen. Pettinger übt Saltos am Boden. Maier II trommelt mit seinen Fäusten gegen das Schott. Link versucht viermal hintereinander, eine Zigarette anzuzünden, aber er fuchtelt mit seiner Hand so aufgeregt, dass die Flamme wieder ausgeht.

Jeder erzählt dem andern, wie es geschah. Die Schilderung wandert von Mund zu Mund, wird immer farbiger, immer dramatischer – und keiner von denen, die sie geben, hat die Versenkung der *Hood* mit eigenen Augen gesehen. Nur eine Hand voll Männer erlebte von der Kommandobrücke und den E-Messständen aus die Explosion der *Hood*. Diese wenigen Augenzeugen – und eine englische Kamera, die diese infernalischen Sekunden filmte. »Jetzt geht's nach Haus«, ruft Mehring, »zu Muttern. Kinder, alles da. Wochenschau, Dank des Vaterlands, Blumen, Mädchen, Urlaub. Versteht ihr mich, Urlaub! In acht Tagen seht ihr euch alle auf der Leinwand. Ach, ihr Helden!«

»Dich sieht keiner«, erwidert Hinrichs. »Ist auch ganz gut so. Würde ja die Platte zerreißen.«

»Du Arsch!«

Wer von ihnen, die durcheinanderrennen, schreien, toben, denkt schon an die Männer, die auf der *Hood* starben! An die Männer, die zwar eine andere Uniform trugen, aber Menschen waren, Menschen mit einer anderen Sprache, aber mit den gleichen Sorgen. Den Sorgen um die Mutter, um die Frau, um die Kinder. Wer von den begeisterten jungen Männern auf der *Bismarck,* die mit feuchten Augen, mit heiseren Stimmen, mit jugendlicher Tollheit ihren Sieg feiern, denkt daran, dass ihnen morgen oder vielleicht übermorgen schon das gleiche Schicksal bevorsteht?

Dass sie den sicheren Tod nicht zwei, drei Sekunden lang vor Augen haben werden, sondern vielleicht Stunden, Tage?

Dass sie zehn, zwanzig, vielleicht hundert Male sterben werden, verwundet oder verstümmelt, kraftlos in der See treibend, zu müde, um den haushohen Wellen noch etwas Lebensenergie entgegensetzen zu können ...

Auf der Kommandobrücke trägt man den Sieg gelassener. Admiral Lütjens gibt um 6.32 Uhr den Funkspruch durch:

»Habe Schlachtkreuzer, wahrscheinlich *Hood,* versenkt. Anderes Schlachtschiff, *King George V* oder *Renown,* beschädigt und abgedreht. Zwei schwere Kreuzer halten Fühlung. Flottenchef.« Um 7.05 Uhr ergänzt Lütjens seine Meldung:

»Habe Schlachtschiff versenkt in ungefähr 63° 12' N, 32° 00' W. Flottenchef.«

Knapp eine halbe Stunde später meldet er den Zustand der *Bismarck* an die Gruppe Nord:

»1. E-Maschinenraum IV ausgefallen.

2. Backbord-Heizraum macht Wasser. Kann aber gehalten werden. Wassereinbruch im Vorschiff.

3. Höchstfahrt achtundzwanzig Kilometer.

4. Zwei feindliche Radargeräte beobachtet.

5. Absicht: Einlaufen St. Nazaire. Keine Personalverluste. Flottenchef.«

Dem Siegesrausch folgt die Ernüchterung. Der Seekrieg geht weiter. Da niemand weiß, wie die Operation *Bismarck* jetzt weiter verlaufen wird, jagen sich wieder die Latrinenparolen. Flüsternd erzählen sich die Besatzungsmitglieder, dass es zwischen Admiral Lütjens und Kapitän Lindemann zu schweren Auseinandersetzungen gekommen sei. Das stimmt. Die beiden Offiziere sind sich in der Beurteilung der Lage nicht einig. Das wird wesentlich zur *Bismarck*-Tragödie beitragen ...

Im Großen Saal des Deutschlandsenders in Berlin trifft sich zweiunddreißig Stunden nach Versenkung der *Hood* eine geladene Gesellschaft von Verwundeten, von Rot-Kreuz-Schwestern, von Rüstungsarbeitern und von Leuten, die Beziehungen haben zum »Wunschkonzert«, einer Sendung, die über einen einmalig großen Hörerkreis verfügt. Jeder kennt die Stimme Heinz Goedeckes, wenn er sagt:

»Und nun spielen wir für die Besatzung des Bunkers Dora 23

in Frankreich: ›Wovon kann der Landser denn schon träumen?‹« Rauschender Applaus. Man hört ihn in Italien, in Paris, in Galizien, in der Tschechoslowakei, in Norwegen, in Dänemark. Die Sendung verläuft, wie immer, ohne Zwischenfall. Der Sprecher aber schließt sie dann mit einer ganz besonderen Durchsage ab. Er ruft in das Mikrofon:

»Und jetzt kommt ein Wunsch, ein ganz besonderer Wunsch. Ein Wunsch des ganzen deutschen Volkes an die tapfere Besatzung des Schlachtschiffes *Bismarck.* Das Lied: ›Komm zurück!‹« Zu dieser Stunde fährt die *Bismarck* mit Marscherleichterung. Das Radio ist eingeschaltet. In den Mannschaftsdecks, in den Offizierskammern, selbst in den Maschinenräumen kommt die Melodie aus den Lautsprechern.

Vor fünf Minuten ist Kapitänleutnant Werner Nobis abgelöst worden. Jeden Augenblick kann er zurückgerufen werden. Aber jeder Augenblick ist zur Entspannung auszunutzen. Er ist zu müde zum Einschlafen. Zwischen Wachen und Träumen hört er das Wunschkonzert. Bei der *Bismarck*-Durchsage springt er wie elektrisiert hoch. Nicht nur er. Plötzlich verstummen auf dem ganzen Schiff die Witze, das Flachsen. Es weicht die Gereiztheit, es schwindet die Unbekümmertheit. Plötzlich hat jeder den Eindruck, er persönlich sei gemeint, sei aus der Heimat angesprochen, denkt an die Mutter, an die Braut, an den Vater, holt die Bilder hervor, die Briefe. Der Kapitänleutnant Nobis genauso wie der Gefreite Pfeffer. Der eine verschämt, der andere, ohne sich um die herumstehenden Kameraden zu kümmern. Irgendwie geht auf einmal jedem das Lied an die Nieren. Und dabei ahnt keiner von ihnen, welche Schicksalsmelodie dies »Komm zurück!« für die *Bismarck* werden wird.

In Tagen schon! Wenn ihr Ende gekommen ist! Wenn die Granaten detonieren, wenn die Masten weggeblasen sind. Wenn es an allen Ecken und Enden brennt, wird plötzlich, wie durch Geisterhand hinbefördert, eine Platte immer und immer wieder über den Lautsprecher kommen: »Komm zurück, ich warte auf dich – ich warte auf dich.«

Dann aber ist an das Zurückkommen nicht mehr zu denken, nur noch an das Sterben …

Die Gedanken des jungen Kapitänleutnants flüchten zurück, in eine scheinbar endlose Zeit, zurück nach Portugal, zurück zu Deina, zurück an den Tag, an dem er mit seinem winzigen Geleitboot zum zweiten Mal aus dem Hafen von Bordeaux auslief...

In den beiden ersten Tagen ging alles glatt. Die See war still und appetitlich blau. Nobis fuhr glatt an der Küste entlang. Am dritten Tag kam der erste Fliegeralarm. Eine einzelne britische Maschine stieß ein paarmal im Tiefflug herab, griff das Boot mit Bordwaffen an. Ein Maat erhielt einen Bauchschuss. Fünf Stunden später war er tot.

Viele Mitglieder der Besatzung sahen damals zum ersten Mal in ihrem Leben einen Gefallenen. Sie sahen erschrocken zu, wie der Maat in seinen Seesack eingenäht wurde. Mit der Reichskriegsflagge. Es war immer eine genügende Anzahl von Reichskriegsflaggen an Bord.

Dann sichtete Nobis ein Handelsschiff. Er verfolgte und beschoss es. Es entkam aber im Zickzackkurs. Seine Maschine war kräftiger.

Und dann sollte G 69 für immer verschwinden.

Ein Rudel von vier Maschinen griff an. Mit Bomben. Schon die ersten lagen ganz dicht. Bei der zweiten Welle wurde das Geleitboot mittschiffs getroffen. Es brach in zwei Teile auseinander. Die Hälfte der Besatzung kam bei diesem Treffer ums Leben. Fast alle Überlebenden waren verwundet worden. Das Aussteigen brauchte der Kommandant Werner Nobis nicht mehr zu befehlen.

Nobis trieb im Wasser neben ein paar Kameraden, aber die Strömung spülte sie schnell auseinander. Dann kamen die Tommys mit ihren verdammten Bordwaffen. Die Einschläge zischten dicht an Nobis vorbei. Es sah aus, als ob flache Steine, von Kinderhand geworfen, an der Wasseroberfläche entlanghüpften. Nur, dass es kein Kinderspiel war.

Endlich verschwanden die Flugzeuge. Nur über Wasser halten, dachte Nobis verbissen. Die Schwimmweste tat das automatisch. Den Kopf aber musste er herausdrücken, denn damals hatten die Westen noch einen Konstruktionsfehler. Nur die Besinnung nicht verlieren, suggerierte sich der junge Offizier weiter. Die Zeit verlor ihre Einteilung, dann kam die Erschöpfung. Die Strömung musste ihn auf das portugiesische Festland zutreiben. Bei der Vernichtung seines Bootes war er vielleicht sieben, acht Seemeilen vom Festland entfernt. Er kämpfte verbissen. Aber es wurde immer aussichtsloser. Schon hatte er ein paarmal Wasser geschluckt. Schon kam eine müde Schläfrigkeit über ihn, die den Schrecken des Sterbens vergessen lassen wollte. Da fischten sie ihn auf. Ein portugiesisches Boot. Fischer. Sie zogen ihn hoch. Er war zu schlapp, um mitzuhelfen. Sie legten ihn neben ihren Fang, gaben ihm Schnaps. Er schlief vor Erschöpfung ein. Als er wieder zu sich kam, lag er in einem schneeweißen Bett, in einem Krankenhaus. Eine Schwester in dunkler Tracht und heller Schürze lächelte ihm zu. Sie sagte etwas zu ihm, aber er verstand kein Wort.

Ein Granatsplitter hatte ihn am linken Oberarm verletzt. Wie durch ein Wunder war er nicht verblutet. Die Portugiesen ließen ihm tagelang Zeit, wieder zu Kräften zu kommen. Dann erschien ein portugiesischer Marineoffizier. Er sprach Englisch und war sehr höflich.

»Glück gehabt«, sagte er.

»Wer ist noch gerettet worden?«

Der Offizier zuckte bedauernd mit den Schultern.

»Sie sind Deutscher? Ich muss Ihnen leider eröffnen, dass Sie interniert sind. Aber machen Sie sich keine Sorgen. Bei uns geht es Ihnen gut.«

Nobis nickte.

»Wenn Sie gesund sind, kommen Sie in ein Lager … Sie kennen ja die Bestimmungen. Wenn Sie aber Ihr Ehrenwort geben, dass Sie nicht flüchten, können Sie sich frei bewegen. Sie haben noch Zeit zum Überlegen. Gute Besserung …«

Nobis gewöhnte sich an die strenge Schwester, an den Posten vor der Tür, an das Essen, an den Karbolgeruch. Seine Verletzung heilte schnell aus. In Tagen schon konnte er entlassen werden.

Er fing Fliegen, um sich die Langeweile zu vertreiben.

Da geschah es. Er sah gar nicht nach der Türe, als sie sich öffnete.

Auf einmal stand Deina vor ihm. Weiß der Teufel, woher sie erfahren hatte, dass er verwundet in einem portugiesischen Krankenhaus lag.

Sie lächelte. Sie sah frisch und hübsch aus. Wie immer. Und sie setzte sich auf sein Bett, als sei es die natürlichste Sache der Welt, dem deutschen Seeoffizier hier zu begegnen.

»Es geht dir gut«, sagte sie, »der Arzt hat es mir erzählt.«

»Ja«, erwiderte er.

»War es schlimm?«

»Wie man es nimmt.«

»Einmal hat doch dieser verdammte Krieg auch sein Gutes gehabt«, entgegnete Deina, »wir sind jetzt zusammen.«

Sie küsste ihn.

»Hier ist Frieden«, fuhr sie fort, »Sonne. Und Arbeit für dich.« Sie lächelte glücklich.

Er sah Deina und vergaß alles. Er starrte in ihre Augen und dachte zum ersten Mal nicht daran, dass auf seinem Schiff achtzehn Menschen gestorben waren.

»Ich habe schon alles vorbereitet«, sagte Deina, »du brauchst nur irgend so ein Formular zu unterschreiben, und dann bist du frei.«

»Ja, Deina«, antwortete Nobis. Er lächelte verkrampft. Er wusste, dass er das Formular nicht unterschreiben würde. Aber er konnte und wollte es Deina nicht sagen. Nicht in dieser Minute. Nicht in dieser Stunde – die ihm der Untergang seines Schiffes geschenkt hatte.

Er spürte ihre Wärme, den Druck ihrer Hände, ihre Lippen. Er küsste sie – und er dachte dabei bereits an die Möglichkeiten der Flucht, die er damals noch für seine Pflicht hielt.

Für die Pflicht eines deutschen Offiziers. Eine Pflicht, die stärker zu sein hatte als Deina.

Das alles war erst vor knapp einem Jahr … und jetzt ist Kapitänleutnant Werner Nobis auf der *Bismarck,* um diese Pflicht, die ihn auch von Deina weggetrieben hat, zu erfüllen. Er legt ihre Fotos und ihre Briefe in den Spind zurück und wirft sich auf sein Lager.

Gerade als er einschläft, holt man ihn weg. Der Erste Navigationsoffizier will mit ihm die mitgekoppelten Werte des *Hood*-Gefechts vergleichen.

»The *Hood* has blown up«, meldet lakonisch Konteradmiral Wake-Walker von der *Norfolk,* die immer noch in respektvoller Entfernung die *Bismarck* belauert, der Admiralität nach London. Die *Hood* ist in die Luft geflogen – diese Schreckensmeldung muss Winston Churchill, der Premierminister, dem Unterhaus mitteilen. Es ist ein schwarzer Tag für Großbritannien. Von den öffentlichen Gebäuden weht Trauerflor.

Stärker noch als die seestrategische Notwendigkeit fordert das britische Prestige, die *Bismarck* zu jagen, zu stellen und zu vernichten …

Was unternimmt Sir John Tovey, Befehlshaber der Homefleet? Als er die *Hood*-Tragödie erfährt, steht sein Verband, geführt vom Flottenflaggschiff *King George V,* fünfhundertfünfzig Meilen von der Versenkungsstelle entfernt. Dass die *Bismarck* angeschlagen ist, wenn auch unerheblich, weiß er nicht. Ein Zufall trägt die Schuld daran. Das *Sunderland*-Flugboot Z/201, das kurz nach dem Gefecht über dem *Bismarck*-Verband kreist, gibt die Funkmeldung durch:

»Loosing Oil« (Ölverlust).

Die Stelle, die die Meldung aufnimmt, glaubt, die *Sunderland* verliere Öl, und gibt die Meldung erst gar nicht an Admiral Tovey weiter. Andere Fernaufklärungen scheitern an den schlechten Sichtverhältnissen.

Admiral Tovey fehlen genaue Informationen. Er muss mit drei Möglichkeiten rechnen:

1. Der *Bismarck*-Verband läuft die im Atlantik bereitstehenden deutschen Versorgungsschiffe an, um mit ergänztem Brennstoffvorrat Handelskrieg zu führen;

2. die *Bismarck* ist beschädigt und muss die französische Küste anlaufen;

3. die *Bismarck* kehrt in die Ostsee zurück, um durch Siegesfeiern die Propagandamaschine anzuleiern und die deutsche Kriegsmoral zu stärken.

Sir John Tovey hält es für sicher, dass die *Bismarck* durch den Atlantik zu einem Hafen an der französischen Küste durchbrechen will, und stellt seine Maßnahmen ganz auf diese Vermutung ein. Die Entscheidung lastet schwer auf ihm. Sie sollte Geschichte machen …

Seine Hauptsorge ist der Ölmangel. Die britische Marine hat keine Versorgungsschiffe. Die Kriegseinheiten operieren so, dass sie an den zahlreichen britischen Stützpunkten bunkern können. Bei einer tagelangen Operation im stützpunktfreien Raum des Atlantik muss den Schiffen bei wildem Hinundherkreuzen das Öl ausgehen. Außerdem muss der Admiral daran denken, dass die Homefleet auch nach eventuellem neuem Gefecht mit der *Bismarck* noch die Heimathäfen erreicht.

Er sammelt seine Einheiten auf 60° 20' Nord, 13° West. Zur *King George V* gesellen sich das Schlachtschiff *Repulse* und der Flugzeugträger *Victorious,* dessen Flugzeugbesatzungen gerade erst an Bord kamen und ohne Probe zum ersten Mal vom Träger gegen den Feind starten müssen.

Die Kreuzer *Galatea, Aurora, Kenya, Hermione* und neun Zerstörer.

Vom Osten dampft dem Admiral das Schlachtschiff *Rodney* mit drei Zerstörern entgegen.

Vom Süden eilt das Schlachtschiff *Ramillies* herbei.

Aus Gibraltar läuft die »Kampfgruppe H«, die Mittelmeerflotte unter Admiral Somerville, aus. Der Verband besteht aus dem Schlachtschiff *Renown,* dem Flugzeugträger *Ark Royal* und dem schweren Kreuzer *Sheffield.*

Die vierte Zerstörerflottille mit den Zerstörern *Cossack, Maori, Zulu, Sikh* und *Piorun* steht in einem südirischen Hafen.

Die Zerstörer *Tartar, Mashona* und *Somali* fahren U-Boot-Patrouille etwa vierhundert Meilen von der französischen Küste entfernt.

Die Kreuzer *Edinburgh* und *Dorsetshire* werden aus Afrika herbeigerufen und riegeln den Süden ab.

Die Kreuzer *Jupiter* und *Columbia* stehen bei 41° 30' Nord, 17° 10' West.

Ein Areal von 10.000 Seemeilen im Quadrat ist damit hermetisch abgeriegelt, Alles, was an kampfkräftigen Schiffen verfügbar ist, wird aufgeboten. Flugzeugträger fahren gegen jedes taktische Gesetz ohne Geleitschutz, Geleitzüge müssen ihre Kreuzer und Begleitzerstörer zur Jagd auf die *Bismarck* abgeben. Während Admiral Tovey seine Flotte für Verfolgung und Endkampf aufmarschieren lässt, kommt von der *Norfolk* eine für ihn entsetzliche Meldung:

»Kontakt verloren. *Bismarck* und *Prinz Eugen* verschwunden!« Das bedeutet, dass das deutsche Flottenflaggschiff der übermächtigen Meute entkommen ist ...

An diesem schwarzen Samstag, dem 24. Mai 1941, hat der Teufel die britische Kriegsmarine am Wickel. Zuerst zerplatzt um 5.56 Uhr ihr Idol, die *Hood,* in glühende Fetzen ... dann bemüht sich Sir John Tovey den ganzen Tag lang verbissen und verzweifelt, damit er eine ganz bestimmte Meldung nicht entgegennehmen muss – dieselbe Meldung, die er nun doch in Händen hält:

»Fühlung mit *Bismarck* und *Prinz Eugen* verloren.«

Wie ist so etwas möglich? Wie kann sich der deutsche Verband in Nichts auflösen, nachdem stundenlang jede seiner Bewegungen belauert, verfolgt und gemeldet worden ist?

Gegen Mittag war es mit dem seidig blauen Himmel vorbei. Schneeböen und Regenschauer lösten ihn ab. Dicke schmutzige Wolken zogen auf, als ob der Himmel sein Gesicht vor dem erbarmungslosen Seekrieg verstecken wollte.

Zu dieser Stunde hatte der deutsche Flottenchef, Admiral Lütjens, seine Fehlentscheidung schon hinter sich.

Als die *Prince of Wales* abdrehte und der Flottenchef wortlos das Manöver verfolgte, ohne darauf zu reagieren, wandte sich Kapitän Lindemann an ihn:

»Herr Admiral, vorschlage Verfolgung. Der angeschlagene Gegner brennt und wird eine sichere Beute.«

»Nein«, erwiderte Lütjens kalt.

Wieder einmal erlebten die Offiziere auf der Brücke einen Zwischenfall, der bewies, dass die beiden leitenden Offiziere ganz verschiedene Auffassungen hatten.

Kapitän Lindemann sprach weiter:

»Herr Admiral, Gegenkurs entweder Richtung Heimat zur Reparatur oder, wenn Sie Reparatur in Frankreich vorziehen, Gegenkurs Bogen mit Durchbruch durch die Island-Faröer-Passage.«

»Nein«, entschied der Admiral zum zweiten Mal. »Wir dampfen auf dem alten Kurs weiter.«

Das war seine ganze Begründung. Sein barscher Ton, sein eisiges Gesicht und die Tradition des bedingungslosen Gehorsams duldeten keinen Widerspruch – auch nicht, wenn es um das Schicksal von Tausenden ging.

Auch Stunden später beharrte Lütjens auf diesem Entschluss.

Er glaubte sich von den britischen Fühlunghaltern *Norfolk* und *Suffolk* immer noch erfasst. Er wusste nicht, dass die englischen Radargeräte des Jahres 1941 bei ungünstiger Witterung Objekte in einer Entfernung von mehr als zehn Seemeilen nicht mehr orten konnten. Der angepeilte Gegner empfing wohl die Ortungsimpulse, aber die Strahlenenergie war zu schwach, um zum Ausgangspunkt zurückzureichen.

Lütjens gab folgenden Spruch an das Begleitschiff *Prinz Eugen:* »Werden Fühlunghalter abschütteln. *Bismarck* geht südwestlichen Kurs. *Prinz* hält drei Stunden alten Kurs bei, ergänzt Brennstoff bei Versorgungsschiffen und geht allein auf Handelskrieg. Befehl bestätigen.«

Um 18.20 Uhr ging die *Bismarck* auf südwestlichen Kurs. Die *Prinz Eugen* lief weiter. Die beiden deutschen Schiffe operierten von jetzt an getrennt.

Für die britischen Kreuzer aber waren sie in der Waschküche verschwunden; noch vorher hatte die *Bismarck* einige Salven auf die ebenfalls abdrehende *Suffolk* abgefeuert, um sie endgültig abzuschütteln.

Die Engländer wussten noch nicht, dass sie die *Bismarck* wieder finden und – wieder verlieren würden.

Allein auf sich gestellt, im feindlichen Atlantik, durchstochert der schwere Kreuzer *Prinz Eugen* ohne sein Flottenflaggschiff, die *Bismarck,* das Meer. Er wird mit dem letzten Tropfen Öl ein Versorgungsschiff erreichen. Mit angeschlagener Kraft wird die *Prinz Eugen* sich an den feindlichen Einheiten vorbei nach Brest durchschlagen. Vorher aber wird sie etwas Entsetzliches erleben: Man schreibt den 27. Mai 1941. Um 14 Uhr ist die Stimmung auf der *Prinz Eugen* auf dem Nullpunkt. Die *Bismarck* funkt nicht mehr. Anfragen der »Gruppe West« bleiben unbeantwortet. Der vor der *Prinz Eugen* liegende Atlantik scheint wie leergefegt. Zu dieser Stunde erhält der Kommandant die entsetzliche Meldung …

Zu dieser Zeit arbeitet der Gefreite Heinz Tröger an einer Nebelboje. Er ist groß, kräftig, fahl, fahrig. Er fasst mit ungeschickten Händen zu. Hinter ihm steht Maat Döhring.

»Ich lass' Sie ablösen, Tröger«, sagt der Unteroffizier.

»Nein, Herr Maat. Ich will nicht. Ich … ich kann jetzt auch nicht gehen.«

Plötzlich fährt er hoch und brüllt so laut er kann:

»Lasst mich hier! Ich werde verrückt, wenn ich allein bin. Ich springe über Bord oder ich erschieß mich! Ich scheiß auf alles! Ich halt's nicht mehr aus!«

Seine Stimme senkt sich plötzlich. Stoßweise und keuchend quetscht er hervor:

»Ich habe Angst … ich halt's nicht mehr aus vor Angst.«

»Reiß dich zusammen, Tröger. Ich weiß ja, es ist zum Kotzen. Leg dich hin.«

»Ich will nicht«, brüllt Tröger.

»Es ist ja noch gar nichts entschieden. Es kann ja noch alles gut gehen … Mensch, was wollen die der *Bismarck* tun?«

Jeder kennt die Geschichte des Gefreiten Heinz Tröger. Und jeder kennt Fritz Tröger. Zwei Brüder, zum Verwechseln ähnlich, nur ein Jahr auseinander, Vater im Ersten Weltkrieg gefallen, gingen nebeneinander zur Schule, besuchten miteinander die Tanzschule, küssten dasselbe Mädchen, meldeten sich beide zur Marine, wurden zur selben Einheit eingezogen, tauschten gegenseitig ihre Urlaubsscheine aus, denn kaum einer der Vorgesetzten konnte sie voneinander unterscheiden, fuhren miteinander in Urlaub, herrliche Tage.

Die Mutter kränkelt. Aber sie nimmt sich zusammen. Wenn

ihre beiden Söhne nach Hause kommen, lässt sie sich nichts anmerken. Nur, wenn es an den Abschied geht, dann hält sie es nicht mehr aus, dann wird sie immer blasser, immer spitzer, isst nichts mehr, hat rotgeweinte Augen, kann nicht mehr antworten, fragt nicht mehr. Sie hat sie beide großgezogen mit einer lächerlichen Rente, dem Dank des Vaterlandes aus dem Ersten Weltkrieg; bei Verdun war ihr Mann geblieben. Sein Bild hängt noch über seinem Schreibtisch, und täglich werden die Blumen darunter ausgewechselt.

Und seine Söhne wachsen heran. Sie sollten so stark, so anständig und so tüchtig werden wie der Vater war, bevor ihm die Granate den Kopf abriss.

Und dann kam wieder der Krieg. Und dann holte man die Söhne weg wie den Vater vor fünfundzwanzig Jahren. Sie lachten, als sie sich verabschiedeten, aber es war ihnen nicht wohl dabei. Aber sie waren jung und optimistisch, und sie waren ja zusammen.

Bis vor acht Tagen. Eine Stunde bevor der *Bismarck*-Verband auslief, wurden die beiden Brüder auf die Schreibstube bestellt. Sie hatten gemeinsam über den Zapfen gewichst. Sie hatten schon einmal nebeneinander in der Arrestzelle der *Prinz Eugen* bei Wasser und Brot gesessen.

Vielleicht gab es wieder Bau.

Der Leutnant war ganz freundlich.

»Na, ihr beiden«, sagte er, »habt ihr wieder etwas ausgefressen?«

»Nein, Herr Leutnant«, entgegneten sie gleichzeitig.

»Es geht nicht, dass ihr zusammenbleibt.« Der Offizier ging mit großen Schritten in der Schreibstube auf und ab. »Es tut mir leid. Mein Bruder ist schließlich auch bei einer anderen Einheit.« Fritz Tröger nahm Haltung an und stieß gepresst hervor:

»Gibt es denn eine Bestimmung, derzufolge zwei Brüder nicht bei einer Einheit sein dürfen?«

»Ja, die gibt's. Und hier ist Ihre Versetzung. Mensch, haben Sie ein Schwein: Sie kommen auf die *Bismarck.* Freuen Sie sich doch!« Befehl ist Befehl. Keine Widerrede. Kurzer Abschied. Bis sie sich besinnen, hatte die Unternehmung »Rheinübung« schon begonnen. Der Gefreite Fritz Tröger war an Bord der *Bismarck,* der Gefreite Heinz Tröger auf der *Prinz Eugen,* auf der gerade eine erbarmunglose Durchsage des Lautsprechers die düstere Stille zerhackt.

An allen Punkten des Schiffes hört man sie gleichzeitig: in den Maschinenräumen, in den E-Messständen, im Vormars der Artillerie, in den Befehlsübermittlungszentralen, in der Kantine, im Gefechtsverbandsplatz, in der Kombüse, in den Mannschaftsdecks, in der Offiziersmesse, in den Aufenthaltsräumen der Unteroffiziere, in den Munitionskammern, auf den Elektrostationen achtern, im Vorschiff, auf den Aufbauten, unter der Wasserlinie: *Bismarck* gesunken.

Aus. Vorbei. Zerschossen. Geborsten. Versenkt. Gestorben. Krepiert. Untergegangen. Nach stundenlangem Todeskampf. Nach einer Qual ohne Ende. Nach einem Ende voller Qual.

Wer noch beten kann, betet. Wer noch weinen kann, weint. Wer das alles nicht kann, setzt sich in einen Winkel und starrt mit leergebrannten Gedanken vor sich hin. Und lernt in diesen entsetzlichen, düsteren, grausamen Minuten den Krieg hassen. Den Mörder aller Dinge. Das Sterben für ein aufgeblasenes Nichts. Für die hohlen, leeren Phrasen jener, die meist das Massensterben zu überleben pflegen …

Der verzweifelte, irre Schrei des Gefreiten Tröger wird auch von den Kameraden aufgenommen und begriffen, die ihn nicht hören. Der Mann, der seinen Bruder verlor, der seiner Mutter gegenüberstehen wird, falls wenigstens er nach Hause kommen sollte, hämmerte mit den Fäusten gegen die Stahlwände, schlägt sich die Knöchel blutig, haut wild um sich. Ein paar Kameraden fassen ihn, tragen, schleppen ihn in das Lazarett auf dem Zwischendeck.

Das Morphium kauft ihn für ein paar Stunden von seinen Gedanken frei …

Als er wieder zu sich kommt, hat der schwere Kreuzer die Havarie bereits hinter sich und ist auf Heimatkurs.

Dem kleinen Bruder der *Bismarck* wird es gelingen, aus dem Hexenkessel zu entkommen …

Admiral Tovey ist am Morgen desselben Tages mit seinem Verband dreihundertfünfzig Seemeilen von der Gefechtsposition entfernt.

Die Nerven spielen auch mit den Engländern Katz und Maus. In der Admiralität in Whitehall ist man seit Tagen nicht mehr aus den Kleidern gekommen. Immer wieder die gleichen Fragen: Wo ist die *Bismarck? Welchen* Kurs steuert das Schiff? Wird es in heimische Gewässer zurückkehren, in einen französischen Hafen einlaufen oder weiter im Atlantik operieren?

Keine dieser Fragen kann Sir John Tovey sicher beantworten. Er zieht am Nachmittag seine Kräfte auseinander. Wenn die *Bismarck,* wie er annimmt, Kurs 180 steuert, kommen ihr der Flugzeugträger *Victorious* und die vier Kreuzer *Galathea, Aurora, Kenya* und *Hermione* näher. Der Admiral selbst riegelt mit seinem Flaggschiff *King George V,* der *Repulse* und einigen Zerstörern die südliche Passage ab. Alle übrigen Einheiten bleiben auf den ursprünglich befohlenen Positionen.

Vizeadmiral James Somerville dampft mit der Kampfgruppe H von Gibraltar aus mit äußerster Fahrt nach Norden, um sich dort mit der Homefleet zu vereinigen.

Wo ist die *Bismarck?*

Ja, zum Teufel, wo ist sie?

Irgendwo in der Waschküche.

Auch Flugzeuge setzt Sir John Tovey immer wieder zur Aufklärung ein. Eine *Catalina* muss wegen Motorschadens bald umkehren. Andere Maschinen sind in der Luft. Keine Sicht. Immer wieder die gleiche Meldung. Das Wetter ist der Bundesgenosse der *Bismarck,* und das deutsche Flottenflaggschiff wird endgültig entkommen, wenn es so weitergeht.

Wieder starten Maschinen. Wieder ziehen sie im Tiefflug über das sorgfältig in Planquadrate eingeteilte Meer. Und wieder funken sie pausenlos ihren Misserfolg.

Bis auf eine *Catalina* der 240. Schwadron. Um 14.32 Uhr sichtet sie das deutsche Flottenflaggschiff. Bis 16.40 Uhr verliert ihre Besatzung es nicht aus den Augen.

Alarm bei den Briten!

Der Flugzeugträger *Victorious* nähert sich bis auf hundertfünfzig Meilen. Der Kontakt bleibt hergestellt. Aber wie lange würde man ihn halten können? Was soll man tun, wenn die *Bismarck* in der Nacht nach Nordwesten abdreht? Wenn sie unter Ausnützung ihrer größeren Geschwindigkeit den Gegner abhängt? Man muss diese Geschwindigkeit verringern, sagt sich Sir John Tovey. Man muss versuchen, ihr einen Treffer beizubringen. Einen Treffer aus der Luft. Die Flugzeuge der *Victorious* müssen starten. Aber die Besatzungen sind noch nicht richtig ausgebildet. Soll er den Angriff trotzdem wagen? Er wagt ihn.

Kurz vor der Dämmerung starten neun *Swordfishes* und zwei *Fulmars.* Während sie sich vom Flugdeck des Trägers heben, kommt frischer Wind von Nordwest auf. Er bringt erneut schwere Regenböen und tief hängende Wolken.

Um 23.30 Uhr englischer Zeit bemerken die Flugzeuge ein Schiff, das sie für die *Bismarck* halten. Um den Anflug zu tarnen, ziehen die Piloten ihre Maschinen in die Wolken.

Sturzflug durch die Wolkendecke!

Entsetzen in letzter Sekunde!

Das kann nicht die *Bismarck* sein!

Die *Medoc,* ein Schiff der amerikanischen Küstenwache, ist zufällig in den Angriff hineingeraten.

Die *Norfolk* gibt pausenlos Signale. Jetzt hat auch das deutsche Flottenflaggschiff die Verwechslung bemerkt und bereitet sich auf den Luftangriff vor. Jeden Augenblick muss er erfolgen …

Kurz vor dem Angriff sind die Männer im Maschinenraum der *Bismarck* abgelöst worden. Es gibt Eintopf. Es gibt Erbsensuppe mit sichtbarem Speck und unsichtbarem Soda. Es gibt Siegesrausch. Die *Hood* hat das Thema Nummer eins geschlagen.

Sie hat für diesen Tag die Weibergeschichten verdrängt. Während die jungen Matrosen mit großem Appetit ihre Suppe hinunterschlingen, denken sie an ihre Feuerprobe, an ihr erstes großes Gefecht, an das Duell mit der *Hood,* an die Minuten des Kampfes, die sie so erlebten:

Um 5.35 Uhr ging der Befehl durch das Schiff:

»Feuer frei!«

Dann hieß es:

»Dampf auf in allen Kesseln! – Äußerste Kraft voraus!«

Abschüsse oder Einschläge – der Schiffsrumpf zitterte. Wie sah es oben aus? Keiner konnte es wissen. Gleichmütig kamen die Befehle aus den Lautsprechern.

»Steuerbord I – III, Backbord II – IV, Turbinenbackbord Mitte, Steuerbord, Befehl ausgeführt.«

Da kamen auch schon die Entfernungsangaben der E-Mess von der Brücke.

Vom Schreibtisch aus dirigiert der Leitende Ingenieur dieses Gewirr von Ventilen, Anlagen, Maschinen. Kaltblütig kontrolliert er im Gefecht Hochdruck, Heißdampf, Hilfsdampf, Kondensatoren, Verdampfer, Turbinen, Kessel, Ölanlagen, Lenzpumpen, Kesselspeisewasser.

»Kraftwerkbackbord erhält Dampf von Mitte, Ventilmeldung«, sagte er.

Die Männer führten seine Befehle schnell und präzise aus. Wie steht es?, fragten sie sich nervös, verzweifelt, kaltblütig, erregt, voller Angst, voller Mut.

Treffermeldung aus dem Vorschiff!

Da wieder die Stimme aus dem Lautsprecher:

»Wassereinbruch, BBD-Kesselraum. Vorläufig keine Kesselgefahr!«

Ausbesserungskommandos traten an. Ein Ölbunker wurde getroffen. Das Schiff verlor Brennstoff.

»Abteilung III, Schotten dicht, Abteilung räumen!«

Die Besatzung der III. Abteilung raste hinter das rettende Schott. Vierhundert Tonnen Wasser brachen in das Schiff ein, dann konnte es gehalten werden.

»Frage: Kessel abstellen?«

»Kessel läuft weiter«, befahl der Leitende Ingenieur.

Dann war auf einmal alles vorbei. Dann wich der Druck. Dann erfuhr man den Sieg. Es war wie ein Taumel, wie ein Rausch. Die Erleichterung tobte sich aus. Einer steckte den anderen an. Vor Stunden erst war es, aber den Männern, die schweigend ihren Eintopf löffeln, kommt es vor, als ob schon Tage dazwischenlägen.

Noch sind sie nicht fertig mit dem Essen, da kommt schon wieder Alarm.

»Klar Schiff! Alle Mann auf Gefechtsstation!«

Im Tiefflug kommen sie heran. Die Flak schießt aus allen Rohren. Die Tommys werfen ihre Torpedos, reißen die Maschinen hoch, kommen wieder.

»Diese Arschlöcher!«, brüllt Oberfähnrich Peters, »was wollen sie bei diesem Seegang mit ihren Scheißdingern.«

Er redet sich das selbst ein – aber jeder, der Zeit hat zum Zuhören, hört es gern. Jeder lässt sich gern einreden, woran er selbst gern glauben möchte.

Wieder braust eine Maschine heran, schießt ihren Aal ab. Verdammt, warum trifft die Flak nicht? Sind die Kerle besoffen? Der erste Torpedo zischt hundertfünfzig Meter vorm Bug der *Bismarck* vorbei. Der nächste genauso. Der übernächste wieder. Wie oft kommen die Kerle bloß! Sind sie wahnsinnig? Da, Gott sei Dank – der Angriff flaut ab.

Nerven sind Glückssache! Kapitänleutnant Werner Nobis hat sie. Während die Torpedos vorbeizischen, greift er sich einen blutjungen Leutnant, dessen Schwimmweste aufgeblasen ist.

»Herr!«, brüllt er ihn an, »sind Sie wahnsinnig geworden! Was laufen Sie im Frack über Deck! Was wollen Sie mit Ihrer verschissenen Schwimmweste?«

»Vorschrift, Herr Kaleu.«

»Die zeigen Sie mir mal, Sie Armleuchter!«

»Muss auf Gefechtsstation, Herr Kaleu.«

»Nehmen Sie das blöde Ding ab ... Was sollen die Männer denken, wenn Sie damit herumlaufen?«

Die *Bismarck* weicht den Torpedos aus.

»Hart steuerbord!«

Mit traumhafter Sicherheit bedient Rudergänger Hansen die Druckknöpfe des Ruders.

Wieder Meldung: Torpedolaufbahn.

Wieder ausmanövriert. Die fünfte, die sechste Laufbahn. Plötzlich kommt ein Aal genau auf das Schiff zu.

»Den nehme ich mittschiffs, Herr Kapitän«, schreit Hansen.

Ein paar Sekunden später geht eine gewaltige Erschütterung durch den Rumpf des Riesenschiffs. Eine turmhohe Wassersäule steht an der Bordwand.

Die Chromnickelstahlpanzerung hält. Bootsmann Heiners wird gegen ein Schott geschleudert. Er stirbt an inneren Quetschungen.

Der erste Tote auf der *Bismarck.*

»Torpedotreffer. Wirkung unbedeutend!«, meldet der Kommandant dem Admiral.

Endlich schweigt die Flak. Die Briten drehen ab. Zurück zur *Victorious.* Das Funkfeuer des Trägers ist ausgefallen. Kapitän Bovell lässt alle Scheinwerfer anstellen. Gierige Augen reißen klaffende Löcher in die Nacht. Es kommt der Befehl, die Scheinwerfer wegen U-Boot-Gefahr abzustellen.

»Und meine Flugzeuge?«, fragt der Kapitän.

Er lässt die Scheinwerfer an. Erneuter Befehl! Um Zeit zu gewinnen, gibt der Kommandant einen umständlichen Morsespruch auf. Befehl ist Befehl. Da hört man den Motorenlärm der heranbrausenden Flugzeuge. Zwei *Fulmars* fehlen.

Der Alarm ist aufgehoben. Gleich ist es finster. Finsternis bedeutet Frieden auf einem Schlachtschiff. Waffenruhe wenigstens. Die Spannung legt sich.

Nobis geht in seine Kammer zurück. Peters hat ihn abgelöst. Er ärgert sich über seinen Ärger, den er mit dem jungen Leutnant hatte. Er greift seine vorletzte Flasche Kognak an. Schnaps ist der Mut der Einsamen. Und einsam ist er. Geschieht ihm ganz recht! Das Schicksal des Werner Nobis, so sagt sich der Kapitänleutnant, hat er selbst verschuldet. Dass er hier sein muss, verdankt er wenigstens nicht dem Krieg allein.

Nobis könnte jetzt bei Deina sein …

Damals in Portugal heilten die Wunden von Werner Nobis, dem internierten Kommandanten eines deutschen Geleitbootes, sehr schnell. Viel zu schnell eigentlich. Was ein weißes Bett bedeutet und die zärtliche Hand einer liebenden Frau, das alles sollte er erst viel später schätzen lernen. Zu spät …

Deina blieb bei Verwandten in Lissabon und besuchte Nobis jeden Tag. Was sich die beiden zu sagen hatten, hatten sie sich längst gesagt. Sie sahen sich in die Augen, sie spürten den Druck ihrer Hände.

Sie liebten sich so sehr, dass sie nicht darüber zu sprechen brauchten.

Bis die Entlassung aus dem Krankenhaus herankam, überließ sich Werner Nobis seinen Gefühlen – und Deina. Egal, was hinterher kommen würde. Daran wollte er nicht denken. Wer denkt schon an so etwas, wenn er liebt. Dabei wusste er ganz genau, was geschehen würde.

Jeden Morgen kamen die Zeitungen. Die Zeitungen eines neutralen Landes. Sie schrieben von Siegen. Von deutschen Siegen, Und Werner Nobis glaubte, ein Teil dieses Deutschlands, das ständig siegte, sein zu müssen.

Jeden Tag aber auch kam Deina …

»Was wird aus uns?«, fragte sie eines Tages.

»Genau das, was wir aus uns machen«, entgegnete Nobis.

»Und was machen wir aus uns?«

Er zuckte mit den Schultern.

»Du bist heute sehr gesprächig«, erwiderte sie.

»Na ja«, sagte er.

»Du kommst in acht Tagen heraus. Ich habe heute mit dem Arzt gesprochen.«

»Ich hätte auch schon in der vorigen Woche herauskommen können.«

Werner Nobis versuchte, einen Witz zu reißen:

»Wir Deutsche fürchten Gott, aber sonst nichts auf der Welt.«

»Manchmal bist du schrecklich deutsch«, versetzte Deina. Sie war ernst geworden.

Erst jetzt fiel Nobis auf, dass er sich mit Deina immer in ihrer Muttersprache unterhalten musste. In Englisch …

Sie setzten sich auf eine Bank.

Das ist nicht das Übliche, dachte sich Werner. Das ist ganz anders. Viel stärker! Wie sollte ich sie je vergessen! Wie sollte ich je darüber hinwegkommen, dass ich mit ihr zusammen war? Wie sollte ich je die Kraft aufbringen, vor ihr zu fliehen?

Aber ich muss, sagte er sich im gleichen Augenblick. Und wenn sie weint. Und wenn ich daran zugrunde gehen werde. Und wenn die Welt in Scherben fällt. Einmal geht dieser verdammte Krieg zu Ende. Einmal sind wir wieder zusammen. Nicht nur für eine Stunde auf der Bank im Park eines Krankenhauses. Für immer.

»An was denkst du?«, fragte sie.

»An uns«, erwiderte er.

»Und?«

»Ich finde das großartig.«

»Dann ist ja alles in Ordnung.«

»Ja«, entgegnete er.

»Du siehst nicht sehr glücklich dabei aus.«

»Um das Glück muss man kämpfen, da wird einem nichts geschenkt.«

»Du hast lange genug gekämpft«, antwortete sie. »Du bleibst bei mir.«

»Ja.« Er wusste in dieser Minute, dass er log.

Da war Deina. Groß, blond, schön. Eine Frau mit hellen Augen und klaren Zielen. Eine Frau, die wusste, was sie sagte. Und von der man noch träumte, selbst wenn man sie besaß. Sie war da. Und es gab nichts Schöneres als sie, nichts Schöneres in der Welt des Leutnants Werner Nobis, dessen Boot abgesoffen war. Neben ihr gab es noch die Pflicht. Die Pflicht des Leutnants zur See. Und die gab es immer und überall. Pflichten suchen sich ihre Uniformen, aber in welcher Uniform sie auch auftreten – immer sind sie gleich. Immer befehlen sie dasselbe: Vaterlandsliebe. Kampf.

Nobis hatte immer weniger Zeit für die Entscheidung. Entweder er gab sein Wort, nicht zu fliehen, und er war, von ein paar Einschränkungen abgesehen, ein freier Mann – oder er gab sein Wort nicht. Dann würde er interniert.

Das wäre die erste Station zur Flucht.

Vielleicht käme ich gar nicht aus dem Lager heraus, dachte sich Nobis. Vielleicht gab es wirklich keine Chance, vielleicht lösen sich alle Probleme von selbst, vielleicht erfülle ich meine Pflicht und kann Deina trotzdem behalten.

Wie er handeln würde, wusste er von Anfang an.

Aber er wagte nicht, es Deina zu gestehen …

Heute musste er sich entscheiden. Mein Gott, wie sollte er das aushalten! Wenn Deina nur für Stunden weg war, wurde er bereits unruhig. Woher sollte er den Mut nehmen, ihr zu sagen, dass alles anders kommen müsste, als sie es sich ausgemalt hatte? Heute musste er es ihr sagen.

Da stand sie unter der Tür. Sie lächelte wie an jedem Tag. Der Polizist, der Nobis zu bewachen hatte, kannte sie schon. Sie brachte ihm immer Zigaretten mit.

»Morgen haben wir es geschafft«, begrüßte sie Werner. »Was ist mit dir? Bist du schlecht gelaunt?«

»Nein«, sagte er.

»Was hast du dann?«

»Deina, wir müssen jetzt schrecklich vernünftig sein.«

»Das klingt recht unvernünftig.« Sie versuchte zu lächeln, wollte sich nicht eingestehen, dass sie plötzlich Angst hatte. Angst um den Mann, den sie liebte.

»Ich weiß nicht, wie ich es dir erklären soll. Es ist fürchterlich. Aber du musst es verstehen, Deina. Ich bin deutscher Offizier. Ich habe keine Wahl.«

»Du willst also in das Lager gehen?«

»Ja.«

»Das heißt, dass du bei der ersten Gelegenheit zu fliehen versuchst?«

Werner Nobis schweigt.

»Sei nicht feig, gib es zu!«

Nobis nickt, ohne aufzusehen.

»Das heißt also, dass ich dir gleichgültig bin. Das heißt, dass du, um wieder in diesen verrückten Krieg zu ziehen, unsere Liebe opfern willst.«

»Nein, Deina. Das ist doch alles ganz anders. Und einmal wird der Krieg doch auch zu Ende sein.«

»Darauf warte ich nicht, mein Lieber.«

Sie stand auf und nahm ihre Handtasche. Ihre Augen glänzten. Ihre Haare waren etwas in Unordnung geraten. Es stand ihr gut. Die Ruhe, die lächelnde Zuversicht, die natürliche Ausgeglichenheit fielen schlagartig von ihr ab. Das Temperament der Mutter brach durch.

»Überleg es dir bis morgen«, blitzte sie ihn an, »entweder du gehst nicht in das Lager …«

»Oder?«, fragte Werner kleinlaut.

»Oder du siehst mich nie wieder.«

Sie war viel zu erregt, um zu weinen.

»Ich bin eine Frau«, fuhr sie fort, »eine Frau wird es nie verzeihen, dass man sie wegen einer Dummheit verlässt. Wegen dieses verdammten Krieges! Du wirst ihn noch erleben. Verlass dich drauf! Du wirst noch an mich denken!«

Plötzlich wich der Zorn. Sie war jetzt nur noch ein unglückliches junges Mädchen, das mit den Tränen kämpfte.

»Wenn du bei mir bleiben willst, dann schreibe mir«, sagte sie, »sonst unterlass es bitte.«

Bevor Werner Nobis noch antworten konnte, war sie hinausgegangen …

Einmal sollte er sie noch sehen, ein einziges Mal nur. Mitten in der Nacht, für Minuten nur, aber für entsetzliche Minuten …

Der Lautsprecher ruft seinen Namen. Er muss in den Kartenraum. Kapitänleutnant Werner Nobis sieht auf die Uhr. Peters wird hundemüde sein, höchste Zeit, dass er ihn ablöst. Wer ist nicht hundemüde auf diesem Schiff?

Als Navigationsoffizier übersieht Nobis die Lage der *Bismarck*. Warum hauen wir nicht ab, denkt er sich, das ist doch die einzige Chance!

So fassen sie uns doch auf jeden Fall!

Die Nacht gibt sich schwärzer als schwarz. Es regnet heftig. Der Seegang wird stärker. Die *Bismarck* ist noch immer auf Südkurs. Noch immer verfolgt, beobachtet, belauert. Kein Schlaf seit vierzig Stunden – Benzedrintabletten sollen ihn ersetzen. Warnung vor U-Booten! Zickzackkurs.

Entfernung vergrößert sich. Feind noch immer auf dem Radarschirm!

Wegen ihrer erstklassigen Radaranlagen steht die *Suffolk* der *Bismarck* immer am nächsten und hält den Kontakt.

Für Minuten ist er oft weg, ist dann wieder da, verschwindet abermals, wird wiedergefunden.

Man gewöhnt sich an diesen Rhythmus.

Plötzlich bleibt er aus. Plötzlich merkt Kapitän Ellis, dass die *Bismarck* erneut verschwunden ist. Für immer vielleicht!

Das fürchtet Kapitän Ellis, als er die Meldung weitergibt, und das fürchtet auch Sir John Tovey, als er sie erhält.

Die größte Jagd der britischen Kriegsmarine – soll sie ein Misserfolg bleiben?

Während die Engländer verzweifeln, ahnt Admiral Lütjens nichts von der Chance, die ihm das Schicksal zum zweiten Mal schenkt. Er steht auf der Kommandobrücke. Überall im Unsichtbaren ist der Feind und sammelt sich. Wenn die Nacht ihre Schleier hebt, wenn der graue, kalte Morgen aufzieht, wird die *Bismarck* auf der einen Seite von der Homefleet und auf der anderen von der herangekommenen Mittelmeerflotte in die Zange genommen werden.

Die feindliche Übermacht wird überwältigend sein.

Sterben heißt das …

Admiral Lütjens sieht seine Chance nicht. Wenn er mit äußerster Kraft auf Gegenkurs ginge, müsste er, vom Wetter und der Nacht begünstigt, entkommen. Die *Bismarck* wäre gerettet, und 2.403 Soldaten kämen nach Hause. Ihre Mütter, Frauen und Bräute brauchten nicht zu weinen.

Aber der deutsche Admiral verzweifelt zu früh. Er gibt auf. In dieser scheinbar ausweglosen Situation verspinnt er sich in Träume von Heldentum und Untergang. Leonidas zur See gewissermaßen.

Dass er seine Chance nicht erkennt, daraus braucht man ihm nicht unbedingt einen Vorwurf zu machen. Riesengroß aber ist der Fehler, den er am folgenden Tag begeht: Er kauft seiner Besatzung den Mut ab.

Im Deck der zweiten seemännischen Halbdivision wird das Thema Nummer eins wieder aufgenommen. Die *Hood* fängt an, langweilig zu werden. Weibergeschichten werden niemals langweilig. So viele Frauen, wie in der Fantasie der Matrosen existieren, gibt es auf der ganzen Welt nicht. Und jene, die es gibt, sind nicht so verkommen und auch nicht so edel, wie sie geschildert werden. Wunschträume spazieren über die Zunge. Der »Saum der freien Rede« ist ein Vorrecht des Soldaten, der sonst nicht eben viel zu reden hat.

Die Ferntrauung des Gefreiten Link – in zwei Tagen soll sie stattfinden – ist ein Thema, das sich nicht abnutzt.

»Wenn unser Alter auf Draht ist«, sagt Lauchs zu ihm, »erwischst du noch einen Zipfel von deiner Hochzeitsnacht.«

»Auf die fetten Erbsen hat er's nötig«, erwidert Mößner.

Sie lachen – sie wissen noch nicht, dass sie bald nichts mehr zu lachen haben.

»Ihr Affen!«, schreit Link.

»Jetzt ist er wieder sauer«, sagt Berber.

»Lasst ihn endlich in Ruhe«, schaltet sich Maat Lindenberg in das Gespräch ein. »Habt ihr den organisierten Schnaps schon gesoffen?«

»Der Mensch ist gut – aber der Durst ist groß«, entgegnet Lauchs.

»Wir haben keinen Tropfen mehr.«

»Ein Scheißkrieg«, schimpft Mößmer, »den ganzen Tag kämpfen und nichts zum Saufen.«

»Na, hast du schon gekämpft? … Mit deiner Verdauung vielleicht.«

»Erbsensuppe ist das Klavier des kleinen Mannes«, antwortet Berber.

»Hab' ich schon mal gehört.«

In zwanzig Minuten müssen sie ablösen. Diese zwanzig Minuten wollen sie in die rothaarigen, in die blonden, in die dunklen Frauen investieren, deren erstarrter Abklatsch an den Spinden hängt. Jetzt schaltet sich der Lautsprecher ein. Kalt und laut. Eine Stimme, die sich sofort Gehör verschafft, obwohl sie die wenigsten bisher persönlich hören konnten.

»Hier spricht der Flottenchef«, kommt es aus dem Lautsprecher. »Männer, wir haben einen großartigen Sieg errungen. Dass dieser Tag fast mit meinem Geburtstag zusammenfiel, ist ein glücklicher Umstand. Wir haben den Feind geschlagen. Wir haben das größte Schlachtschiff des Gegners vernichtet. So werden wir mit allen Feinden Großdeutschlands verfahren.

Der Gegner sinnt auf Rache. Wir werden mit einem Feind zu tun haben, der vielleicht zehn-, vielleicht zwanzigfach überlegen ist. Wir werden ihm mit dem gleichen Mut begegnen, mit dem wir die *Hood* vernichteten …

Kameraden, der Freiheitskampf, dem das großdeutsche Volk gegenübersteht, duldet keine Rücksicht auf das persönliche Schicksal. Wenn wir fallen, so tun wir das mit dem Gedanken an die Heimat, an das deutsche Volk, an unseren Führer.

Wir müssen sterben, damit Deutschland lebt. In dieser Stunde gibt es keinen Gedanken an das eigene Geschick. Ob wir fallen werden, ist unwesentlich. Wichtig ist, dass wir noch ein oder zwei feindliche Schiffe versenken.«

Die Stimme ist immer noch kalt und teilnahmslos. Nicht eine Spur von Erregung ist ihr anzumerken. Die jungen Matrosen, die auf Gefechtsstation, in der Unterkunft, in den Maschinenräumen oder im Lazarettzwischendeck zuhören, starren erschrocken auf den Lautsprecher.

»Es gibt in dieser Sekunde nur eine Parole«, fährt der Admiral fort. »Siegen oder sterben!«

Die Stimme bricht so abrupt ab, wie sie kam.

Die Durchsage hat das Gespräch der jungen Matrosen der zweiten seemännischen Halbdivision erstickt. Ein paar Sekunden lang flackern ihre Augen. Ein paar Sekunden lang starren sie aneinander vorbei, sehen sich an, schauen weg, denken an zu Hause, denken an morgen. Ein paar Sekunden lang tobt sich die Angst aus, wild, ungezügelt, unbeherrscht. Jeder denkt an sich und sieht den andern an. Die Zunge ist trocken und die Stirn schweißnass.

Pfeiffer steht auf, schnallt sich den Gefechtsgürtel um.

»Alles Scheiße«, sagt er.

Eine Antwort bleibt aus.

Diese Stunde wird Sir John Tovey nie vergessen. Akuter Brennstoffmangel. Die *Repulse* muss er zum Bunkern nach Hause schicken. Von den Geleitzügen werden die Kriegsschiffe abgezogen, um sich an der Jagd auf die *Bismarck* zu beteiligen. Und immer wieder kommen dieselben Meldungen: Die Brennstoffbunker werden leer …

Seit der Ansprache des Admirals lässt die Besatzung der *Bismarck* den Kopf hängen. Plötzlich ist der Platz auf dem Schiff zu eng, die Temperatur zu hoch, die Luft zu stickig. Plötzlich hört man wieder auf Geräusche.

Unter Deck gibt es nicht Tag und Nacht. Unter Deck brennt immer elektrisches Licht. Wenn es rummst, weiß man oft nicht, ob es die eigenen Geschütze sind oder Einschläge. Man ist isoliert. Und plötzlich spürt man es: das Lauern des Feindes. Man glaubt zu fühlen und zu hören, wie er seine Geschütze klarmacht. Man sieht feindliche U-Boote. Man hört auf das Gerede des Nachbarn. Vielleicht hat man auch einmal Glück, und der Nachbar ist ein Optimist, dann wird man mit Heimatparolen versorgt.

In jedem Raum werden Gerüchte fabriziert. Wenn keiner etwas genau weiß, will jeder etwas wissen. Man bestürmt die Offiziere mit Fragen. Aber sie wissen nicht viel mehr als die Mannschaft. Nur sind sie optimistischer, streuen Zuversicht aus, auch wenn ihnen ganz anders zu Mute ist.

Menschenführung nennt man das …

Bauer II dreht zuerst durch.

»Verdammt, wo sind wir eigentlich!«, brüllt er in den Maschinenraum.

»Du wirst lachen«, entgegnet Pfeiffer gereizt, »im Atlantik.«

»Aber es muss doch etwas geschehen.«

»Geh rauf und sag's dem Admiral!«

Maat Hinrichs von der dritten Technischen betritt den Maschinenraum. Er wird sofort mit Fragen angegangen.

»Na ja, Kinder«, erwidert er, »seid mal nicht so aufgeregt. Schließlich seid ihr auf einem Kriegsschiff und auf keinem KdF-Dampfer.«

»Aber was ist los?«

»Los ist gar nichts. Nacht ist's. Und solange es Nacht ist, haben wir Ruhe. Zwei, drei Stunden noch … Na, und danach geht der Krieg weiter.«

»Welche feindlichen Schiffe sind denn in der Nähe?«, fragte Pfeiffer.

»Bin ich der liebe Gott?«

»Aber man muss doch etwas erfahren!«

»Vielleicht lässt dich der Alte mal durchs Glas sehen. Soll ich ihn anrufen?«

Keiner lacht. Kein Witz zieht mehr. Vorbei ist es mit dem berühmten *Bismarck*-Gefühl, mit der Zuversicht, dass einem nichts passieren kann. Dass die Konstrukteure an alles dachten. Dass die feindlichen Torpedos abprallen wie Schneebälle. Dass die gegnerischen Flugzeuge abgeschossen werden, bevor sie Bomben und Torpedos abwerfen können. Dass die feindlichen Schiffe unterlegen sind …

Die *Bismarck* hat Treffer erhalten. »Unbedeutend«, ließ man der Mannschaft sagen. Aber würde die Führung des Schiffes denn etwas anderes zugeben?

Und wie ist das mit der Ölspur? Warum ist die Fahrt so gedrosselt? Die *Bismarck* könnte doch sechs Knoten mehr laufen. Und wie lange reicht das Öl noch? Und was ist mit den Versorgungsschiffen? Möglicherweise hat sie der Tommy kassiert …

»Ich halte das nicht mehr aus!«, brüllt Ebinger, der kleine, schmale Gefreite, der sonst die Ruhe selbst ist. »Ich kann nicht mehr!«

»Mach in die Hosen!«, ruft ihm Hinrichs zu.

»Lass ihn in Ruhe!«, brüllt Pfeiffer barsch, »sonst kriegst du's mit mir zu tun.«

»Feine Kameraden.«

»Schau, dass du in deinen Laden kommst … Wir haben selbst Miesmacher genug.«

»Ich halte das nicht mehr aus!«, schreit zum zweiten Mal Ebinger aus dem Hintergrund. Sein schmales Jungengesicht wirkt grau und alt. Seine Hände zittern. Er ist restlos durchgedreht. Siebzehn Jahre und vier Monate ist er alt. Seit acht Monaten Soldat. Freiwilliger. Einziger Sohn seiner Eltern. Getreu bis in den Tod, wird man später sagen …

Aber bis der Tod kommt, wird Ebinger entsetzliche Angst ausstehen. In jeder Stunde, in jeder Minute, bei jedem Atemzug. Apathisch und stumpf wird er in einem Winkel sitzen und überlegen, wie er von dem verdammten Schiff hinunterkommen wird.

Mitten im Gefecht wird ihn Korvettenkapitän Junack die Geländer im Maschinenraum putzen lassen, nur, um ihn zu beschäftigen, nur, damit er die andern mit seiner Todesangst nicht anstecken kann.

Die andern haben bessere Nerven. Aber auch sie werden zu Ebingers, wenn es um Leben oder Sterben geht. Auch sie sehen nach der Uhr, sie zählen die Minuten, bis es Tag wird. Sie hören auf die Geräusche. Auch ihre Augen flackern. Auch ihre Lippen sind rissig und ihre Zungen ausgetrocknet.

Ein unheimliches Gefühl breitet sich auf der *Bismarck* aus, legt sich auf ihre Besatzungsmitglieder und lähmt sie. Das Gefühl, dass das deutsche Flottenflaggschiff einem entsetzlichen Ende entgegenfährt …

Dieser Tag, der 25. Mai 1941, ist mit ungeheuerlicher, mit unerträglicher Spannung angefüllt, obwohl nicht ein einziger Schuss fällt. Das Schicksal treibt einen seltsamen, tödlichen Schabernack mit beiden Seiten. Mit der deutschen wie mit der englischen.

Zuerst schüttelt die *Bismarck,* ohne es zu wissen, ihre Verfolger ab. Dann begeht sie durch einen Funkspruch, wiederum ohne es zu wissen, Selbstverrat. Die Engländer kennen jetzt ihren Standort, aber sie berechnen ihn falsch. Fast sieben Stunden lang wird Sir John Tovey mit äußerster Fahrt in die falsche Richtung dampfen und dadurch dem deutschen Flottenflaggschiff einen Vorsprung verschaffen. Noch einmal wird die *Bismarck* entkommen. Zum letzten Mal …

Um vier Uhr früh entschließt man sich auf der Brücke der *King George V,* Admiral Sir John Tovey zu wecken. Er hat sich für ein paar Stunden hingelegt.

Tovey ist ein großer, gelöster Offizier, der um sich eine Welle von Optimismus zu verbreiten pflegt. Davon ist jetzt allerdings nichts zu merken, als er im Kartenhaus steht – genau vierundzwanzig Stunden nach der *Hood*-Tragödie – und über die Hiobsbotschaft nachgrübelt: »*Bismarck* verschwunden!«

Wohin ist sie denn bloß verschwunden?

Nach der Meinung Sir John Toveys hatte das deutsche Flottenflaggschiff drei Möglichkeiten:

1. Es kann ein Versorgungsschiff im Süden anlaufen;

2. es kann einen Stützpunkt an der französischen Atlantikküste oder vielleicht in Westafrika aufsuchen;

3. es fährt zur Reparatur nach Deutschland zurück.

Der Admiral darf keine dieser Möglichkeiten außer Acht lassen. Er ist überzeugt, dass die *Bismarck* angeschlagen ist. Aber er weiß auch, dass sie keineswegs so beschädigt wurde, dass ihre Operationsfähigkeit wesentlich herabgesetzt wäre. Nach dem Angriff der Torpedoflieger lief sie mit über zwanzig Knoten noch verhältnismäßig hohe Fahrt. Was sollen die 45-cm-Flugzeugtorpedos gegen ein Schlachtschiff ausrichten, dessen Panzerhaut gegen die 53-cm-Torpedos der U-Boote gefeit ist?

Man muss das deutsche Flottenflaggschiff in vier Richtungen suchen, denkt Sir John Tovey erbittert. Man muss im Nordwesten in Richtung Grönland wachsam sein, und man muss im Südwesten den Raum Azoren–Kanarische Inseln kontrollieren. Man muss von Südosten bis Ostsüdosten eine Sperrkette legen, um einen Durchbruch nach Brest, St. Nazaire, Ferrol oder Dakar zu verhindern. Schließlich droht im Nordosten noch die Rückkehr der *Bismarck* nach Deutschland.

Um dem verschwundenen Gegner alle diese Möglichkeiten zu nehmen, würde Sir John Tovey die ganze Empire-Flotte benötigen. Er muss sich für eine riskante Dringlichkeitsstufe entschließen. Er muss als bewiesen annehmen, was den Engländern am gefährlichsten werden könnte: das Entkommen der *Bismarck* zu einem Versorgungsschiff, das irgendwo zwischen Süd, West und Nordwest stehen könnte.

Kapitän Ellis geht mit der *Suffolk* bei erhöhter Fahrt auf Westkurs, um dann in der alten Richtung wieder weiterzulaufen. Die

Norfolk hält Kurs 285°. Konteradmiral Wake-Walker detachiert die schwer angeschlagene *Prince of Wales* zu dem Verband von Sir John Tovey. Den nordwestlichen Sektor kontrollieren die Flugzeuge der *Victorious.*

Die *Repulse* läuft am frühen Vormittag zum Bunkern nach Neufundland zurück. Die *Rodney* dampft während der ganzen Nacht mit Höchstfahrt nach Südwesten. Die Zerstörer *Somali, Mashona* und *Tartar* können wegen hohen Seegangs die Geschwindigkeit der *Rodney* nicht halten und bleiben zurück. Die *London* wird auf deutsche Tanker im Raum der Kanarischen Inseln angesetzt. Die *Ramillies* steht vierhundert Seemeilen südlich der letzten *Bismarck*-Position. Der Kreuzer *Edinburgh* hält sich dreihundert Seemeilen südostwärts der *Ramillies.*

Die Kampfgruppe H ist – von Süden aufkommend – noch rund tausenddreihundert Seemeilen vom Operationsraum entfernt. Alles in allem ist die Lage der Briten verzweifelt. Das Öl nimmt ab. Die Schiffe haben schon die Anweisung, zur Brennstoffersparnis nicht mehr mit »äußerster Kraft« zu laufen. Lange halten sie die Jagd auf die *Bismarck* nicht mehr durch. Ein, zwei Tage noch, dann muss sie abgeblasen werden.

Da geschieht ein Wunder. So unvermittelt, so unwahrscheinlich, dass es die Engländer zuerst nicht fassen können:

Die *Bismarck* funkt!

Dadurch können die Engländer das deutsche Flottenflaggschiff anpeilen und seinen Standort errechnen …

Admiral Lütjens hat sich nicht ablösen lassen. Er steht auf der Admiralitätsbrücke der *Bismarck.* Übermüdet, regungslos.

Er steht an der Stelle, an der er sterben wird.

Aber noch ist es nicht so weit. Noch lange nicht. Es dauert vielleicht noch Stunden, vielleicht noch viel länger. Aber das ahnt der deutsche Admiral nicht, sonst würde er anders handeln, sonst würde er die *Bismarck* retten und 2.403 Männer nach Hause bringen. Er würde sie retten bis auf den Bootsmann Hehlers, der vom Luftdruck des Torpedos gegen eine Schottwand geschleudert und tödlich verletzt wurde.

Admiral Lütjens glaubt sich immer noch vom Gegner erfasst. Aus diesem Irrtum heraus begeht er seinen schwersten Fehler. Er tritt am frühen Morgen des 25. Mai mit der »Gruppe West« in Funkverkehr. Er verrät sich, ohne es zu ahnen. Er meldet: »Feindliches Radargerät mit Reichweite von mindestens 35.000 Meter beeinträchtigt Atlantikoperation erheblich. Eigene Schiffe in Dänemarkstraße erfasst. Gegner hielt Fühlung aufrecht. Unmöglich, Gegner abzuschütteln, trotz sehr günstiger Wetterbedingungen. Ölübernahme nur möglich, wenn es gelingt, Gegner durch höhere Geschwindigkeit abzuschütteln … Eigener Munitionsverbrauch im *Hood*-Gefecht: dreiundneunzig Schuss. *Prinz Eugen* gelang Absetzen, weil *Bismarck* Kreuzer und Schlachtschiff im Nebel angriff. Eigenes Radargerät häufiger Ausfall, besonders bei Abschuss eigener Geschütze. Flottenchef.«

Um 8.46 Uhr desselben Tages antwortet die »Gruppe West«, der Stab der Seekriegsleitung in Frankreich. Noch einmal hat Lütjens eine Riesenchance, denn an Land erkannte man, was Lütjens nicht weiß: dass der Gegner die Fühlung zur *Bismarck* verloren hat. Der Funkspruch lautet wörtlich:

»Letzte Fühlunghaltermeldung 0213 h von ›K 3 G‹. Anschließend dreistellige taktische Signale, aber keine offenen Standortangaben. Hier Eindruck, dass Fühlung verloren. Operationsfunksprüche für Halifax wiederholt, aber nicht für Gibraltar oder ›Kampfgruppe H‹, die im Ostatlantik vermutet. Gruppe West.«

Der Admiral bleibt trotzdem auf dem alten Kurs.

Auf dem Todeskurs …

Die Männer lassen den Kopf hängen. Einer steckt den andern an. Mein Gott, vor welcher Ewigkeit begann diese Feindfahrt! Und wie lange soll sie noch dauern! Nimmt denn das aufgepeitschte Meer kein Ende! Was wollen wir noch?

Nach Hause wollen wir! Pflicht erfüllt, *Hood* vernichtet. *Bismarck* muss ausgebessert werden! Ist ja nicht schlimm. Danach neuer Einsatz. Natürlich. Aber für diesmal reicht's. Für diesmal gibt es doch nur noch eine Parole: Kurs Heimat oder Frankreich, ist ja auch Heimat, solange es besetzt ist.

Die meisten lassen das Essen stehen. Es schmeckt nicht. Und dabei beneidet jeder andere Soldat die Kriegsmarine wegen der ausgezeichneten Bordverpflegung. Mit nichts wird gespart. Das Fleisch schwimmt in dicken Brocken in der Suppe. Aber wer hat schon Lust, sie zu angeln? Wem schmeckt es noch? Wen drückt und würgt es nicht im Magen und im Hals?

»Kinder, alles in Ordnung!«, ruft Lauchs. »In vier Stunden sind wir an der Küste.«

»Wieso?«

»Lindenberg hat's gesagt.«

»Und woher weiß es Lindenberg?«

»Woher soll ich das wissen?«

»Wenn du nichts weißt, halt's Maul!«, schimpft Pfeiffer gereizt. »Bevor du das ganze Schiff mit deinen Latrinenparolen verseuchst.«

»Du kannst ja verrecken!«, erwidert Lauchs verbittert.

»Ihr macht euch wohl schon die Hosen voll, was? Und zu Haus habt ihr wieder 's Maul offen?«

»Sei ruhig, sonst schlag' ich dir in die Fresse!«

Die beiden Männer stehen sich geduckt gegenüber. Gereiztheit hat sich auf dem Schiff ausgebreitet. Jeder harmlose Wortwechsel droht in Tätlichkeiten auszuarten. Jeder gegen jeden. Und dabei sitzen sie alle auf demselben Pott, haben alle das »Bordgefühl«, die Empfindung, in einer gepanzerten Konservenbüchse im Meer herumzutreiben und zu warten: auf den nächsten Angriff, auf die nächste Parole, auf die nächsten Geschosse, die nächsten Torpedos. Auf diese Pflicht, die der Teufel holen soll, auf diesen mörderischen Seekrieg, auf die Angst, auf das Grauen, auf die endlosen, fatalistischen Stunden, irgendwo am Gerät, am Hebel, am Druckknopf, auf der Gefechtsstation.

»Der Moralische« geistert durch das Schiff. Heute hat er Pollack erwischt, den untersetzten Obergefreiten, den nichts aus der Ruhe bringen kann. Heute ist nichts mit ihm anzufangen. Er gibt keine Antworten. Er starrt mit irrem Blick vor sich hin. Plötzlich fährt er hoch.

»Nicht mehr zum Aushalten! Das Kind muss doch da sein!«

»Beruhige dich, Kumpel«, sagt Pfeiffer, »du kriegst es ja nicht.«

»Meine Frau«, stöhnt Pollack, »gestern muss es schon gekommen sein … Ich werd' verrückt, wenn ich jetzt nicht bald Bescheid weiß.«

»Na, vielleicht schicken sie dir einen Feldpostbrief mit Kurierflugzeug. Macht der ein Geschrei! Mensch, Kinderkriegen, ist das auch noch was?«

»Iss!«, fährt ihn Mößmer an.

»Ich kann nicht.«

»Iss, Kumpel. Prima Marschverpflegung zur Himmelfahrt. Willst du mit leerem Bauch absaufen?«

»Nach dem Essen sollst du rauchen oder tausend Schritte laufen«, sagt Lindenberg.

Pfeiffer schiebt seinen »Scheinwerfer« weg.

»Weiber müssten auf'n Dampfer«, sagte er, »dann möcht ich euch sehn! Dann wär's aus mit dem Schiss, nicht? Dann könnten sie kommen, die Tommys, und ihr würdet es nicht einmal merken.«

»Die Ithaker haben Weiber an Bord«, sagt einer.

»Quatsch … Und wenn sie welche haben, dann doch nur für die Offiziere.«

»Na, wenn die die Schnauze voll haben, dann kommst du dran.«

»Der würd' sich dann sogar zu einem Offizierskurs melden«, meint Pfeiffer.

Sie lachen. Ein paar Sekunden lang lässt sie das Thema Nummer eins vergessen, dass sie auf der *Bismarck* sind.

»Meine arme Frau«, sagt Pollack.

»Du dummer Hund … Deiner Alten geht es doch viel besser als dir. Du wirst noch bald genug die Windeln waschen.«

Der Dienstälteste steht auf und schnallt seinen Gefechtsgürtel um.

»Herrschaften, Zeit zur Ablösung! Ihr wollt wohl nicht wie die Geistlichkeit! Habt wohl nichts anderes im Kopf als Fressen, Weiber und Urlaub.«

»Wenigstens etwas«, erwidert Mößmer mürrisch. »Du hast ja keinen Kopf, sondern einen Kürbis.«

»Und weich ist er auch schon«, sagt Pfeiffer.

Sie verlassen ihr Deck gemächlich. Sie haben Zeit. Und die Zeit foltert ihre Nerven. Das kann sogar einen Seemann erschüttern.

Es erschüttert ihn wirklich. In jeder Stunde, in jeder Minute. Wenn gar nichts passiert, passiert am meisten. Weil man nicht weiß, was geschieht. Weil es jeden Augenblick losgehen kann, losgehen muss. Wenn sich das Meer mit Blut rot färbt, dann steht der Teufel bei der christlichen Seefahrt Pate …

Die *Bismarck* funkt! Nicht zu glauben! Aber jeder Irrtum ist ausgeschlossen. Schon arbeitet die britische Funkpeilung auf Hochtouren. Wie kann so etwas geschehen? Aber das ist nicht die Sorge von Sir John Tovey …

Gespannt verfolgen die Heimatzentralen den Fortgang der Operation *Bismarck.* Die Peilungen, die auf der *King George V,* dem britischen Flaggschiff, in die Seekarten eingetragen werden, liegen nicht gleichmäßig zusammen. Zwei zeigen südlich am letzten Standort der *Bismarck* vorbei. Alle anderen Eintragungen aber weisen nach Norden.

Sir John entscheidet sich dafür, die südlichen Peilungen außer Acht zu lassen. Das ergibt für den Standort der *Bismarck* 57° Nord, 33° West. Wenn diese Peilung stimmt, ist die *Bismarck* auf dem Rückmarsch nach Norden.

Die *King George V* informiert sofort alle anderen britischen Kriegsschiffe. Sie sollen ihre Operationen jetzt nach dem errechneten neuen Standort der *Bismarck* richten. Sie erhalten keine neuen Suchgebiete und können bis auf Weiteres selbstständig operieren.

Die *Suffolk* dreht in Richtung Island. Die *King George V* nimmt Kurs Nordmeer. Die *Prince of Wales,* schon auf Höhe des britischen Flottenflaggschiffs, dreht zur Dänemarkstraße zurück. Die *Victorious* schlägt Kurs Island–Faröer ein. Die *Rodney* zögert. Sie ist zu weit von dem gepeilten Standort der *Bismarck* entfernt. Zu einem Gefecht im Nordmeer käme sie in jedem Fall zu spät.

Die Admiralität überprüft die neue Lage. Einer ihrer gewiegtesten Taktiker, Kapitän Daniel, ist zum Vortrag befohlen.

»Es ist meine Auffassung«, sagt er, »dass die *Bismarck* einen französischen Hafen anlaufen will. Ob sie ernsthaft beschädigt ist, wissen wir nicht. Wir dürfen uns wenigstens auf einen Torpedotreffer verlassen. Wenn wir ihn unterstellen, ist ihre Operationsfähigkeit zumindest herabgesetzt. Der Durchbruch zwischen Schottland und der Dänemarkstraße dürfte für den Gegner zu riskant sein. Der Feind kennt unsere Möglichkeiten. Er muss wissen, dass wir diesen Seeraum mit allem, was uns zur Verfügung steht, abriegeln können. Nähert sich die *Bismarck* den französischen Atlantikhäfen, so gerät sie bald in den Bereich und dadurch in den Schutz der deutschen Luftwaffe. Sicher wird man ihr auch U-Boote entgegenschicken.«

Kapitän Daniel begründet hartnäckig seinen Standpunkt. Aber die Meinung der Admiralität ist geteilt. Die Stimmung ist gereizt. Die Übermüdung, die Fehlschläge, die Unsicherheit drücken den Offizieren ihre Stempel auf.

Ein zweiter Offizier, Kapitän Edwards, kommt in seinem Vortrag zu einem ähnlichen Ergebnis wie Daniel.

Wieder einmal muss die Luftaufklärung eingreifen. Wieder einmal muss sie diese bangen, verzweifelten Stunden der Ungewissheit überbrücken. Aber der Aktionsradius der Flugboote ist begrenzt.

Drei *Catalinas* starten. Es ist 13.50 Uhr. Ob sie Erfolg haben werden, ist sehr ungewiss.

Wie geht es weiter? Stimmen die Berechnungen? Stößt man endlich auf den Feind? Kann man ihn endlich stellen? Kann die *Hood* gerächt werden?

Sir John Tovey hofft es.

Er ahnt noch nicht, dass seine Einheiten in die falsche Richtung steuern. Er weiß noch nicht, dass ein geradezu lächerlicher Berechnungsfehler Kriegsgeschichte macht. Dass durch eine Ungenauigkeit die *Bismarck* noch einmal einen Vorsprung von fast sieben Stunden erhält.

Dieser Vorsprung müsste endgültig reichen. Er würde auch reichen … wenn Admiral Lütjens das wüsste!

Oberfähnrich Peters sitzt in seiner Kammer und schreibt. Einen Brief an seine Mutter, einen Brief, von dem er nicht weiß, ob er je den Empfänger erreichen wird. Peters ist fahrig und nervös. Zwei, drei Male wirft er den angefangenen Bogen wieder weg.

»Lassen Sie es sein«, sagt Kapitänleutnant Werner Nobis zu ihm. »Legen Sie sich flach und spannen Sie aus. Ist sowieso Unsinn, die Schreiberei ... In zwei Tagen sind wir zu Hause. Sie werden Leutnant und können sich von Ihrer Mama als Held feiern lassen.«

»Ihren Optimismus möchte ich haben, Herr Kaleu«, erwidert der Oberfähnrich, »und Ihre Nerven dazu.«

»Angeboren«, antwortet Nobis, »das ist ganz einfach: Der eine hat einen Kropf, der andere Plattfüße – und ich habe eben gute Nerven.«

»Ich weiß nicht, wie Sie das machen, Herr Kaleu«, fährt Peters fort. »Sie sehen aus wie das blühende Leben und duften nach Kölnisch, als gingen Sie zu einem Ball statt in den Kartenraum. Manchmal kriege ich fast Minderwertigkeitskomplexe.«

Nobis lacht.

»Wenn es Ihnen hilft, Peters, mein Kölnisch leih' ich Ihnen gern mal.«

»Haben Sie nie Angst, Herr Kaleu?«

»Natürlich. Aber Angst ist etwas, an das man sich gewöhnen kann wie an das Zähneputzen oder an den täglichen Schlangenfraß.«

»Und warum merkt man Ihnen nie etwas an?»

»Sehen Sie, Peters, das ist meine einzige Freude auf diesem verdammten Pott, dass mir niemand etwas anmerkt.«

»Sie sind doch schon mal abgesoffen, Herr Kaleu?«

»Zweimal schon, mein Lieber. Das letzte Mal mit einem lächerlichen G-Boot.«

»Wie sind Sie heruntergekommen?«

»Ganz von selbst, Peters. Das geht so schnell, dass man hinterher gar nicht mehr weiß, wie es gegangen ist. Aber machen Sie sich keine Sorgen. Von diesem Dampfer braucht keiner runter.«

»Und das glauben Sie wirklich?«

»Das sage ich mir so lange vor, bis ich daran glaube. Und ich glaube so lange daran, bis ich dranglauben muss… So, ich gehe jetzt in den Kartenraum. Sie können sich Zeit lassen mit der Ablösung.« Schöne Philosophie, denkt Nobis. Da stehe ich, spiele den Helden und red' dummes Zeug, nur damit ich meine eigenen Gedanken vergesse. Als ob ich sie je vergessen könnte! Als ob ich auch nur eine einzige Stunde nicht an Deina zu denken brauchte! Als ob ich nicht hundertmal die Stunde durchlebte, da ich sie das letzte Mal sah…

Damals ging alles blitzschnell. Nobis wurde entlassen und kam in ein Internierungslager in der Nähe von Lissabon. Auf der linken Seite wohnten die internierten Engländer, auf der rechten Seite die Deutschen und Italiener. Dazwischen nur ein rostiger Stacheldraht. Dazwischen nur eine unsichtbare Mauer der so genannten Weltanschauung.

Dazwischen nur der Krieg.

Hüben wie drüben spielte man Fußball, gab es das Gleiche zu essen, las man die gleichen Zeitungen. Nur kommentierte man sie anders.

Der Lagerchef, ein dicklicher Major, war ein Gentleman.

»Wenn Sie Klagen haben, wenden Sie sich an mich«, sagte er zur Begrüßung. »Ich kann Ihnen fast alles bieten. Außer der Freiheit natürlich. Aber daran sind Sie selbst schuld. Indes, ich kann Ihnen die Hochachtung vor Ihrem Entschluss nicht versagen. An Ihrer Stelle würde ich genauso handeln.«

»Verbindlichen Dank», entgegnete Nobis.

Diesseits wie jenseits des Stacheldrahts sann man auf Flucht. Posten mit geschultertem Karabiner versperrten den Weg zur Freiheit. Sie kannten keinen Spaß und würden unverzüglich schießen. Nachts war das Gelände mit Scheinwerfern angeleuchtet. Es gab nur einen einzigen Fluchtweg: Im ersten Stock des Vorderhauses die Eisenstäbe durchsägen, im vollen Scheinwerferlicht auf die Straße springen und dann laufen, laufen, laufen, was die Beine nur hergeben konnten.

Vor Werner Nobis hatten das drei Insassen probiert. Zwei waren entkommen, einer wurde erschossen.

Die Chancen standen zwei zu eins.

Gesetzt den Fall, sinnierte Nobis, ich entkäme aus dem Scheinwerferlicht, ohne dass sie mich treffen. Was dann? Jeder sieht, dass ich Ausländer sein muss. Mein Portugiesisch ist miserabel. Ich habe keinen Pfennig in der Tasche. Ich trage eine Art Uniform. In Stunden schon müssen sie mich haben, wenn mir keiner hilft. Wer sollte mir helfen?

Deina vielleicht?

Nobis schrieb ihr. Nur, dass er sie sehen wollte. Die Antwort kam postwendend. Ein paar kurze Zeilen, die Nobis nie vergessen würde.

»Werner«, schrieb sie, »ich liebe dich. Ich liebe dich schrecklich. Noch immer hoffe ich, dass du dich für mich gegen den Krieg entscheidest. Ich wäre glücklich, wenn du das tätest. Und ich bin so lange unglücklich, wie du es nicht tust. Ich habe nie daran gedacht, dass ich, wenigstens dem Passe nach, Engländerin bin und einen Mann liebe, der eigentlich mein Feind sein müsste. Bitte, vergiss du jetzt, dass du deutscher Offizier bist. Wenn du es nicht kannst, musst du auf mich verzichten. Wenn du nicht verzichten willst, dann schreibe mir das. Ich hole dich noch am selben Tag ab. Deina.«

Er schrieb ihr nicht. Vier Wochen war er jetzt schon interniert. Vier Wochen, in denen er Tag und Nacht auf Flucht sann.

Heute würde es so weit sein. Die Eisenstäbe waren angesägt. Man konnte sie jetzt mit der Hand herausbrechen. Dann kam der Sprung in die Schusslinie. Vielleicht würden sie schlafen. Hoffentlich schliefen sie.

Sie schliefen nicht, aber sie schossen schlecht. Sieben-, achtmal pfiffen ihm die Kugeln am Kopf vorbei. Dann stand er im Dunkel Er lief nicht planlos davon. Er verschnaufte etwas. Er wollte zuerst nach Oporto.

Zu Deina.

Er hatte einen schlechten Geschmack, wenn er daran dachte. Er wollte sie um Geld und Kleider angehen. Er hoffte, sie dazu überreden zu können. Wenn ich kein »Held« wäre, dachte sich Werner Nobis, wäre ich ein Schuft.

Der Teufel mochte wissen, wie er die sechzig Kilometer nach Oporto schaffte. Er verschmierte sein Drillichzeug und tarnte sich als Landstreicher. Ab und zu begegnete er Polizisten oder Soldaten. Sie beachteten ihn nicht. Es war ein besonders schöner Tag heute. Die Sonne leuchtete, als wollte sie den Frieden schmackhaft machen. Als ob es dessen noch bedurft hätte! Als ob Werner Nobis den Frieden nicht schätzte, nicht wünschte! Als ob er schuld an diesem verdammten Krieg sei!

Ein Stück nahm ihn ein Lastwagen mit. Der Fahrer, ein junger, übermütiger Bursche, der mehr auf die Mädchen als auf die Straße achtete, sprach ihn ein paarmal an. Aber Nobis verstand ihn nicht. Er sah auf seine Karte. Noch dreißig Kilometer. Hoffentlich kam die Polizei nicht auf die Idee, dass Deina die erste Station seiner Flucht sein würde.

Aber unter diesem strahlenden blauen Himmel hatten die Polizisten vermutlich ganz andere Sorgen, als sich um einen getürmten deutschen Internierten zu kümmern. Ihr Feind war er schließlich nicht. Und außerdem ging dieser Dreckkrieg Portugal gar nichts an. Nur der Zucker war knapp, aber das ließ sich noch ertragen. Wie viele Menschen in Deutschland, in Italien, in England, in Norwegen, in Dänemark, in Polen würden zeitlebens auf den Zucker verzichten, wenn es keinen Krieg gäbe! Als die Nacht heraufzog, war er in Oporto. Deina wohnte in einem Landhaus am Stadtrand. Nobis kannte sich ganz gut in Oporto aus. Auf dem Stadtplan wenigstens, den er sich im Internierungslager verschafft hatte.

Was würde sie sagen, wenn sie ihn plötzlich sah? Wie könnte er an sie herankommen, ohne das ganze Haus aufzuwecken? Wie könnte er sie sprechen, ohne mit der Mutter in Berührung zu kommen?

Er hat sich alles viel leichter vorgestellt. Um Deinas Haus herum geisterte sein Schatten. Wie viel Zeit er einlegte, um sich mit Mut vollzutanken, um die Unentschlossenheit niederzuringen, um sich auf die entscheidende Aussprache vorzubereiten, wusste er nicht. Er überlegte, in welchem Zimmer sie wohnen könnte. Bei ihren Besuchen im Krankenhaus hatte sie ihm ihr Haus beschrieben.

Er wusste, dass man von ihrem Schlafzimmer aus auf einen kleinen Balkon gelangen könnte. Das Landhaus hatte zwei Balkone. Werner Nobis hatte Glück. Er erriet den richtigen.

Er warf Steine gegen ihr Fenster. Es dauerte lange, bis das Licht eingeschaltet wurde. Dann sah er sie. Sie hatte sich einen Morgenrock übergeworfen und wirkte schlaftrunken. Ihre Augen mussten sich erst an die Finsternis gewöhnen.

Werner Nobis trat aus dem Schatten.

»Ich bin es, Deina«, rief er halblaut.

Da sah sie ihn. Er bemerkte deutlich, dass sie sich freute.

Das Schlimmste ist geschafft, dachte sich Nobis – aber er wusste ganz genau, dass ihm das Schlimmste noch bevorstehen würde. Die Aussprache mit ihr.

Der Abschied von ihr …

»Ich muss dich sprechen«, sagte er. »Wie kann ich zu dir hinaufkommen?«

»Ich werde meine Mutter wecken.«

»Nein, bitte, tu das nicht! … Ich bin geflüchtet.«

Deina begriff sofort. Sie nickte mit dem Kopf.

»Ich komme sofort.«

Nobis ging in den Schatten zurück. Er wollte seine Gedanken ausschalten, aber sie hatten sich längst selbstständig gemacht. Die Gefühle ebenfalls. Die Augen ebenfalls.

Jetzt kam sie ihm entgegen. Sie lächelte. Sie sah aus wie immer. Wunderschön.

In dieser Sekunde vergaß Nobis alles.

Den Zweck der Flucht, die Eile, die Polizei, das fehlende Geld, die notwendigen Kleider.

Er stand vor ihr, legte seinen Arm um sie und presste sie an sich. Sie weinte vor Glück …

Die *Bismarck* zieht dahin, mit 2.403 Schicksalen an Bord. Nichts geschieht. Die Ruhe vor dem Sturm. Ein Teil dieser Ruhe ist Kapitänleutnant Werner Nobis, der im Kartenraum sitzt und an Deina denkt.

Er ist nicht der Einzige, jeder hat irgendeine Deina, an die er denken muss. Nur einer hatte die Chance, bei ihr zu bleiben. Er entschied sich für den Krieg.

Den anderen nahm der Stellungsbefehl diese Überlegung ab...

Sieben Stunden lang tobt sich der Zufall aus. Bei den Engländern. Sieben Stunden lang verfolgen nahezu sämtliche verfügbaren Einheiten der britischen Kriegsmarine die *Bismarck* in Richtung Nordsee – und dabei fährt das deutsche Flottenflaggschiff zur französischen Küste.

Um 15.30 Uhr erhält Sir John Tovey einen neuen, angenommenen Standort der *Bismarck:* 50° 15' Nord, 32° West.

Entsetzt starrt der Admiral die Meldung an. Zum Teufel, das ist doch unmöglich! Das kann es doch nicht geben! Wenn diese Position stimmt, dann ist die *Bismarck* nicht auf dem Weg in die Nordsee, sondern sie steuert die Biskaya an.

Wo lag der Fehler, um Gottes willen? Wo konnte er liegen?

Er wird sich bald herausstellen. Als ganz natürlich, als simpel, als lächerlich geradezu: Die Gradeinteilung der benutzten Seekarten war ungenau. Die Admiralität hätte das merken müssen. Sie hätte Sir John darauf aufmerksam machen müssen. Aber meistens weiß man erst hinterher, was zu veranlassen gewesen wäre.

Um 16.30 Uhr gibt Tovey einen Funkspruch an die Admiralität auf. Er fragt zurück, ob im Hauptquartier angenommen werde, dass die *Bismarck* die Faröer ansteuere. Die Antwort bleibt aus. Jetzt entscheidet sich Sir John zu eigenmächtigem Handeln. Er gibt die Verfolgung in der Nordsee auf. Er meldet an seine Einheiten, dass seiner Meinung nach Frankreich das Ziel des deutschen Flottenflaggschiffs sei. Er ändert den Kurs.

Er ändert ihn eine Stunde bevor man bei der britischen Admiralität den Fehler erkannte. Eine Stunde spart der britische Admiral.

Ob es nicht trotzdem zu spät war?

Sir John Tovey kann sich leicht ausrechnen, was ihn der Irrtum kostete. Er ist etwa hundert Seemeilen von der *Bismarck* entfernt. Noch immer kennt man ihren genauen Standort nicht. Das wird die ganze Nacht andauern. Dem Admiral bleibt nur noch eine Hoffnung: die Flugzeuge der *Ark Royal,* die im Verband der

Kampfgruppe H sich dem Schauplatz nähern. Sie klären in breiter Front auf.

Wieder begünstigt das Wetter die *Bismarck.* Aber sie muss zu finden sein, und sie wird gefunden.

Am 26., vormittags 10.30 Uhr, entdeckt eine von Nordirland aus gestartete *Catalina* ein Schlachtschiff. Standort: 49° 33' Nord, 21° 50' West. Kurs 150. Fahrt des Schiffes: etwa zwanzig Knoten. Die *Catalina* gibt die Meldung sofort weiter. Alle britischen Funkgeräte spucken sie aus. Auf allen britischen Schiffen erfährt man: »*Bismarck* wiedergefunden!«

Endlich, endgültig wiedergefunden! Nach einunddreißigeinhalb Stunden.

Zunächst gab es natürlich noch Zweifel, ob es sich bei dem von der *Catalina* ausgemachten Schlachtschiff tatsächlich um die *Bismarck* handelte. Eine halbe Stunde später, gegen elf Uhr, hatte nämlich ein von der *Ark Royal* aus gestarteter *Swordfish* die *Bismarck* als Kreuzer identifiziert.

Weitere Maschinen wurden angesetzt. Sie starteten unter geradezu unglaublichen Wetterbedingungen. Haushohe Wellen rissen den Rumpf des Trägers hin und her. Zum ersten Mal wagte die britische Kriegsmarine unter solchen Umständen den Start.

Es lohnte sich. Die heimkehrenden Flugzeuge bringen die Meldung mit, dass es sich bei dem feindlichen Schiff nicht um einen Kreuzer, sondern um die *Bismarck* handeln musste.

Fliegeralarm auf der *Bismarck!*

»Flugboot vom Typ *Catalina*«, meldet der Mann im Ausguck. »Höhe viertausend Meter.«

Das Flugboot hält sich außerhalb der Schussentfernung. Da schwirren auch schon die *Swordfishes* heran. Ebenfalls außerhalb der Schussentfernung. Noch schweigen die Flakgeschütze.

Wie lange noch?

Fünfzehn Maschinen sollen zum entscheidenden Torpedoangriff auf die *Bismarck* starten. Es ist 14.50 Uhr. Den Besatzungen sagt man, dass sich kein weiteres Schiff im Operationsraum aufhalte.

Eine Falschmeldung, wie sich herausstellen wird. Eine Falschmeldung, die für die Engländer furchtbare Folgen haben soll.

Die Anflugzeit zur *Bismarck* beträgt etwa eine Stunde. Gleichmäßig ziehen die fünfzehn *Swordfishes* dahin. Wind, Regenböen, miserable Sicht. Der Gegner muss mit Radar gesucht werden. Die Besatzungen sehen auf die Uhr. Verflucht, wo bleibt die *Bismarck?* Nichts zu sehen.

Da reagiert der Radarschirm. Ein Ziel.

Die *Bismarck!*

Jetzt kommt das Schwerste. Zuerst die Maschinen in Angriffsposition bringen. Hochziehen in die Wolken. Sammeln. Die Reihenfolge absprechen. Dann herunter im Sturzflug. Dann heran im Tiefflug. Dann die Torpedos abschießen. Dann die Maschine hochreißen.

Wer wird diesmal daran glauben? Wen erwischt es jetzt? Wenn die *Bismarck* aus einer Entfernung von dreihundert, vierhundert Metern ihre Flak auf den Gegner aus der Luft richtet.

Keine Zeit zum Nachdenken. Die Flugzeuge stürzen durch die Wolkendecke. Dem Ziel entgegen. Die erste Rotte ist am Feind. Gleich werden die Torpedos detonieren.

Von allen britischen Schiffen steht die *Sheffield* der *Bismarck* am nächsten. Als sich das Wetter weiter verschlechterte, bekam der Kreuzer den Befehl, die Fühlung haltenden Flugzeuge abzulösen. Um 13.30 Uhr. Fast eineinhalb Stunden vor dem Start der *Swordfishes.* Bei diesem Befehl stand die *Sheffield* in Sichtnähe der *Ark Royal.* Niemand bemerkte, dass sie zum Gegner abdrehte. Niemand ahnte, dass die *Swordfishes,* die gerade zum Angriff auf die *Bismarck* fertig gemacht wurden, das eigene Schiff, die *Sheffield,* torpedieren würden …

Kurz vor 16 Uhr meldet sich der Funkoffizier der *Ark Royal* bei Kapitän Maund:

»Sir, die *Sheffield* ist in unmittelbarer Nähe der *Bismarck.*« Maund weiß sofort, was das bedeutet.

»Wann ist die Meldung gekommen?«

»Um vierzehn Uhr.«

»Und warum erhalte ich sie erst jetzt?«

»Wir sind beim Dechiffrieren nicht mehr mitgekommen.«

»Wissen Sie, was das heißt?«

»Ja«, erwiderte der Funkoffizier.

»Geben Sie einen offenen Funkspruch«, entgegnet Maund. »Geben Sie sofort durch: ›Auf *Sheffield* achten!‹«

Im gleichen Augenblick, da die Warnung in den Äther geht, explodieren bereits die ersten Torpedos …

Kapitän Laarcom steht auf der Kommandobrücke der *Sheffield.* Gerade werden ihm die *Swordfishes* gemeldet.

Er verfolgt sie im Glas. Er sieht, wie sie in die Wolken hochgehen. Verdammt, was wollen sie dort?

Wie ein Angriff von Torpedoflugzeugen aussieht, weiß Kapitän Laarcom ganz genau. Er weiß es, weil die *Sheffield,* sein Schiff, bisher bei den Manövern als Ziel für die blutjungen *Swordfish*-Besatzungen der *Ark Royal* diente.

»Die greifen uns an!«, sagt er im nächsten Moment.

Da kommt schon die erste Maschine im Tiefflug.

»Äußerste Kraft voraus!«, brüllt Laarcom. Er dreht das Schiff so hart ab, dass es beinahe kentert. Er steuert Zickzackkurs. Wasserfontäne! Magnetzündung! Bei der Berührung mit dem Wasser explodiert der Torpedo sofort.

Da kommt der nächste, übernächste!

Nahe, immer näher. Die zischende, gischtige Bahn auf der Wasseroberfläche. Das tückische, tödliche Geschoss. Von den eigenen Leuten abgeschossen auf das eigene Schiff. Und nicht einmal wehren kann man sich …

Von allen Seiten zischen die Torpedos heran. Im wilden Zickzackkurs weicht die *Sheffield* aus. Verdammt, merken die nicht einmal, dass wir uns nicht wehren, denkt Kapitän Laarcom, werden sie denn nicht stutzig, weil unsere Flak schweigt?

Wieder kommt eine Maschine im Tiefflug heran. Wieder klatscht der Torpedo ins Wasser, bahnt sich eine sprudelnde Gasse durch das aufgepeitschte Meer.

Die Männer am Oberdeck würgen die Angst hinunter und starren auf das Wasser. Kennen die uns denn nicht, denkt jeder. Jeden Tag sind sie uns angeflogen, jeden Tag haben wir das Ziel für ihre Übungstorpedos abgegeben!

Und jetzt? Sollen wir an unseren eigenen Torpedos krepieren? Sollen wir den eigenen Flugzeugen wehrloser preisgegeben sein als den feindlichen?

Da kommt die letzte Rotte heran. Ganz nahe. Ihre Torpedos müssen sitzen. Drei gleich! Einem oder zweien kann man vielleicht ausweichen, dem dritten bestimmt nicht mehr. Nicht aus dieser Nähe wenigstens.

Sturzflug! Tiefflug!

Jetzt müssen die Torpedos fallen! Wo bleiben sie? Verdammt! Sind sie schon ausgeklinkt? Sind die Leute am Ausguck blind? Da brausen die Maschinen über das Schiff hinweg. Die Piloten reißen sie hoch, drehen ab, fliegen zurück.

Diese letzten drei Flugzeuge wenigstens haben die *Sheffield* erkannt.

Die Erregung flaut ab. Die wilde Zickzackfahrt hat den Kreuzer weiter von der *Bismarck* weggebracht. Kapitän Laarcom dreht jetzt wieder in Richtung Feind und durchpflügt das Meer nach dem deutschen Flottenflaggschiff…

Inzwischen erwartet Sir John die Erfolgsmeldung des Fliegerangriffs. Der Admiral ist unruhig. Aber nur die Leute seiner nächsten Umgebung merken das, so beherrscht, so ausgeglichen wirkt er. Er sieht auf die Uhr. Wieder und wieder. Die anderen Offiziere auf der Brücke tun dasselbe.

Was ist denn los? Wenigstens die Angriffsmeldung müsste doch längst hier sein! War das Wetter zu schlecht? Das Flakfeuer der *Bismarck* zu mörderisch? Waren die Ausweichmanöver zu geschickt? Sollten – unmöglich, sich das vorzustellen – die *Swordfishes* ausnahmslos der deutschen Flak zum Opfer gefallen sein? Da kommt endlich die Meldung!

Sir James Somerville, der Chef der Kampfgruppe H, funkt lakonisch: »Keine Treffer!«

Noch ahnt Admiral Tovey nicht, dass die *Swordfishes* des Trägers *Ark Royal* ein eigenes Schiff angegriffen haben.

Die Unglücksflugzeuge sind inzwischen zum Träger zurückgekehrt. Jetzt erst klärt sich der dramatische Zwischenfall. Die Besatzungen sind außer sich, wollen Erklärungen abgeben.

»Ist noch gut gegangen«, sagt Kapitän Maund, »Sie können nichts dafür ... Gehen Sie essen und halten Sie sich zum nächsten Einsatz bereit.«

Und wieder einmal mischt sich ein Zufall in den Seekrieg. Wie war es möglich, denkt Kapitän Maund, dass die *Swordfishes* die *Sheffield,* die weit schwächer ist als die *Bismarck,* nicht vernichten konnten? Dass nicht ein Torpedo traf, obwohl die Piloten wegen des ausbleibenden Flakfeuers in Ruhe zielen konnten? Die moderne Magnetzündung der Torpedos hat versagt! Kapitän Maund entschließt sich sofort, zur altbewährten Aufschlagzündung zurückzukehren. Er lässt die Torpedos umstellen. Der unglaubliche und wie durch ein Wunder gerade noch einmal gut abgegangene Angriff auf das eigene Schiff veranlasst ihn zu dieser Maßnahme.

Erst die Torpedos mit Aufschlagzündung werden die Vernichtung des Gegners ermöglichen, denn die *Swordfishes* sind im Begriff, ein zweites Mal zu starten. Das Deck des Trägers schwankt im Seegang, als die Maschinen aufgetankt werden. Es ist 19 Uhr. Die Wolken hängen in zweihundert Meter Höhe über dem Meer. Kräftiger Wind scheucht sie durcheinander. In dicker Vermummung stehen die Besatzungen auf dem Flugdeck, junge, kräftige Burschen, die darauf brennen, die Scharte wieder auszuwetzen. Und zwischen diese kalte Entschlossenheit mischt sich die Angst, eine Empfindung, die sich die jungen Flieger um keinen Preis der Welt anmerken lassen wollen. Wie viele werden wiederkommen? Wie viele werden vor dem Feind bleiben, zerrissen und zerfetzt?

Wie viele Gebete werden gesprochen werden, wie viele Mütter werden weinen? Daran denken sie, obwohl sie es krampfhaft vermeiden wollen, obwohl ihre blassen Gesichter zu einem gespenstischen Lächeln erstarren. Noch einmal tief Luft geholt, und los geht es.

Das Duell mit dem Tod beginnt, das Rendezvous mit dem Schicksal, für das sie so wenig können wie die jungen Männer auf der anderen Seite, gegen die sie ihre tödlichen Torpedos abschießen werden.

Die Luftschrauben sind angeworfen. Die Motoren heulen auf. Schwerfällig, umständlich heben sich die Maschinen vom Deck, fliegen dem Feind entgegen. Einem von ihnen wird ein »Sonntagsschuss« gelingen. Ein Torpedo wird die *Bismarck* lahmlegen. Ein Torpedo wird den Anfang vom Ende einleiten, vom Ende des modernsten Schlachtschiffes der Welt…

Eine Frage geistert durch die *Bismarck:* Was ist los? Wohin fahren wir? Was unternehmen wir? Wie lange dauert diese gespenstische Ruhe? Die schleichende Ungewissheit lastet auf den Männern in den Geschütztürmen, in den Maschinenräumen, im Lazarettdeck, in den Munitionskammern, in den Funkräumen; sie schleicht durch die Mannschaftsdecks, sie nistet sich in den Offizierskammern ein, sie zerreibt die Nerven der »Badegäste«, sie macht die Gesichter der Flugzeugbesatzungen fahl und starr. Was ist los?

In schusssicherer Entfernung kreisen zwei kleine schwarze Punkte über dem deutschen Flottenflaggschiff: Feindflugzeuge, die wie Aasgeier eine verlorene Karawane verfolgen. Sie verschwinden kurz, sind dann wieder da, fliegen höher, kommen tiefer. Stundenlang geht das so.

Es ist Spätnachmittag, der 26. Mai 1941, eindreiviertel Tage vor dem großen Sterben…

Die Männer auf dem Oberdeck sehen diese winzig kleinen Taranteln dort oben. Sie wissen, was sie bedeuten. Fliegeralarm wird nicht gegeben. Wegen zweier Feindflugzeuge, die sich noch dazu in schusssicherer Entfernung aufhalten, löst man auf der *Bismarck* keinen Alarm mehr aus.

Dabei spielt sich in der Luft eine Tragikomödie ab. Unabhängig voneinander haben ein *Catalina*-Flugboot und eine *Swordfish* den Kontakt mit der *Bismarck* hergestellt. Die *Catalina* funkt: »Werde von deutschem Jäger angegriffen.«

Das Flugboot kurvt wild durch die Wolken, auf der Flucht vor dem vermeintlichen Feind, entkommt, verliert dabei den Kontakt zur *Bismarck.*

Umgekehrt hält die *Swordfish* das Flugboot indes für eine *Focke-Wulf 200* und tritt ihrerseits den Rückzug an. Die beiden Maschinen treffen sich wieder über der *Bismarck,* belauern sich aber gegenseitig mehr als das deutsche Schiff.

Hier wurden inzwischen die Deckaufbauten mit Hilfe von Attrappen verändert. Die *Bismarck* hat einen künstlichen Schornstein erhalten. Mit Blech und Pappe wurde die Silhouette des deutschen Schlachtschiffs dem amerikanischen Schlachtschiff *Missouri* angeglichen, um die feindlichen Kontakthalter zu bluffen. Viel Hoffnung setzte man von vornherein nicht auf dieses verzweifelte Experiment.

Es sollte auch nicht helfen.

Die *Swordfishes* sind mit ihrer tödlichen Last schon auf dem Weg.

Minuten noch, dann ist es so weit.

Fünf Minuten vor dem Angriff der Torpedoflugzeuge wird Maat Lindenberg mit einer Zahnfistel in das Bordlazarett eingeliefert. Die linke Seite seines Gesichts ist grotesk geschwollen. Er kann vor Schmerz nicht reden und beteiligt sich an der Unterhaltung nur mit Gesten. Links von ihm liegt der Matrosenobergefreite Knolle. Sein Bein ist in Gips gepackt und hochgestellt. Er ist gestern unglücklich gefallen und hat den Fuß gebrochen. Ihm gegenüber fiebert Schulze II mit Gelbsucht. Der Munterste der Lazarettrunde ist der Gefreite Burger, dem die vor Tagen erst überstandene Blinddarmoperation kaum mehr zu schaffen macht.

»Hallo!«, ruft er, als Lindenberg eingeliefert wird, »du bist ja so schweigsam. Mensch, wem hast du dein Auge verkauft! Mein Gott, die Fresse! Mensch, Kumpel, dich hat wohl der wilde Affe gebissen!«

Lindenberg droht matt mit der Faust und legt sich auf ein Bett.

»Sehr gesprächig ist er nicht«, fährt Burger fort.

»Endlich mal ein Maat, der das Maul hält«, setzt Knolle hinzu. »Müsste man bei der ganzen Marine einführen.«

»Küssen könnt' er auch nicht. Hat ja ein Gesicht wie ein Arsch mit Ohren.»

»Soll er sich selbst küssen? Oder vielleicht dich?»

»Haltet euren Mund», sagt Schulze II.

»Hörst du«, wendet sich Knolle an Burger, »der Lazarettchinese will auch mitreden … Wie fühlt man sich als Kanarienvogel?«

Schulze II wirft sich ächzend auf die andere Seite.

Der Sanitätsgefreite Birner betritt das Lazarettzwischendeck. »Herrschaften, Fieber messen«, sagt er.

»Auch schon wieder«, entgegnet Knolle. »Warum muss einer mit einem kaputten Fuß Temperatur messen?«

»Vorschrift«, antwortet Birner.

»Reg dich nicht auf«, ruft Burger Knolle zu, »die malen ja auch ihre Fieberkurve, wenn einer den Tripper hat.«

»Hat aber keiner.«

»Hätte gerade noch gefehlt«, entgegnet Birner. »Herrschaften, los, macht schnell ... Sie auch, Herr Maat.«

»Was macht ihr eigentlich, wenn wir absaufen?«, fragt Burger. »Da gibt's eine Extrawurscht. Ihr bekommt ein Schlauchboot, werdet schön hineingeschichtet, und der Stabsarzt rudert euch persönlich übern Teich.«

»Au weh, da kommen wir nicht weit.«

Der Sani Birner sammelt die Thermometer ein.

In diesem Augenblick geschieht es. In diesem Augenblick zerreißt ein Glockensignal das träg-flache Landsergespräch.

E-i-n-s, z-w-e-i, d-r-e-i, v-i-e-r, f-ü-n-f, schrillen die Glocken durch das Riesenschiff.

Kurze Pause.

E-i-n-s, z-w-e-i, d-r-e-i, v-i-e-r, f-ü-n-f, kommt das Alarmsignal wieder.

Wieder und wieder.

Das geht durch und durch. Durch die Nerven. Durch die Köpfe, durch die Körper. Die Augen flackern. Jeder will instinktiv mit einem Satz aus dem Bett heraus. Der Sanitätsgefreite vergisst, die Fieberkurven einzutragen.

Ein Unterarzt hastet im Laufschritt durch das Lazarettzwischendeck. Rufe schwirren durcheinander. Seestiefel trampeln über die Panzerplatten.

Planmäßig fliegen die *Swordfishes* der *Ark Royal* die *Sheffield* an, die seit zwei Stunden den Kontakt mit der *Bismarck* hält. (Der Mann am Ausguck des Kreuzers, der zuerst das deutsche Flottenflaggschiff entdeckte, erhielt eine Prämie von zwei Pfund.) Flugzeuge und Schiff verständigen sich durch Signale. Die erste Rotte der *Swordfishes* hat, in großer Höhe fliegend, das Ziel erreicht.

Alarm!

In diesem Augenblick werden die Feindflugzeuge von einem Beobachter der *Bismarck* ausgemacht.

»Mehrere Feindflugzeuge in Sicht!«, ruft er.

Aber im nächsten Moment sind die schwarzen Punkte am Horizont verschwunden. Man zögert mit dem Auslösen des Fliegeralarms.

Auf Oberdeck stehen die Gefreiten Rzonca und Junghans. Rzonca arbeitet an der Katapultanlage der Flugzeuge. Junghans, dessen Gefechtsstation im Turm »Dora« ist, hat die Minenbeobachtung. Beide vernehmen gleichzeitig die Meldung des Luftbeobachters. Sie starren in den Himmel und sehen nichts.

»Der träumt«, ruft Junghans.

»Nee, der hat Möwen gesehen«, erwidert Rzonca.

Die Spannung lässt nach, löst sich in Gelächter, in Erleichterung. Möwen – keine Feindflugzeuge!

Dabei formieren sich in dieser Minute hoch in den Wolken die *Swordfishes* zum entscheidenden Angriff auf die *Bismarck*.

Da kommt schon die erste Rotte heran.

»Alarm!«

»Alle Mann auf Gefechtsstation!«

Alles rast auf die Luken zu. Sekunden später sind sie geschlossen. Schnell, so plötzlich, dass der Matrosengefreite Rzonca an Oberdeck bleibt und den höllischen Angriff als unfreiwilliger Augenzeuge miterlebt.

Die Flak schießt aus allen Rohren, unterstützt von der mittleren Artillerie. Trotz des rasenden Geschützfeuers schwirren die Doppeldecker heran. Steuerbord. Backbord. Fünf, acht, zehn Maschinen. Von allen Seiten gleichzeitig, in planmäßigem Durcheinander.

Plötzlich steht der Gefreite Behnke neben Rzonca.

»Komm in den Unterstand!«, brüllt er seinen Kameraden an. »Ich bin auch nicht mehr runter ins Schiff gekommen.«

Rings um die *Bismarck* steht ein Gürtel von Sprengwolken.

Kann eine der Feindmaschinen das Sperrfeuer durchbrechen? Hat ein Pilot Mut genug und Todesverachtung, diese Barriere der Vernichtung zu durchfliegen? Hat er eine Chance?

Da – die erste *Swordfish* brennt, platzt in der Luft auseinander. Die Trümmer stürzen brennend in das Meer. Aber dahinter kommt schon eine andere Maschine. Ganz nahe ist sie jetzt. Einen Augenblick sieht es aus, als ob sie in der Luft stehen bliebe. In dieser Sekunde löst sie den Torpedo aus. Torpedo im Wasser! Laufbahn steuerbord!

Es beginnt ein Wettschießen auf den Torpedo. Ein Geschoss erwischt ihn. Detonation! Haushohe Wasserfontäne!

Die Briten kommen von allen Seiten. Steuerbord. Backbord. Mit entsetzlicher Tollkühnheit stoßen die Piloten durch den Sperrgürtel. Rzonca und Behnke rasen auf ein Geschütz zu, schleppen Munition heran, werfen sich in Deckung, sehen, wie die Maschinenkanonen die Magazine leerschießen, sehen die Leuchtstreifen der Munition, sehen eine dieser Maschinen brennen, sehen, wie der glühende Lauf gewechselt werden muss, gerade, als eine neue *Swordfish* heranschwirrt.

Mein Gott, nimmt denn das kein Ende?, denkt Rzonca. Ich hier, ausgerechnet bei der Flak. Die Flak liegt auf dem Deck und schläft, sagen die Landser. Alles Quatsch! Wo haben die Kerle die Nerven her! Sie schießen wie verrückt. Sie schießen wie damals in der Ostsee bei der Baubelehrung, als sie ihre Geschosse auf den von einem Flugzeug gezogenen Luftsack richteten. Wenn sie trafen, gab's einen Kasten Bier. Hier geht's um Leben oder Tod. Leben statt eines Kasten Biers …

»Los! Schneller!«, brüllt der Geschützführer.

Nun zischen die Torpedos von allen Seiten heran. Mit höchster Fahrt läuft die *Bismarck* zickzack. Drei, vier tückischen Aalen kann sie ausweichen.

Da kommt eine Maschine von achtern, baut ihr Männchen inmitten des wütenden Flakfeuers.

Der Torpedo klatscht in das Wasser, wühlt sich durch die Wellen zur Panzerhaut der *Bismarck* durch.

Die Geschütze richten sich auf ihn. Die Einschläge liegen zu kurz oder zu weit, zu weit links oder zu weit rechts.

Mein Gott, zielt doch besser! Genauer! Nur Ruhe! Nur Nerven! Habt ja noch Zeit. Noch fünfzehn Sekunden Zeit, noch zehn. Verflixt, knallt das Ding doch ab!

Rzonca steht am Achterdeck, drei, vier Meter neben dem Flakgeschütz. Er sieht den Torpedo herankommen.

»Los!«, brüllt er Behnke zu, »auf die andere Seite!«

Sie rasen ein paar Schritte nach Steuerbord, werfen sich hin. Da knallt es schon!

Ein Ruck geht durch das Heck. In der nächsten Sekunde bricht die *Bismarck* in scharfem Bogen nach Backbord aus und fährt dann im Kreis.

Treffer in der Ruderanlage!

Das Ruder steht fest und starr!

Einnebeln! Aber die Nebelanlage funktioniert nicht.

»Stehen Sie nicht herum!«, brüllt ein Offizier Rzonca und Behnke an. »Sehen Sie nach, was los ist!«

Die Nebelanlage ist ganz hinten am Heck. Die beiden Gefreiten reißen den Deckel hoch. Die Leitungen sind verbogen, die Armaturen umgeknickt.

Behnke steigt nach unten, leuchtet mit der Taschenlampe in das Gewirr.

»Sei vorsichtig!«, ruft ihm Rzonca nach.

Im gleichen Augenblick bemerkt er, wie sich ein 38-cm-Turm zurückdreht und seine Rohre genau nach achtern richtet. Rzonca sieht die Mündung vor sich, reißt Behnke hoch, springt zur Seite. Da blitzt der Abschuss. Die beiden Gefreiten werden vom Luftdruck auf das Deck geschleudert.

Die *Bismarck* ist lendenlahm. Das Ruder liegt fast auf 20° nach der Backbordseite. Das Flottenflaggschiff lässt sich auch nicht mehr mit den Schrauben steuern. Die müssen ebenfalls beschädigt worden sein. Die *Bismarck* dreht sich im Kreis.

Endlich ist das Heck eingenebelt. Durch Nebelbojen.

Noch einmal kommen die Flugzeuge heran. Eine *Swordfish* will einen Torpedo direkt auf das Deck werfen. Tollkühn greift sie von vorn an.

Abschuss aus dem 38-cm-Turm.

Explosionswolke in der Luft. Nichts mehr zu sehen vom Flugzeug. Volltreffer!

Endlich drehen die Maschinen ab.

Leck-Kommandos treten an. Taucher werden in die Ruderanlage hinabgelassen. Sie arbeiten wahnsinnig, aber ergebnislos. Eine Meldung geht durch das Schiff:

»Ruderanlage beschädigt. Instandsetzung im Gange. Aussicht auf Beseitigung der Havarie.«

Die Taucher, die an Deck zurückkommen und ihre Meldung abgeben, sind erschöpft. Das eiskalte Wasser hat ihnen zugesetzt. Die Aussichtslosigkeit ihrer Arbeit nahm ihnen den Mut. Hier gibt es keine Reparatur. Hier gibt es nichts mehr, was helfen kann. Sie melden es den Offizieren. Die Offiziere befehlen ihnen, ihre Beobachtungen der Mannschaft nicht mitzuteilen.

Während man die Besatzung noch mit Zuversicht und Optimismus füttert, gibt die *Bismarck* verzweifelte Funksprüche in den Äther.

Um 20.54 Uhr meldete Admiral Lütjens:

»Werde von feindlichen Trägerflugzeugen angegriffen.« Um 21.05 Uhr:

»Schiff nicht mehr manövrierfähig. Ungefährer Standort 47° 40' Nord, 14° 50' West. Torpedotreffer achtern.«

Um 21.15 Uhr:

»Torpedotreffer mittschiffs.«

Um 21.17 Uhr funkt die Gruppe West, der deutsche Marine-Gruppenbefehlshaber West in Frankreich, zurück:

»U-Boot meldet: Ein Schlachtschiff, ein Flugzeugträger in ungefähr 47° 50' Nord, 16° 50' West, 115°, hohe Fahrt.«

Eine knappe Stunde später tritt die »Gruppe West« wiederum mit der *Bismarck* in Funkverbindung und teilt dem deutschen Flottenflaggschiff mit, dass alle verfügbaren deutschen U-Boote angehalten seien, sich am Standort der *Bismarck* zu sammeln ...

Von der ersten Sekunde an lehnt es Kapitänleutnant Werner Nobis ab, sich etwas vorzumachen. Von jetzt an hat das Meer, die sturmgepeitschte, grimmige See, die Navigation der *Bismarck* übernommen. Das Schiff treibt nahezu willenlos – es treibt dem Feind entgegen. Die Engländer brauchen sich nur zu postieren. Sie brauchen nur ihre Einheiten aufzustellen. Es wird zu keiner richtigen Seeschlacht mehr kommen.

Hinrichtung nennt man das, was der *Bismarck* bevorsteht ...

Die Nacht wird einen zweifelhaften Aufschub bescheren. Sie wird die tausendfache Todesangst nähren. Sie wird die Nerven lähmen und gleichzeitig aufputschen. Gedanken werden zur Folter. Die Hoffnung zur Dummheit. Die Dummheit zur Hoffnung. Die Hände werden zittern, die Augen stieren, der Magen streiken, die Stimme versagen. Und die Gedanken werden wieder da sein. Die Gedanken an Deina ... je aussichtsloser es sein wird, in desto greifbarere Nähe wird das Mädchen aus Opórto rücken. Es gibt kein Ausweichen!

Weder vor dem Tod – noch vor Deina ...

Damals in Portugal, als Werner Nobis unter der Haustür Deinas stand, als er das Mädchen küsste, als er nach Geld und Kleidern fragen wollte und als ihm nur Zärtlichkeiten über die Lippen kamen, in dieser hellen, klaren Nacht hätte er alles zum Besseren wenden können.

»Wie siehst du aus?«, flüsterte Deina. »Komm' rein und wasch dich.«

»Deine Mutter?«

»Meine Mutter wird dich verstehen.«

Er folgte ihr. Er sah ihre schmale Gestalt, und er vergaß, während er ihre Gegenwart heiß und kalt, glücklich und unglücklich zugleich spürte, dass er, der internierte deutsche Leutnant, auf der Flucht war.

Er vergaß, dass er auf der Flucht nach Deutschland war. Auf der Flucht in den Krieg, dass er aus der Welt des Friedens desertieren wollte, weil er glaubte, eine so genannte Pflicht erfüllen zu müssen. Dann saß er neben ihr. Die Tür zum Balkon stand offen. Gril-

Stapellauf des Schlachtschiffs *Bismarck* auf der Werft Blohm & Voss, Hamburg, 14. Februar 1939

Schlachtschiff *Bismarck*

Die *Bismarck* im Kieler Hafen an der Boje

Bismarck, der Tarnanstrich wird vor dem letzten Auslaufen erneuert. Die aufgemalte Bugwelle etliche Meter zurück soll das Schiff kürzer erscheinen lassen.

Blick in den Maschinenraum der *Bismarck*

Die *Bismarck* nimmt Proviant über vor der letzten Fahrt

Die *Prinz Eugen* gibt der *Bismarck* das Geleit auf ihrer letzten Fahrt

Schwerer Kreuzer *Prinz Eugen*

Prinz Eugen; drohend ragen die Geschütze in den Himmel

Die Unteroffiziersmesse

Essenausgabe

Feuer der *Bismarck* auf das britische Schlachtschiff *Hood*

Salven der *Bismarck* treffen das Flaggschiff der britischen Kriegsmarine; aufgenommen von der *Prinz Eugen*

Das letzte Gefecht der *Bismarck*

Salven der *Rodney* schlagen rund um die *Bismarck* ein.

Überlebende Seeleute der *Bismarck* werden von einem britischen Schiff an Bord genommen.

Überlebende der Bismarck werden in England an Land gebracht

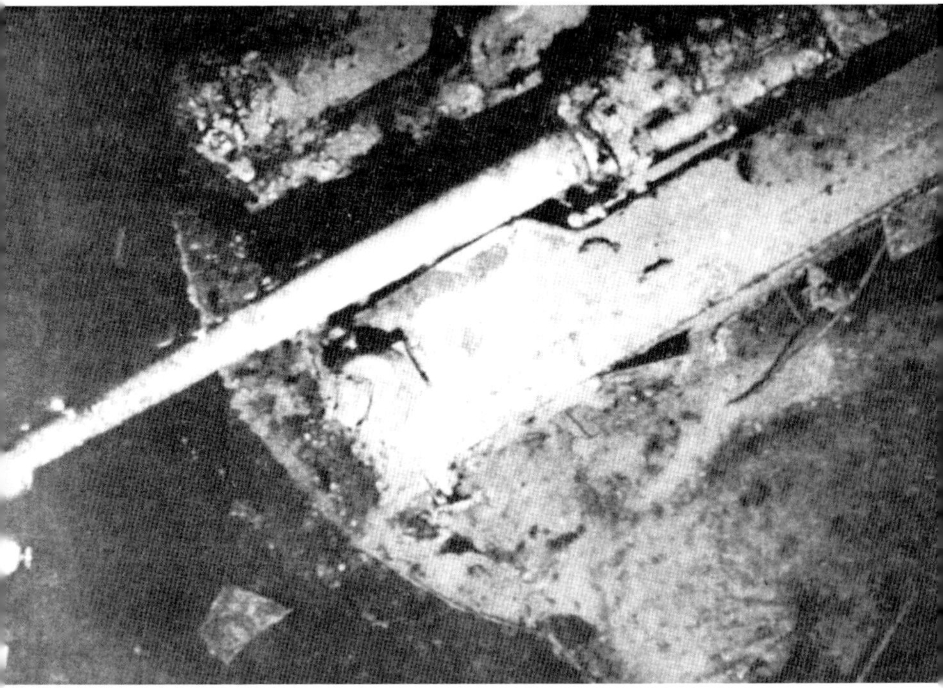

Ein Geschütz der *Bismarck* auf dem Grund des Atlantiks in einer Tiefe vn 4200 m

Marine-Ehrenmal in Kiel-Laboe

len zirpten. Ein Radio ging halblaut. Eine Flasche Kognak stand auf dem Tisch. Das Licht war ausgeschaltet.

Wozu auch Licht in dieser Nacht?

Zum ersten Mal war er allein mit ihr. Zum ersten Mal in seinem Leben liebte er wirklich. Aber diese einzige, wirkliche Liebe hatte unwirklich zu bleiben. So forderte es der Krieg. So forderte es der Kodex des deutschen Seeoffiziers. Und Werner Nobis glaubte, dieser Forderung nachkommen zu müssen.

»Du bist geflohen?«

»Ja.»

Sie streichelte über sein Haar.

»Gut, dass du da bist«, sagte sie, »ich bin so glücklich.«

Bin ich ein Schuft, dachte Nobis. Warum habe ich sie noch einmal aufgesucht! Ist doch alles gut gegangen. Geld braucht man in diesem Land nicht. Und ein Drillichanzug genügt. Wen stört hier schon so ein getürmter deutscher Internierter? Wer kümmert sich hier schon um etwas anderes als um die Sonne, um das Lachen, um den Frieden, um den Wein und um das bisschen Arbeit, das notwendig ist, um das alles genießen zu können. Leben, atmen, frei sein, in einem glücklichen, in einem zufriedenen, in einem friedlichen Land …

»Du bleibst bei mir, nicht wahr?«, fragte Deina. »Ja«, sagte Nobis. Er log. Er wollte lügen. Mein Gott, wie schön können Lügen sein! Wie können sie zwei, drei Stunden verzaubern, in eine Ewigkeit verwandeln, die vergessen lässt, dass sie durch Sekunden dividiert wird.

»Hast du Hunger?«, fragte sie.

»Nein. Überhaupt nicht.«

Sie lächelte. Werner Nobis sah es nicht, er spürte es.

»Bist du auch so glücklich wie ich?«

»Ja, Deina.«

»Dann ist ja alles gut«, flüsterte sie. »Und so wird es auch bleiben … Mein Gott, welch ein Glück, dass du vernünftig geworden bist. Ich wollte schon fast verzweifeln. Du nicht?«

»Mir ist es genauso ergangen. Als du aus dem Krankenhaus weggelaufen warst, wusste ich nicht mehr ein noch aus.«

»Aber jetzt weißt du es?«

Die Nacht streckte ihre Arme nach ihnen aus. Sie führte sie zusammen, machte sie glücklich.

Durch den Raum schwebten noch tausend Zärtlichkeiten, als die Gedanken wieder auf Werner Nobis einstürmten. Die Forderungen einer unvernünftigen Vernunft. Die Postulate einer brutalen, einer kalten, eiskalten Pflicht …

Deina lag neben ihm und schlief. Im Schlaf noch lächelte sie glücklich. Die ersten Lichtschimmer des Morgens streichelten ihr Gesicht. Nobis starrte sie an, wieder und wieder. Sie schien es im Halbschlaf zu bemerken, murmelte etwas vor sich hin und drehte sich auf die andere Seite.

Ich muss gehen, sagte sich Werner Nobis! Es muss sein! Ich muss! Aber im nächsten Augenblick glaubte er das Gegenteil.

Ich muss bleiben! Ich muss bei Deina bleiben! Ich darf sie nicht verlassen! Zum Teufel, ich will sie auch nicht verlassen! Unter keinen Umständen! Um keinen Preis der Welt …

Um keinen Preis dieser Welt? – –

Jetzt ist er hier, auf der *Bismarck,* auf dem kampfstärksten Schlachtschiff der Welt und bereitet sich auf das Sterben vor. Auf das Sterben in vier, fünf, vielleicht in sieben Stunden. Diesmal wird sein Entschluss nicht falsch sein. Er kann gar keinen Entschluss fassen. Es wird alles von selbst kommen.

Er braucht sich nur hinzustellen auf den Posten, auf den ihn die Pflicht festnagelte. Dann wird es so weit sein …

Vom Schicksal der *Bismarck* weiß man auf der britischen Seite noch nichts. Man weiß noch nicht, dass es mit Riesenschritten auf ihr Ende zugeht. Der Führer der ersten Flugzeugrotte funkt: »Vermutlich keine Treffer!«

Zum zweiten Mal erreicht Admiral John Tovey die Meldung. Zum letzten Mal an diesem Tag, denn die Nacht ist heraufgezogen. Sie verbietet weitere Fliegerangriffe. Er kann jetzt noch seine schnellen Einheiten, die Zerstörer, auf das deutsche Flottenflaggschiff hetzen.

Aber was sollen diese gegen den Koloss ausrichten? Was sollen die Torpedos bei diesem hohen Seegang?

Die *Swordfishes* sind zur *Ark Royal* zurückgekehrt. Nach britischer Darstellung fehlte nur eine Maschine. Deutsche Augenzeugen wollen wenigstens vier oder fünf Abschüsse beobachtet haben. Wie soll Sir John ahnen, dass sich der Funkspruch »Vermutlich keine Treffer!« nur auf die Rotte der ersten drei angreifenden Flugzeuge bezieht? Er steht mit der *King George V* noch viele Meilen vom Standort der *Bismarck* entfernt. Die Ölbestände seiner Einheiten erlauben keine weiteren Operationen mehr. Die Schiffe müssen ja noch zu ihren Stützpunkten zurückkehren. Sie müssen außerdem damit rechnen, von deutschen U-Booten angegriffen zu werden. Das heißt Zickzackfahrt bei hoher Geschwindigkeit. Das wiederum kostet Öl.

Als Kommodore Blackman von der *Edinburgh* den Funkspruch der *Swordfishes* auffing, drehte er sofort in Richtung Heimat. Er hatte tagsüber wiederholt die *Sheffield* und die *Ark Royal* passiert und musste in unmittelbarer Nähe der *Bismarck* stehen, konnte sie aber nicht ausmachen. Jetzt ist es für die *Edinburgh* zu spät geworden. Sie ist mit ihrem Öl am Ende. Der Kreuzer muss Glück haben, wenn er den Hafen noch erreichen will.

So düster sieht es auf der anderen Seite aus, als Admiral John Tovey kopfschüttelnd eine scheinbar unverständliche Meldung von der *Sheffield,* die immer noch die Fühlung zur *Bismarck* hält, empfängt: »Kursänderung der *Bismarck.* 340° Nordnordwest.«

Was soll das bedeuten? Will die *Bismarck* den lästigen Fühlunghalter abschütteln? Noch während des Angriffs der *Swordfishes* hatte sie die *Sheffield* mit einigen Salven bestrichen. Die Einschläge lagen unmittelbar am Schiffsrumpf. Drei Tote und zwölf Verwundete durch Splitter. Die *Sheffield* ging sofort auf Höchstfahrt, drehte hart ab und gab Schornsteinnebel.

Ihre Radaranlage war zerstört.

Hatte Kapitän Laarcom den an Sir John durchgegebenen *Bismarck*-Kurs falsch berechnet?

Zunächst ist Admiral Tovey davon überzeugt. Dann landen die *Swordfishes* auf der *Ark Royal.* Die Besatzungen behaupten, zu mindest zwei Torpedotreffer beobachtet zu haben. Jetzt kommt ein Funkspruch von einem Flugboot. Er bestätigt den Nordkurs der *Bismarck.*

Hat sich Kapitän Laarcom doch nicht getäuscht?

Weitere Meldungen gehen ein. Sie alle sprechen vom Nordnordwestkurs der *Bismarck.*

Sie steuert genau auf die gegnerischen Verbände zu. Jeder Zweifel ist ausgeschlossen.

Was bedeutet das?

Es gibt nur eine Möglichkeit, eine für die Engländer glückliche, eine für die Deutschen vernichtende: Das Flottenflaggschiff des Admirals Lütjens ist nicht mehr manövrierfähig. Es muss diesen Selbstmordkurs gegen die See steuern, weil die Ruderanlage beschädigt ist.

Sir John handelt sofort. Er dreht seinen Verband auf Südkurs.

Er steuert der *Bismarck* entgegen. In den nächsten Stunden schon muss es zur Schlacht kommen.

Kommodore Blackman von der *Edinburgh* übersieht sofort die neue Lage, pfeift auf seine Ölsorgen und dreht wieder in Richtung Feind.

Und jetzt jagen, unter Führung von Kapitän Vian, wie vom Himmel geschickt, fünf Zerstörer heran. Sie werden noch in dieser Nacht einen tollkühnen Angriff fahren …

Das ist die Lage, die aussichtslose Lage der *Bismarck* am späten Abend des 26. Mai 1941. Zu dieser Stunde gibt Admiral Lütjens kurz hintereinander drei Funksprüche auf.

23.40 Uhr: »Schiff manövrierunfähig. Wir kämpfen bis zur letzten Granate. Es lebe der Führer. Flottenchef.«

23.58 Uhr: »An den Führer des Deutschen Reiches Adolf Hitler. Im Glauben an Sie, mein Führer, kämpfen wir bis zum Letzten und im felsenfesten Vertrauen auf den Sieg Deutschlands. Flottenchef.«

23.59 Uhr: »Waffen und Maschinen noch intakt. Schiff kann aber mit den Maschinen nicht gesteuert werden. Flottenchef.« Inzwischen hat sich auf der *Bismarck* ein teuflischer Gast eingeschlichen: die Todesangst.

Die Gerüchte, die Ruderanlage könne nicht mehr in Stand gesetzt werden, verdichten sich. Admiral Lütjens macht ihnen dadurch ein Ende, dass er sie bestätigt.

Jeder weiß, was das bedeutet.

Jeder hat ein paar Stunden Zeit, damit fertig zu werden.

Jeder sucht einen Ausweg. Und jeder verzweifelt darüber, dass es keinen Ausweg gibt, dass das Schicksal die Devise des Admirals Lütjens, »Siegen oder sterben«, abgewandelt hat.

Dass die Parole jetzt heißt:

»Siegen und sterben.«

Den Sieg über die *Hood* haben die 2.403 *Bismarck*-Fahrer hinter sich.

Das Sterben aber, das Sterben noch nicht …

In dieser Nacht, die den letzten Aufschub vor dem Massensterben verschafft, geistert durch das unverwundbare und doch zu Tode getroffene deutsche Flottenflaggschiff *Bismarck* die Todesangst. Allgewaltig und brutal besetzt sie das Riesenschiff, bezwingt sie die Mannschaftsdecks, beherrscht sie die Maschinenräume, überwältigt sie die Gefechtsstände, belauert sie die Offizierskammern, beschattet sie die Kommandobrücken.

Männer in überheizten Räumen schüttelt der Frost, Männer auf nachtkaltem Oberdeck schwitzen. Die Todesangst tobt sich in tausend Grimassen, in tausend Fratzen, in tausend Versionen aus. Die Sinne, die Nerven, die Herzen vibrieren in diesem erbarmungslosen Reigen des unheimlichen, des ungeheuerlichen, des unmenschlichen Geistes. Was die 2.403 *Bismarck*-Fahrer jetzt, in diesen verzweifelten, verbitterten Nachtstunden erleben, ausstehen, fühlen, hoffen, fürchten, ist schlimmer als das Ende selbst. Denn das Ende ist schnell.

Für die meisten wenigstens …

Mit lachenden Gesichtern, mit jugendstarkem Optimismus, mit einer ordentlichen Portion Gleichgültigkeit sind diese jungen Männer vor Tagen erst in den Seekrieg gezogen. Unter dem Deckmantel der Vaterlandsliebe schlummerten ihre Hoffnungen, ihre Ängste, ihr Optimismus, ihr Glaube. Der Glaube an den Sieg.

Wer dachte schon daran, dass der eigene Sieg für den andern das Sterben bedeutet? Wer dachte schon daran, dass der Massenmörder Krieg in blutigem, blindem Zufall Sieg und Niederlagen, Tod und Leben durcheinanderschüttelt?

Und wer wusste schon, wie das Sterben schmeckt?

Wie einsam es sich stirbt?

Wie oft man sterben muss, bis man tot ist?

Wie unmännlich diese schlingende, würgende, eiskalte, siedend heiße Todesangst werden lässt? Wie Spötter beten, Starke weinen, Dienstgrade verschwinden, Feiglinge zu Helden und Helden zu Feiglingen werden? Wie die verschwommenen, traditionellen, gepriesenen Begriffe von Mannesmut, Kameradschaft und Heldentod sich auflösen, abhauen, kehrtmachen?

Oberfähnrich Peters sitzt in seiner Kammer und schreibt. Schnell, hastig, fahrig, Bogen um Bogen. Schreiben hasst er. In der Schule schon hatte er schlechte Deutsch-Zensuren, weil seine Aufsätze zu kurz waren. Später dann, als er schon Soldat war, beschwerte sich seine Mutter in jedem Brief über seine Schreibfaulheit. Genau genommen standen in seinen Briefen neben unverbindlichen, üblichen, zu starren Formeln erkalteten Zärtlichkeiten nur Wünsche, Wünsche um Zigaretten, Bitten um Geld, um ein Paket, um Besorgungen. Ganz knapp, ganz kurz, militärisch sozusagen.

Jetzt, in dieser Stunde, mit dem Tod konfrontiert, von der Angst gefoltert, findet er Worte. Worte an seine Mutter, die ihm nie über die Lippen gekommen waren, schreibt er mit einem Tempo, mit einer Gier, mit einer Besessenheit, als wolle er auf einmal alles nachholen, was er versäumte. Das einseitige Zwiegespräch mit seiner Mutter ist die Flucht vor dieser barbarischen Angst, vor dem Grauen, vor dem Sterben.

Nie wird dieser Brief die einsame alte Frau erreichen. Oberfähnrich Peters wird zwei verwundeten Kameraden vorläufig das Leben retten und dann sterben. »In heldenhafter Pflichterfüllung für Führer, Volk und Vaterland«, wird Wochen später in der Zeitung stehen.

Wie viele schreiben, wie viele beten, wie viele hoffen, wie viele fluchen, wie viele weinen?

Plötzlich hat jeder Angst, allein zu bleiben. Plötzlich dreht sich jeder nach den Kameraden um, als könnten sie, die das gleiche Grauen würgt, einen Schutz gegen die eigene Angst gewähren. Nur nicht allein bleiben, beim großen Haufen sich aufhalten, vielleicht können die anderen helfen, vielleicht weiß einer einen Ausweg.

Die Besatzung hat gerade endgültig erfahren, dass die Ruderanlage der *Bismarck* nicht repariert werden kann. Was das heißt, weiß jeder.

»Verpflegung frei. Jeder kann entnehmen, was er will!« Zehn Minuten später erneut:

»Verpflegungskammern geöffnet … Marketenderwaren können gefasst werden.«

Die Männer hören es, begreifen es, aber sie reagieren nicht. Was nutzen gierige Hände, wenn der Magen streikt. Marketenderware! Der Wunschtraum eines jeden Landsers, der Lichtblick im Alltag der Kaserne und das Signal der guten Laune. Verpflegung frei! Schinken in Stanniol, Schokolade in Büchsen, Obstkonserven, Fleisch im eigenen Saft, Käse in Tuben, Zigaretten in Massen, Pralinen in Cellophan. So viel man will, so viel man tragen kann! Unerschöpfliches Depot. Verpflegung für Monate in Stunden ausgegeben. Rasierwasser, Kölnisch, Rasierpinsel, Creme, Taschenmesser, Feuerzeuge, Kämme, Zahnbürsten, Füllfederhalter. Jeder kann haben, was er will. So viel er will. Umsonst. Nicht einmal zu unterschreiben braucht man. Quittieren wird der Tod.

Der Matrosengefreite Link hat eine Uhr ergattert. Lauchs eine Flasche Schnaps – obwohl Schnaps ausdrücklich ausgenommen war. Mößmer isst Ananas aus der Büchse. Hengst reibt die Haare mit Kölnisch ein. Die anderen sitzen stumpfsinnig herum. Auf der Back liegt Rollschinken. Es ekelt ihnen vor Rollschinken, vor dem Kölnisch, vor dem Schnaps, vor Links neuer Uhr, Schweizerwerk, prima Sache. Wenn der große Zeiger noch neunmal seine Runde gedreht haben wird, ist Ferntrauung. Trauung mit Else.

Aber bevor es so weit ist, wird, alles vorbei sein. Für Link wenigstens.

Lauchs bietet bereitwillig seine Flasche an.

»Sauft, Kinder! Ich hab' noch eine kalt gestellt.«

Nur Mößmer nimmt einen Schluck.

»Passt prima zu den Ananas«, sagt er. Er macht eine zweite Büchse auf.

»Hör auf, das Zeug zu fressen!«, fährt ihn Hinrichs an. »Du machst dir die Hosen noch mehr voll.«

»Zielschießen auf zehn Meter in die Flasche«, entgegnet Mößmer. »Und ihr? Warum fresst ihr nichts?… Weil ihr Angst habt vorm Kotzen. Fresst doch! Vaterland zahlt alles.«

Er schnappt sich zum zweiten Mal Lauchs Flasche.

»Der Dank des Vaterlandes!«, sagt er. »Prost!«

»Scheißkerl!«, fährt ihn Drechsel an, »halt's Maul jetzt. Nicht zum Aushalten, dein Geschwätz.«

»Die können uns doch nicht einfach absaufen lassen«, schreit Pollack plötzlich, »die müssen doch was tun!«

»Die tun schon was«, antwortet Lauchs. Er setzt die halbleere Flasche an. »Reden werden sie halten. Gedenkfeiern in den Schulen und ein Denkmal nach dem Krieg, auf dem's die Spatzen treiben.«

»Drecksack!«, flucht Drechsel.

»Dir schicken sie einen Extrasarg«, erwidert Lauchs, »mit Luftpost.«

»Wir haben doch 'ne Menge U-Boote«, sagte Mößmer. »Was meinst du, was da los ist bei den Tommys, wenn die anrücken! So dreißig, vierzig Stück auf einmal. Meinst du, die sind doof?

Meinst du, die haben die *Bismarck* gebaut, damit die Tommys sie in die Luft jagen?«

»Hör auf mit dem Quatsch!«, unterbricht ihn Hengst. »Was sollen denn die U-Boote gegen Schlachtschiffe. Weißt doch genau, dass die Torpedos nicht hinhaun.«

»Und wir?«, fährt ihn Mößmer an, »wir sitzen doch schließlich wegen 'nem Torpedo in der Scheiße.«

»Regt euch nicht auf«, schaltet sich Hinrichs ein, »Flugzeuge sind doch auch noch da. Was meint ihr, wie die Tommys abhauen, wenn die Ju 88 kommen!«

»Die sind noch viel zu weit weg. Müssen ja auch noch zurückfliegen. Oder meint ihr, die gehn für uns baden?«

»Zusatztanks«, sagt Pollack.

»Lügt euch schön in die Tasche«, fährt ihn Lauchs an, »solange es noch geht… Sauft! Es krepiert sich leichter mit Schnaps im Bauch.«

»Ich halt' das nicht mehr aus!«, brüllt Pollack. »Ich schlag dem Kerl in die Fresse!«

Lauchs lacht. Laut und ordinär. Seine Augen sind schon glasig. Er hat sich mit dem Schnaps für ein paar Stunden von der Todesangst losgekauft. Er hat's geschafft. Vorläufig ist ihm alles wurscht. Er merkt gar nichts mehr. Warm ist ihm, heiß fast. Die anderen haben verschwommene Köpfe und quatschen von Flugzeugen und U-Booten, um den Schiss zu zerreden. Sie sind ja neidisch auf ihn. Auf seine Magennerven, die den Schnaps noch vertragen. Überhaupt auf seine Nerven.

»Mir ist schlecht«, sagt Mößmer. Grün im Gesicht springt er auf, rennt auf das Schott zu.

»He, Kumpel!«, brüllt Lauchs, »Zielschießen in die Flasche!«

Auf einmal ist es still. Jeder starrt den anderen an. Jeder sieht die ängstlichen, fiebrigen, nervösen Augen des andern. Jeder sieht die Hand des andern zittern. Jeder hört das Surren der Maschine. Jeder denkt an sich, an zu Hause, an die Frauen, an den Urlaub, an das Sterben, an das Kotzen, an die Flucht, an die U-Boote, die Flugzeuge, die Geschosse, an das Meer, an das Absaufen, an die Kinder, an die Ananas in Dosen. Plötzlich starren alle auf Links neue Uhr. Plötzlich sagt keiner mehr etwas. Die Stille wird zur Folter, zur Qual, zur Verzweiflung. Die Todesangst huscht über die blassen, unrasierten, zerquälten Gesichter. Plötzlich wartet, hofft, setzt jeder auf das trunkene Gewäsch des Matrosengefreiten Lauchs. Aber der Mann mit den eisernen Magennerven schweigt. Die Todesangst macht ihn vorzeitig nüchtern. Der Mut aus der Flasche wandelt sich in Ekel.

In dieser Minute längst nach Mitternacht zerreißt der Lautsprecher die Stille. Die fahrigen Blicke suchen die unsichtbare Stimme, die im gehobenen Tonfall die Botschaft des obersten deutschen Kriegsherrn verliest, des Mannes, der, sie, ein Volk, eine ganze Welt in den Krieg, in die Vernichtung hetzte.

»Ich danke Ihnen im Namen des ganzen deutschen Volkes. Ganz Deutschland ist bei euch. Was noch getan werden kann, wird getan. Eure vorbildliche Pflichterfüllung wird unser Volk stärken im Kampf ums Dasein. Adolf Hitler.«

Hitlers Botschaft wird gleich noch einmal wiederholt.

»Da wisst ihr's«, sagt Pfeiffer.

»Heil Hitler!«, erwidert Hengst.

»Leckt mich am Arsch!«, brüllt Lauchs.

Dann ist es wieder still. Gespenstisch still. Totenstill.

Jeder hat Gelegenheit, sich seine eigenen Gedanken über das Ende zu machen …

Planmäßig vollzieht sich inzwischen der Aufmarsch der britischen Flotte. Mit leeren Tanks landeten die todesmutigen Torpedoflieger auf der *Ark Royal* und berichteten übereinstimmend, dass die *Bismarck* nach dem Angriff zwei Kreise geschlagen habe und dann mit dem Kiel nach Norden liegen geblieben sei.

Um 00.59 Uhr des verhängnisvollen 27. Mai 1941 erfährt der britische Admiral Sir John Tovey, dass sich die Lage sensationell gewandelt hat.

Jetzt, Stunden vor dem Endkampf, erlässt er an die Besatzung seines Flottenflaggschiffs *King George V* die Kampfparole:

»Die Vernichtung der *Bismarck* kann eine Bedeutung für den Krieg haben, die dem Gegner erheblich mehr schadet als der Verlust eines Schlachtschiffs. Möge Gott mit euch allen sein und euch den Sieg bringen.«

Im Schatten der Nacht nimmt die Vernichtung ihren Anfang.

Sir John geht auf Südwestkurs. Die *Bismarck* treibt ihm in halbkreisförmiger Bewegung ganz von selbst entgegen. Die Kampfgruppe H, Teile der Mittelmeerflotte unter dem Kommando von Sir James Somerville, erhält Anweisung, sich zwanzig Meilen südlich der *Bismarck* aufzustellen. Wenn es sich als notwendig erweist, können die Torpedoflieger der *Ark Royal*, die zu diesem Verband gehört, aus kürzester Distanz in den Endkampf eingreifen.

Die *Renown* soll nach Weisung Admiral Toveys am Gefecht nicht teilnehmen, um auf jeden Fall eine Verwechslung mit dem deutschen Flottenflaggschiff zu vermeiden. Nach der Meinung Toveys reichten die *King George V* und die *Rodney* für die Vernichtung des Gegners aus.

In letzter Stunde erhalten die britischen Verbände als weitere Verstärkung den schweren Kreuzer *Dorsetshire* unter Kapitän Martin. Er hatte einen Geleitzug gesichert und stand, als er erfuhr, wo sich die *Bismarck* aufhielt, etwa sechshundert Seemeilen westlich vom Kap Finisterre. Kapitän Martin ließ den Geleitzug allein weiterfahren, drehte auf Ostnordost und fuhr, ohne Rücksicht auf seine Ölbestände, der *Bismarck* mit äußerster Kraft entgegen.

Die Nacht hat sich noch mehr verdunkelt. Die Sterne verstecken sich hinter trägen Wolken. Das Schicksal verschiebt die Entscheidung bis zum Morgengrauen.

Aber schon jetzt, am nächtlichen Morgen des mit kalten Frühnebeln heraufdämmernden 27. Mai 1941, der für alle Zeiten mit einem Meer von Blut in das Tagebuch der deutschen Kriegsmarine eingetragen sein wird, kommt es zu einer Seeattacke wie in alten Zeiten …

Kapitän Vian führt das Himmelfahrtskommando: Fünf britische Zerstörer, die aus kalter, pechschwarzer Nacht blitzschnell hervorstoßen, im Angriff gegen das modernste Schlachtschiff der Welt! Fünf Schnellere gegen einen Stärkeren! Fünf Davids gegen einen Goliath! Fünf todesmutige Besatzungen gegen eine zum Tod verurteilte Mannschaft! Eine ganze, endlose, kalte Nacht lang. Wieder und wieder. Torpedo auf Torpedo. Salve auf Salve. Der lendenlahme Koloss feuert aus allen Rohren.

Der letzte Sieg vor dem großen Sterben …

Knapp, kalt, besessen gibt Kapitän Vian an Bord des Zerstörers *Cossack* seine Befehle. Durch den *Altmark*-Zwischenfall war er Anfang 1940 zu etwas zweifelhaftem Weltruhm gelangt. In der Nacht vom 16. zum 17. Februar war sein Schiff in die norwegischen Hoheitsgewässer eingedrungen und hatte die *Altmark,* ein unbewaffnetes deutsches Hilfsschiff, beschossen, geentert und dabei britische Gefangene befreit, die sich an Bord des Hilfsschiffes befanden. Vian rückte daraufhin zum Wunderkind der britischen Zerstörerwaffe auf.

Vian handelt jetzt ohne Befehl. Er zögert nicht eine Sekunde lang. Sein entsetzlicher Mut hetzt die Zerstörer *Cossack, Sikh, Maori, Zulu* und *Piorun* in die Feuerlinie der *Bismarck,* deren Ruderanlage zerstört ist, deren 38-cm-Geschütze aber noch genau schießen …

Zum Angriff formieren! Außerhalb der Reichweite der *Bismarck. Maori, Sikh, Piorun* und *Zulu* bilden ein weites Viereck um das deutsche Flottenflaggschiff. Die *Cossack* hält achtern Fühlung. »Position eingenommen«, meldet man um 23.24 Uhr Kapitän Vian.

Ran an den Feind! Gleichzeitig angreifen! Von fünf Seiten! Schulmäßig!

Aber das aufgepeitschte Meer kümmert sich nicht um die Lehren der Seekriegsschule. Wind, Wellengang, schlechte Sicht und mangelhafte Radarausrüstung sprengen den Verband, noch bevor er am Feind ist.

Mit Höchstfahrt braust die *Cossack* heran. Brutal schneidet der Bug die Wellen auseinander.

»Torpedos scharf machen!«

»Entfernung vier Seemeilen!«

»Noch näher heran!«

Die Maschine ächzt, als ob sie jeden Augenblick auseinanderplatzen müsste. Noch nichts zu sehen. Verdammt.

»Noch näher heran!«

Ein Schlachtschiff ist größer als ein Zerstörer. Seine Silhouette muss sich früher vom Dunkel der Nacht abheben. In diesen Sekunden, zwischen dem Erkennen des Gegners und dem Erkanntwerden, müssen die Torpedos in das Meer klatschen, müssen sie im Achtzigkilometer-Tempo auf das Ziel zuzischen.

Verdammt, wo ist die *Bismarck,* wo steckt sie, wo lauert sie, wohin richtet sie ihre Geschütze, wann schießt sie?

Jetzt noch nicht, reden sich die Männer der *Cossack* ein, ganz ausgeschlossen. Bevor wir sie ausmachen, können sie uns nicht sehen. Nur Ruhe, nur Nerven! Ist ja nicht das erste Mal. Ist ja schon öfter gut gegangen. Muss wieder klappen! Dann nach Hause. Urlaub. Dann ein anderes Kommando vielleicht. Weg von diesem Dampfer, der nach einem einzigen Volltreffer der *Bismarck* in die Luft fliegen muss. Den eines Tags bestimmt der Teufel holt. An einem Tag, den man nicht erleben möchte.

Sekunden werden zu Folterknechten. Der Mund ist trocken. Das Essen drückt gegen die Magenwände. Das Hemd klebt, der Verstand ist abgeschaltet. Nur Gefühle lassen sich nicht ausschalten, diese grausige Mischung aus Angst und Hoffnung.

Die Hand ist am Hebel, am Griff, das Ohr hört auf den Gefechtslautsprecher.

Da knallt es!

Nicht möglich! Ausgeschlossen! Halluzination!

Keine Halluzinationen! Riesige Wasserfontänen dicht an Steuerbord der *Cossack.* Ganz dicht. Noch dichter.

Abschuss.

Einschlag.

»Abdrehen!«, brüllt Kapitän Vian. »Zickzack! Heraus aus der Feuerlinie! Zurück! Neu formieren!«

Noch einmal davongekommen. Noch einmal. Aber die Nacht ist noch nicht zu Ende. Noch lange nicht. Vielleicht ist es die letzte Nacht? Zum Teufel, es ist noch lange nicht die letzte! Sie darf es nicht sein!

Was ist geschehen, fragt sich Kapitän Vian, wie konnte uns die *Bismarck* beschießen, noch bevor wir in Sichtnähe waren?

Es gibt nur eine Lösung, so glaubt er: Der Gegner schießt nach Radar. Die *Bismarck* ist das erste deutsche Schlachtschiff, dessen Artillerie auch in der Nacht Ziele aufnehmen kann.

Keine Chance für Zerstörer! Um die Torpedos gezielt zu schießen, müssten sie in das tödliche radargelenkte Feuer. Aussichtslos!

Aufgeben heißt das!

Doch nicht für Kapitän Vian …

Acht Minuten später steht die *Zulu* im Feuer der *Bismarck.* Eine Salve liegt deckend zu beiden Seiten des Zerstörers. Da schon die nächste. Noch näher. Drei Verwundete. Ein Offizier und zwei

Mann. Die *Zulu* dreht ab, entkommt, verliert dabei die Fühlung mit der *Bismarck* und findet sie erst eine halbe Stunde später wieder.

Die *Maori* gerät in Weitschüsse. Die *Sikh* muss ebenfalls abdrehen, ohne ihre Torpedos losgemacht zu haben. Für eine halbe Stunde haben sämtliche Zerstörer die Fühlung mit der *Bismarck* verloren. Aber auch der Kontakt untereinander ist abgerissen. Zufällig begegnet *Cossack* der *Zulu* und der *Piorun.*

Mit einem geschlossenen Verband kann Kapitän Vian ohnedies nicht mehr operieren. Er gibt Befehl, in wilden Einzelangriffen das deutsche Schlachtschiff anzugreifen. Während die *Bismarck* ihr Feuer auf einen Zerstörer lenkt, sollen sich die anderen an sie heranpirschen. Der Hexensabbat dieser Nacht hat erst begonnen. Kapitän Vian wird seine kühnen Attacken x-mal wiederholen.

Eine ganze Nacht lang!

Haben die Zerstörer eine Chance? Ist es nicht Wahnsinn, sich in das tödliche Feuer zu stürzen? Auf Torpedoschussnähe heranzugehen? Erst am Morgen wird man wissen, wie viele der fünf Zerstörer die Todesfahrt überstehen …

Alarmglocken zerreißen auf der *Bismarck* das stumpfe, sture Warten. Jetzt schon? Die Männer starren sich an. Schon in der Nacht? Können sie mit der Hinrichtung nicht bis zum Morgen warten? Kommen sie jetzt schon mit ihrer erdrückenden Übermacht?

Nein! Es sind nur Zerstörer, die Vorhut des Feindes. Lächerlich! Zerstörer gegen ein Schlachtschiff? Torpedos gegen Chromnickelstahlwände!

Die Zeit ist zeitlos geworden. Ist das jetzt schon die zweite oder die dritte Angriffsweile der Zerstörer? Eine Leuchtrakete über der *Bismarck* reißt ein Loch in die Nacht, beleuchtet gespenstisch die Szenerie. Zwei Torpedos kommen heran. Sie liegen viel zu weit vor dem Bug.

Das verdammte Ruder! Schwerfällig, widerwillig reagiert der Koloss. Müde dreht er nach Backbord. Breitseite auf den unsichtbaren Gegner.

Dann wieder Ruhe. Ganz plötzlich. Wieder der Druck, die

Angst, das Grausen. Wieder das Geschwätz. Wieder das Schweigen.

Der Gegner ist in die Nacht verschwunden, wird vor dem Morgen nicht wiederkommen. Noch ahnt niemand auf der *Bismarck,* dass das Nachtgefecht noch lange nicht beendet ist.

Korvettenkapitän Schneider, Erster Artillerieoffizier der *Bismarck,* ist zu Admiral Lütjens befohlen. Seit achtundvierzig Stunden ist der Admiral nicht von der Brücke gekommen. Er wirkt fahl und schmal. Wie immer. Er spricht wie immer, kühl, distanziert, abgehackt, als ob die *Bismarck* auf Übungsfahrt und nicht im Todeskampf sei.

Bleibt er ausgenommen von der Todesfurcht? Ist die abstrakte Tradition des Seeoffiziers stärker als Sterben? Siegt die Uniform über das Gefühl? Über den natürlichen Selbsterhaltungstrieb? Über die letzte Frage: Für wen schließlich das alles geschieht? Denkt er nicht daran, dass er und seine Besatzung nur für ein politisches System sterben werden, das die meisten deutschen Seeoffiziere innerlich ablehnen? Warum trägt er schließlich an seiner Seite den »kaiserlichen« Dolch und nicht den Dolch mit dem Hakenkreuz?

»Melde mich gehorsamst zur Stelle«, sagt Schneider.

Der Admiral richtet sich auf. Er spricht kurz und knapp.

»Der Führer hat Ihnen für die Versenkung der *Hood* das Ritterkreuz verliehen … Ich beglückwünsche Sie dazu.«

»Danke gehorsamst.« Händedruck. Kehrtwendung. Korvettenkapitän Schneider verlässt die Brücke.

Eine Minute später wird der Besatzung durch den Lautsprecher bekannt gegeben, dass einem Offizier der *Bismarck* das Ritterkreuz verliehen wurde …

Für fünf Stunden nur. Das aber wird nicht gesagt.

Herzlichen Glückwunsch, denkt Kapitänleutnant Werner Nobis bitter. Er sitzt mit zwei weiteren Offizieren im Kartenraum. Genau genommen hätten sie alle drei wachfrei. Was soll die Navigation auf einem Schiff, das nicht mehr manövrierfähig ist? Wind und Wellen haben die Steuerung der *Bismarck* übernommen.

Auch die Gedanken gehen auf selbstständigen Kurs. Jeden *Bismarck*-Fahrer hat in diesen Stunden zwischen Leben und Sterben die Erinnerung am Wickel.

Nobis denkt an Deina.

Jeder auf dem Schlachtschiff hat irgendwo eine Deina …

Deina schlief ruhig und gleichmäßig. Sie lächelte glücklich vor sich hin. Sie hatte die Hände gefaltet, als ob sie noch im Unterbewusstsein ihre Dankbarkeit ausdrücken wollte. Ihr junges, hübsches Gesicht war gerötet, frisch, schön. Im Raum schwebten noch die Zärtlichkeiten der Nacht. Die Liebkosungen. Das Ausgesprochene und das Ungesagte. Die Wünsche, die Beteuerungen, die Hoffnungen. Das Glück …

Vom Meer her wehte frische Morgenluft in den Raum. Am Horizont löste der junge Tag die Nacht ab. Oporto schlief noch. Weit weg, im Hafen, versammelten sich die ersten Arbeiter.

Gehen oder bleiben? Krieg oder Frieden? Sterben oder lieben? Sterben ist Quatsch, dachte Nobis, der aus dem portugiesischen Internierungslager geflohene deutsche Leutnant. Sterben tut nur, wer Pech hat. Und Pech werde ich keines haben. Frieden ist schön, wunderbar. Aber es gibt keinen Frieden, wenn Krieg ist. Nicht, wenn das eigene Volk am Krieg beteiligt ist. Bleiben wäre herrlich, so herrlich, dass es sich nicht in Worte fassen lässt. Aber kann man es? Verbietet es nicht der Krieg? Muss man sich nicht eines Tages vor seinen Eltern, vor seinen Brüdern, vor seinen Freunden, vor sich selbst schämen, vor denen, die die Hölle ausstanden, überwanden, die siegten?

Wenn sie aber nicht siegten?

Nicht siegen ist Quatsch. Man braucht nur die Zeitungen zu lesen, selbst die Zeitungen eines neutralen Landes noch.

Nobis sah Deina an. Mein Gott, fleht er, lass sie aufwachen, lass sie jetzt, in diesem Augenblick, in dieser Sekunde aufwachen, dann ist alles ausgestanden, dann gibt es keine Überlegung mehr, keinen Befehl des Gewissens oder dessen, was Nobis für Gewissen hielt.

Vor diesen Augen, vor diesen Armen, vor dieser Liebe konnte

es keine Flucht mehr geben. Hier musste man bleiben. Hier gab es keine Alternative. Sollte der Teufel den Krieg holen! Sollten sie siegen oder sterben, begeistert oder missmutig, gleichgültig oder verbittert. Was ging es ihn an! Er hatte seine Pflicht erfüllt. Sein Boot war vernichtet, von Flugzeugen zerbombt. Die anderen, die Toten, konnten auch nicht mehr in den Krieg ziehen.

Seine Blicke streichelten Deinas Gesicht. Jeden Augenblick musste sie aufwachen. Wenn man einen Schlafenden anstarrt, wacht er immer auf. Jetzt!

Nein! Sie schlief weiter. Vielleicht träumte sie gerade von ihrer gemeinsamen Zukunft, die sie sich in den vergangenen Stunden immer wieder ausgemalt hatten. Stunden, in denen er gelogen – und dabei doch gehofft hatte, dass es keine Lügen sein möchten …

Ich kann nicht gehen, quälte sich Nobis. Jetzt nicht. Heute nicht. Morgen vielleicht. Der Krieg mochte noch einen Tag warten. Aber würde Nobis morgen gehen können? Würde er noch jemals gehen können, wenn er noch einen Tag mit Deina zusammen war?

Sie schlief noch immer. Sie drehte sich etwas herum und wandte ihr Gesicht Nobis noch deutlicher zu. Er brauchte nur die Hand danach auszustrecken, und sie würde aufwachen. Sie würde ihn fragen, was los sei. Er würde sie umarmen, küssen, und der ganze Spuk um Flucht und Krieg wäre ausgestanden. Ein für alle Mal. Für immer. Für uns beide, sagte sich Nobis.

Für uns Königskinder des Krieges.

Der Tag kam immer näher. Zaghaft kam die Sonne im Osten herauf. Jetzt musste es sein. Jetzt oder nie!

Nobis stand mit einem Ruck auf. Es gab ein winziges, gedämpftes Geräusch. Eine letzte Chance. Nein, keine Chance: Deina schlief weiter.

Er stand unter der Tür. Mein Gott, wie würde ihr Erwachen sein! Vielleicht würde sie schlaftrunken nach ihm greifen? Vielleicht im Halbschlaf Zärtlichkeiten flüstern?

Ich werde ihr schreiben, sagte sich Nobis. Ich werde ihr das alles erklären. Sagen könnte ich es ihr ohnehin nicht. Außerdem würde ich nicht mehr weitersprechen können, wenn sie mich ansieht. Was wären meine Worte gegen ihre Augen!

Eine Sekunde schnürte sich alles in ihm zusammen.

Fast körperlich verspürte er den Schmerz. Er ging, ohne sich noch einmal umzudrehen. Er schlich sich aus dem Haus, er ging wie im Traum, wie in Trance, im Endspurt einer teuflischen, nutzlosen Energie. Er lief davon, es schmerzte und … er schämte sich.

Kopflos lief er in der ersten Stunde weiter, wohin der Weg ihn führte, ohne Besinnung, ohne klaren Gedanken, vorwärts nur. Vorwärts – das hieß nach Deutschland.

Da glaubte er sie vor sich zu sehen, und er hörte ihre Stimme: »Du bleibst doch bei mir?«

»Ja.«

»Bist du glücklich?«

»Ja.«

»Dann ist ja alles gut.«

Dann ist ja alles gut …

Jetzt musste sie aufgewacht sein, musste bemerkt haben, dass er sich davongestohlen hat. Jetzt würde sie weinen, ihn verwünschen, ihn hassen. Und er liebte sie!

Er blieb stehen und orientierte sich. Zufällig war er in die richtige Richtung gelaufen. Nach Osten. Er musste nur geradeaus nach Osten gehen, um an die spanische Grenze zu kommen. Wieder nahm ihn ein Lastwagen mit. Er saß im Führerhaus. Die Fahndung nach ihm schien sich Zeit zu lassen. Alles hat Zeit in Portugal. Und was ging es schließlich die Portugiesen an, ob er nach Deutschland zurückkehrte? Warum sollten sie noch Aufwand wegen eines geflohenen Internierten treiben? Er war nicht der Erste und gewiss nicht der Letzte. Und man flüchtet vom linken Flügel des Internierungslagers genauso wie vom rechten, vom englischen genauso wie vom deutschen.

Der Fahrer aß ein Stück Brot mit Wurst. Nobis musste ihm dabei hungrig auf die Finger gesehen haben. Der Mann brach lachend das Brot auseinander und reichte ihm die Hälfte. Dann war der Wagen am Ziel, und Nobis musste aussteigen. Ein Stück ging er zu Fuß. Dann fand er wieder einen Wagen. Dann wieder eine

Strecke zu Fuß. Zwei Tage lang, vom Mitleid der anderen, von ihrer Geduld, von ihrem Takt lebend. Denn keiner fragte ihn, wer er war. Keiner schien sich für ihn zu interessieren. Jeder musste merken, dass etwas mit ihm nicht stimmte. Jeder sah, dass er Ausländer war.

Er rastete knapp vor der Grenze und hatte keine Ahnung, wie man sie illegal überschreitet. Aber er schaffte es mit sicherem Instinkt. Er war in Spanien. Auch in einem neutralen Land. Aber diese Neutralität sah anders aus als die portugiesische. In Ortschaften, die er durchquerte, fragte er sich einfach nach deutschen Familien durch. Er erzählte, dass er geflüchtet sei, und ließ sich bedenkenlos Geld schenken.

So kam er bis Madrid, meldete sich bei der deutschen Botschaft. Zuerst betrachtete man ihn misstrauisch. Vielleicht hielt man ihn für einen Agenten. Tagelang musste er warten. Rückfragen. Dann wurden die Beamten freundlich. Er erhielt alles, was er verlangte: einen Pass und eine Fahrkarte nach Deutschland.

Man wartete bereits auf ihn, klopfte ihm auf die Schulter. Man zeichnete ihn aus und beförderte ihn. Sechs Wochen Heimaturlaub. Sechs Wochen lief er als Held in der schlesischen Kleinstadt umher, ließ sich anerkennend auf die Schulter klopfen, und es war ihm nicht wohl dabei. Aber schließlich hatte er seine Pflicht erfüllt, gestand er sich mit naivem Stolz. Aber in der Nacht, wenn er an Deina dachte, schmeckte dieser naive Stolz bitter.

Dann holte ihn die Marine wieder. Man stellte ihm frei, wohin er sich melden wollte. Wer mit einem kleinen Pott zweimal abgesoffen ist, hat nur einen Wunsch: auf einen großen Dampfer, womöglich auf den größten: auf die *Bismarck.*

Lehrgang. Noch ein Kurs. Versetzung auf die *Bismarck.* Baubelehrung. Probefahrten in der Ostsee. Dann war es so weit. Start von Gotenhafen aus zur ersten Feindfahrt.

Vor knapp sieben Tagen erst haben wir Gotenhafen verlassen, vor welcher Ewigkeit, dachte Nobis. Jetzt sitzt er nutzlos am Kartentisch und wartet auf das Ende. Was hatte er damals gesagt? Sterben? Es stirbt nur, wer Pech hat.

Voilà, nun hatte er Pech, der Kapitänleutnant Werner Nobis.

Ob er Deina noch einmal wiedersehen würde? Einmal nur? Nur, um ihr alles zu erklären, nur, um ihr zu sagen, wie er seinen damaligen Entschluss verwünschte!

Eine Salve der 38-cm-Türme unterbricht seine Gedanken.

Ist das die Antwort?

Die britischen Zerstörer kommen wieder heran. Schon beginnt der Hexenkessel von neuem …

Von der Nacht gedeckt, vom Befehl gehetzt, vom Gegner durch Radar geortet, greifen die fünf Zerstörer wieder die *Bismarck* an. Mit eiskalter Entschlossenheit, pfeilschnell und wendig pirschen sich die *Cossack,* die *Sikh,* die *Piorun,* die *Maori* und die *Zulu* an das dahintreibende deutsche Flottenflaggschiff heran, gleichzeitig, im planvollen Durcheinander, von steuerbord, von backbord, von achtern, von allen Seiten.

Zulu steht dem Feind am nächsten. Fregattenkapitän Graham kommt von achtern, dreht nach Steuerbord, um die *Bismarck* anzugreifen. Alles gut gegangen bis jetzt! Entfernung sechstausend Meter. Der Maschine wird das Letzte abgefordert. Stampfend und schlingernd kämpft sich der Zerstörer durch den hohen Seegang.

Verdammt, jetzt muss die *Bismarck* schießen! Wir sind doch längst ausgemacht! Wo bleiben die 38-cm-Granaten? Wo bleiben die Mündungsblitze, die Einschläge, die Splitter? Warum gehen wir noch näher ran? Verflucht, das muss doch schiefgehen!

5.000 Meter, 4.800, 4.600 … Wo sind die anderen? Wo sind *Sikh, Maori, Cossack* und *Piorun?* Warum kommen sie nicht von der anderen Seite? Laufen sie überhaupt auf die *Bismarck* zu?

»Fertig machen zum Torpedoschuss!«

So weit wie möglich ran, denkt Fregattenkapitän Graham. Er müsste sicherheitshalber Zickzack fahren, aber der direkte Weg zum Feind ist der schnellste. Er ist längst in Schussentfernung, aber je näher er der *Bismarck* kommt, desto genauer kann er seine Torpedos zielen. Er wird herangehen, bis das Schlachtschiff die erste Salve auf ihn abfeuert. Dann wird er blitzschnell seine Aale abschießen, zwei, drei, vier, und beidrehen.

Kein Radar mehr auf der *Zulu!* Kaputtgeschossen! Vor einer

Stunde, bei dem Feuerüberfall der *Bismarck.* Es war ein Feuerüberfall auf siebzig Hektometer (7.000 Meter). Ein Toter, zwei Verwundete! Im Zwischendeck, unter der Kommandobrücke, liegt ein Bündel, in graue Decken gehüllt, um das die Besatzung scheu herumgeht: der Maat Kingly, der vor genau einundsechzig Minuten noch lebte.

Verdammt, wie viele Kinglys sind an Bord? Wie lange soll der Zerstörer diesen idiotischen Angriff noch durchhalten! Soll die *Zulu* schon bei der ersten Salve draufgehen? Schlafen die Deutschen da drüben? Schießt doch!

Entfernung fünfundvierzig Hektometer. Eine Leuchtrakete zerreißt die Nacht. Sie wurde von einem Zerstörer abgeschossen, detonierte in unmittelbarer Nähe der *Bismarck* und enthüllte blitzartig die gespenstische Szenerie.

»Sir«, meldet der Torpedooffizier, »Entfernung günstig. Ziel ausgemacht.«

»Lassen Sie sich Zeit!«, befiehlt der Fregattenkapitän. »Schönen Gruß an Ihre Nerven. Wir warten die erste Salve des Gegners ab. Dauert nicht mehr lange. Beruhigen Sie sich.»

In diesem Augenblick schlägt die *Bismarck* zu. Es blitzt auf – Mündungsfeuer! Dann dröhnt es durch die Nacht. Schwere Koffer jaulen heran. Feuer deckend!

»Torpedos abgeschossen«, meldet der britische Offizier.

Sofort dreht die *Zulu* scharf ab. Hart überliegend, sucht sie die Balance wieder. Brecher stürzen über das Deck. Einschläge links, rechts, vorn, hinten.

Wie weit können sie uns verfolgen? Werden sie es aufgeben?

Sie müssen doch Munition sparen! Und wo sind die anderen? Warum greifen sie nicht an? Und was ist mit unseren Torpedos? Alles umsonst, der Mut, die Angst?

»Vermutlich kein Treffer«, lässt Fregattenkapitän Graham ins Kriegstagebuch eintragen.

Er hat noch zwei Torpedos. Er muss noch einmal an den Feind, um sie zu verschießen.

Die *Bismarck* hat das Feuer eingestellt. Graham dreht wieder Richtung Feind, mindert die Fahrt, als ob er Besatzung und Maschine eine Schnaufpause geben wollte. Vielleicht schaffen es die anderen. Selbst nichts erreicht, aber noch einmal davongekommen.

Wie wird es beim nächsten Mal ausgehen?

Da krachen wieder Granaten: Sie gelten nicht mehr der *Zulu*. Die *Bismarck* hat mit ihren Geschützen auf einen anderen britischen Zerstörer gehalten. Eine grelle Stichflamme plötzlich! Sinnestäuschung? Oder Treffer auf der *Bismarck?* Oder auf einem Zerstörer?

Es ist drei Uhr früh, und die Nacht weicht noch lange nicht. Bis sie vom Tag verschluckt wird, müssen die fünf Zerstörer – oder sind es jetzt nur noch vier? – immer wieder an die *Bismarck* ran. Der rasche, kühne, fast selbstmörderische Entschluss des Kapitäns Vian, der eben auf der *Cossack* so nahe wie möglich an das deutsche Flottenflaggschiff herangeht, wurde von Sir John Tovey, dem britischen Flottenchef, ausdrücklich gebilligt. Bis zum Morgen wird der Aufmarsch der britischen Flotte zum letzten, entscheidenden Gefecht vollendet sein. Bis dahin aber sollen die Zerstörer die *Bismarck* nicht zur Ruhe kommen lassen, sollen die Fühlung halten, sollen sie attackieren, torpedieren und, wenn sie ihre letzten Aale verschossen haben, mit Leuchtraketen die jeweilige Position der *Bismarck* anzeigen. Und weiter heulen die Granaten …

Der Druck, die Angst, das Grauen, die unsichtbaren Begleiter der *Bismarck* schwinden langsam. Fatalismus erobert das Schiff.

Dann kommt der Umschwung zum Optimismus. Plötzlich fast. Man hört, was man gern hören möchte, man glaubt es auf einmal und lacht über die finsteren Gedanken. Die Zigarette schmeckt wieder. Was heißt Rauchverbot? Niemand nimmt es mehr ernst.

Aus der Masse erheben sich einzelne Namenlose, vor Minuten noch Unbekannte, und reißen mit ihrer Kaltblütigkeit, ihrem Schneid, mit ihrer Zuversicht die anderen mit. Auf jeder Station des Riesenschiffs, bei allen Dienstgraden, gibt es diese Leute. Im Nu haben sie Nebenmänner, Verbündete, Nachahmer. Das Schicksal lässt sich nicht ändern, wohl aber die Fassung, mit der man es trägt. Jetzt wenigstens noch …

Vom Funkraum aus macht man in den Gefechtspausen Musik. Ungläubig starren im ersten Augenblick die Männer auf den Lautsprecher.

»Warum ist es am Rhein so schön?«, fragt ein Bariton.

Es wird wieder gelacht. Dann verstummt die Platte.

»Feindlicher Zerstörerangriff abgeschlagen.«

Da haben sie es, die Tommys. Sind wohl verrückt geworden. Ha, die alte *Bismarck* lebt noch! Schießt noch! Trifft noch!

Wieder Alarm. Zerstörer.

Sollen sie kommen! Das Radargerät zeigt jede ihrer Bewegungen. Feuererlaubnis! Näher herankommen lassen. Ist ja kein Risiko dabei. Selbst wenn ihre Torpedos treffen, werden sie wirkungslos an der Panzerhaut explodieren. Die einzige Stelle, die verwundbar ist, die Ruderanlage, ist ja schon kaputt.

Korvettenkapitän Schneider, dem vor eineinhalb Stunden das Ritterkreuz verliehen wurde, Erster Artillerieoffizier, wird ermächtigt, nach eigenem Ermessen zu handeln.

Zeit lassen! Munition sparen. Wenige, aber genau gezielte Salven! Ein Zerstörer liegt vorn. Entfernung etwa drei Seemeilen. Gleich ist es so weit. Zu sehen ist nichts. Aber Radar ist schärfer als das menschliche Auge. Großartige Sache! Entfernung 26-hundert, 24-hundert...

Es ist so weit. Erste Salve. Sie liegt genau. Das aber stellt man auf der anderen Seite fest.

Torpedoabschuss...

Wie will der Feind bei diesem Seegang zielen? Aus dieser Entfernung? Die Torpedos laufen weit ab.

Zerstörer dreht weg. Noch eine Salve. Reicht schon.

Leuchtgranate. Na schön, sollen sie Licht machen.

Da prescht der zweite Zerstörer heran. Wie viele haben die Briten bloß? Und wie viele werden sie in einer halben Stunde noch haben? Wer kann das feststellen bei diesem nächtlichen Durcheinander?

Abschuss. Einschlag. Abschuss. Einschlag.

Feuerschein am Horizont. Sekunden nur. Treffer? Explosion? Schaden kann es nicht, das anzunehmen. Sekunden später meldet der Lautsprecher:

»Feindlicher Zerstörer vermutlich vernichtet.«

Das hebt die Stimmung. Wer von den 2.403 Männern, die vor den letzten Stunden ihres Lebens stehen, weiß schon, dass der Feuerschein auch die Gegenseite narrt. Dass man auf der *Zulu* glaubt, die *Bismarck* sei getroffen, und ein dreifaches »Hurra« ausbringt? Auch auf der *Zulu* schadet gute Stimmung nicht.

Fregattenkapitän Graham lässt über seinen Lautsprecher ausrufen:

»Vermutlich Treffer auf der *Bismarck.*«

Zwei Falschmeldungen also – eine deutsche, die andere englisch. Auf beiden Seiten stand dabei die Hoffnung Pate. Die Hoffnung ist international. Sie ist der »innere Stahlhelm« des Soldaten, ganz gleich, welche Uniform er trägt.

Die Zerstörer drehen ab. Sie kommen wieder. Sie schießen aus der Nähe, dann aus größerer Distanz, aber sie schießen vorbei. Sie melden »Treffer auf der *Bismarck*«, aber sie erzielen keine. Gegen 3.30 Uhr tritt wieder eine Gefechtspause ein. Die Zerstörer sammeln zu neuem Angriff.

Im Funkraum der *Bismarck* wird inzwischen eine neue Platte aufgelegt, werden Zigaretten angezündet, wird diskutiert, geschrieben. Im Nu verbreitet sich das Gerücht, dass an der Ruderanlage wieder gearbeitet wird, dass die Schrauben noch nicht beschädigt wurden, dass Aussicht besteht, das Schiff mit den Schrauben zu steuern.

Flucht heißt das!

Flucht aus dem Kessel einer hoffnungslosen Übermacht. Die Gerüchte werden nicht dementiert. Kapitän Lindemann entschließt sich zu einer barmherzigen Lüge:

»Achtung, Achtung!«, kommt die Durchsage. »Soeben sind von Westfrankreich aus sechsundsechzig Maschinen vom Typ Ju 88 zum Angriff auf die englische Flotte gestartet.«

»Hörst du?«, sagt Pfeiffer zu Lauchs, »Hast du's gehört? Na, Mensch, was hab' ich immer gesagt? Die lassen uns nicht im Stich, unsere Bomber. Hab' ich mal gesehen in der Nordsee. Bum hat's gemacht, und weg war der Kahn.«

»Ehreneskorte für deine Ferntrauung«, wendet sich Lauchs an Link. »Die wissen, was sich gehört.«

»Wenn sie uns aber nicht finden?«, fragt Pollack. »Oder wenn sie nicht treffen?«

»Reg dich nicht auf, Kumpel«, ruft ihm Lauchs zu, »prima Badewetter heute, gepflegte Temperatur, hübsche Wellen ... Verflucht, wer hat bloß meinen Schnaps gesoffen?«

Mößmer isst wieder Ananas. Die dritte Büchse. Die letzte seines Lebens ...

»Mensch«, sagt er, »bei mir zu Haus blüht jetzt der Flieder.«

»Na und?«

»Bei uns auch«, schaltet sich Hengst ein.

»Malt ihn euch an die Wand«, erwidert Lauchs lachend, »und den Duft dazu.«

»Diesmal klappt's«, sagt Lauchs, »in diesem Urlaub ist es so weit. Ihr wisst schon, die Annemie, dieses rothaarige Aas. Seit zwei Jahren bin ich hinter ihr her. War fast am Drücker bei ihr. Dann kam so ein dämlicher Panzerfeldwebel. Aber der wird jetzt nicht da sein. Na, Mensch, Glück muss man haben. Verlasst euch drauf. Diesmal wird die Annemie geknackt.«

»Oder es schnappt sie dir wieder einer weg.«

»Blöd müsst ich sein.«

»Und ob du's bist!«, erwidert Pfeiffer. »Aber mach dir nichts draus, es gibt noch Dümmere.«

»Mensch, hast du Glück, dass ich so gut gelaunt bin.«

So geht es weiter. Die nächsten zwanzig Minuten vergehen schnell. Die Worte ersticken die Gedanken. Manchmal ist die Zunge besser dran als der Kopf, wenigstens diese letzten Stunden vor dem Massensterben.

Man stirbt in Büchern, im Film. Sterben müssen immer die anderen. Man stirbt im Bett. Aber das hat noch Zeit. So mit siebzig oder achtzig, oder, wenn's geht, noch später. Schön warm und weich, wie es sich gehört. Gar nicht so schlimm dann. Einmal muss es ja sein. Aber Mensch, bis dahin sind noch vierzig, fünfzig Jahre. Und die wollen wir leben, wenn's geht, schön leben, gepflegt, friedlich. Arbeiten auch, zu etwas kommen, Kinder haben, sie was werden lassen. Ein Haus bauen, einen Garten pflegen. Und dann noch ein Auto natürlich. Und dann runter nach dem Süden. Wein, Weib und Gesang und Spaghetti! Einmal geht dieser Scheißkrieg doch zu Ende!

Die Offiziere wissen natürlich, wie verzweifelt, wie ausweglos die Lage der *Bismarck* ist. Aber sie füttern die Zuversicht mit Zuversicht. Der Leitende Ingenieur, Korvettenkapitän Lehmann, den die *Bismarck*-Fahrer zärtlich »Vati« nennen, ist zum Beispiel die Ruhe selbst. Er raucht auf seinen Kontrollgängen Zigarren, dann kehrt er zurück zu seinem Stand und drückt seinem Läufer, dem Maschinenobergefreiten Springborn von der X. Division, seine Zigarre in die Hand.

»Da, halten Sie einen Augenblick.«

Nach zehn Minuten kommt er zurück. Der Läufer reicht ihm die Zigarre. Sie ist inzwischen ausgegangen.

»Menschenskind, sind Sie verrückt? Kostet siebzig Pfennig das Stück. Wie kann man eine Zigarre ausgehen lassen!«

Der Offizier zündet sich eine zweite an. Er muss bei seinem Kontrollgang in den Maschinenraum. Wieder übergibt er Springborn die Zigarre.

Der Läufer steht am Luk und raucht. Ein Maat erwischt ihn dabei.

»Mann, Sie haben wohl noch nichts gehört von Rauchverbot?«

»Ich rauche auf Befehl des LI. Sie können ihn fragen, er ist drin.« Nach zwanzig Minuten zwängt sich der Korvettenkapitän durch den Ausstieg. Grinsend reicht ihm Springborn die bis auf einen Stummel aufgerauchte Zigarre.

Lehmann lacht.

»Sie lernen rasch, mein Lieber.«

Menschenführung nennt man das …

Zu dieser Stunde, etwa um 3.50 Uhr dieses verhängnisvollen 27. Mai 1941, melden sich zwei blutjunge Offiziere beim Kommandanten, Oberleutnant Richter und Leutnant von Reisach. »Was gibt's, meine Herren?«, fragt Lindemann.

»Herr Kapitän, die Arbeiten an der Ruderanlage sind eingestellt?«

»Das wissen Sie doch.«

»Wir möchten uns zu einem letzten Versuch melden. Wir haben Taucherausbildung. Wir wollen das Ruder von unten sprengen.«

»Und wie wollen Sie bei diesem Seegang in die Tiefe kommen?«

»Es ist ein Versuch.«

»Und was erwarten Sie von dem Versuch?«

»Die Sprengungen von oben haben versagt. Es gibt nur noch eine Möglichkeit: das Ruder von unten sprengen.«

»Aber Sie wissen doch genau, dass Sie nicht hinunterkommen können.«

»Herr Kapitän«, fährt Oberleutnant Richter fort, »vielleicht kommt man hinunter, wenn man sich nicht um das Heraufkommen kümmert. Es muss blitzschnell gehen: hinuntersinken lassen, Sprengladung anbringen und sofort abziehen.«

Jeder der drei Offiziere denkt das Gleiche. Jeder kennt die stundenlangen, verzweifelten Versuche. Jeder weiß, was sich an der Ruderanlage abspielte, wie man das Schiff anhielt, Öl in die See goss, um sie zu beruhigen, wie man Männer in schwerer Taucherausrüstung hinabließ, die Sekunden später, noch weit vom Ziel entfernt, bewusstlos wieder hochgerissen wurden. Bei diesem Seegang kann es keine erfolgreichen Tauchversuche geben. Außerdem ist vermutlich auch eine der beiden Schrauben beschädigt. Selbst wenn es gelänge, das verklemmte Ruder zu sprengen, bestünde noch keine Gewähr, das Schiff mit den Schrauben steuern zu können.

Der Kapitän weiß, was die beiden Offiziere vorhaben: Sie wollen, durch Ballast beschwert, zu einem Versuch ohne Wiederkehr starten. Unter Wasser wollen sie die Sprengladung anbringen und mit ihr sich selbst zerreißen lassen.

»Dieses Opfer kann ich nicht annehmen«, sagt Kapitän Lindemann in die Stille hinein. »Ich halte es für zwecklos. Es wurde schon alles versucht.«

»Aber das noch nicht«, beharrte Richter.

»Ihr Mut ehrt Sie«, antwortet Lindemann, »Sie werden ihn heute noch nötig haben.«

»Es ist besser, zwei sterben, als das ganze Schiff geht zugrunde.«

»Seien Sie vernünftig, Richter. Warum wollen Sie sich unnütz opfern? Wenn ich eine Chance sähe … Glauben Sie mir, es hat keinen Sinn. Ich danke Ihnen vielmals.«

Meine Leute, denkt der Kommandant. Leute meiner Schule. Leute, die bereit sind, für die anderen zu sterben! Auf der Kriegsschule gelernt, auf der *Bismarck* befolgt.

Der Kommandant ist bleich und übernächtigt. Aber er wirkt ruhig und beherrscht. Seine lautlose Zuversicht, seine Kaltblütigkeit, seine Todesverachtung strahlen auf die Umgebung aus, pflanzen sich durch das ganze Schiff fort. Mein Gott, denkt der Kommandant, und Männer dieses Schlages müssen sterben!

Da greifen die Zerstörer schon wieder an.

Auf allen Stationen, auf jedem Posten ringt der Lebenswille mit der Todesangst. Bis zur Vernichtung wird die *Bismarck* verzweifelte Versuche unternehmen. Gerade jetzt, da der Koloss lendenlahm geschossen ist, zeigt sich, mit welcher Präzision, mit welcher Vollkommenheit er konstruiert, wie hervorragend er gebaut wurde.

Wegen der nahezu pausenlosen Zerstörerangriffe sind die ganze Nacht über die Schotten geschlossen. Vor allem in den Kesselräumen ist die Luft unerträglich geworden. Männer im Lederzeug schuften bei fünfzig Grad Hitze unter Verzicht auf Ablösung. Einen nach dem anderen schleppt man bewusstlos weg, aber sobald die Männer wieder zu sich gekommen sind, Minuten später schon, gehen sie zurück, um aus den Maschinen das Letzte herauszuholen. Von »Äußerster Kraft voraus« wird ohne Übergang auf »Äußerste Kraft zurück« geschaltet. Das Vorwärtsfahrventil ist kaum geschlossen, als das Rückwärtsventil schon aufgerissen wird. Es ist unvorstellbar, welche Belastung diese Maschinen aushalten.

Das Personal hat sich Zitronenscheiben zwischen die ausgetrockneten, rissigen Lippen geschoben. Das Lederzeug scheuert auf der schweißnassen Haut. Der letzte energische Rest Besinnung kämpft gegen die Ohnmacht, gegen die Hitze, gegen den Gestank, gegen die Nerven, gegen den Tod.

Plötzlich muss man dem Leitstand melden, dass eine der Turbinen nicht mehr mitdreht.

»Versuchen Sie das Äußerste«, kommt der Befehl.

»Dampf drauf. Biegen oder brechen!«, schreit ein Obermaschinist. Dreißig, vierzig, achtundfünfzig. Eine Düse ist auf, um die Laufräder der Turbinen einseitig zu belasten. Bei 58 kg/cm^2 Dampfdruck, bei vierhundert Grad Celsius und bei festgebundenen Sicherheitsventilen! Noch mehr Dampf.

Endlich bekommt die zweite Düse Druck. Fünf, zehn, dreißig Atmosphären.

Gebannt verfolgen die Leute das fürchterliche Experiment, das unter normalen Umständen den Leitenden Ingenieur vor das Kriegsgericht bringen müsste.

Da springt die Maschine an. Ohne Bruch. Ohne Schaufelsalat. Ein letzter Triumph deutscher Konstruktionskunst … Zu spät. Die Turbine wird sich beim Untergang, nach der Sprengung, im Sinken noch weiter drehen, knapp zehn Stunden später.

Am schwersten treffen die letzten Stunden vor dem Kampf die Männer, die nichts zu tun haben: die Zivilstewards, die jetzt mit Rotkreuzarmbinden umherlaufen, die Männer von den Prisenkommandos, die Flugzeugbesatzungen, die Handwerker in den Schneidereien und Schusterwerkstätten.

Zu den Besatzungsmitgliedern ohne Beschäftigung gehört auch Kapitänleutnant Nobis, den die Manövrierunfähigkeit seines Schiffs arbeitslos machte. Er starrt auf die Seekarte … und markiert die Position, auf der das deutsche Flottenflaggschiff sinken wird. Ein kleiner dunkelblauer, mit Kopierstift gemalter Punkt, wie er hinter jeden Satz gesetzt wird. Gewohnheitsmäßig. Bedeutungslos eigentlich.

Hier aber, auf der Seekarte – mein Gott!

Wenn nur die nächsten Stunden schon vorbei wären! Wenn es nur die Gedanken nicht gäbe, diese Erinnerungen, diese Bilanz der Versäumnisse, diese letzte Hauptrevision! Die Angst vor dem Ende foltert ihn schon so lange, dass Nobis sie nicht mehr zu spüren meint. Er hat sich daran gewöhnt, und er hofft, dass er sich in der letzten Stunde genauso bewähren wird, wie er es sich vorgenommen hat. Dass er so stirbt, wie es sich gehört. Dass er nicht schwächer sein wird als die anderen, deren Schicksal er teilt …

Wie lange ist es her, dass er in seiner schlesischen Heimat als Held auf Vorschuss gefeiert wurde? Dass man ihn herumreichte, dass die Lokalzeitung erbärmlich schwulstige Artikel über ihn schrieb? Dass man ihn fotografierte und zu einer Morgenfeier der braun uniformierten Machthaber lud? Er fühlte sich nicht wohl unter den Leuten. Rein gefühlsmäßig. Gedanken hatte er sich über sie kaum gemacht. Politik interessierte ihn nicht. Damals nicht … doch jetzt, wenn es ans Sterben geht … Wofür? Jetzt ist es zu spät …

Er sprach zu niemandem von Deina. Einmal betrachtete er ihr Bild, und sein Vater überraschte ihn dabei.

»Wer ist das?«, fragte der alte Mann.

»Ein Mädchen.« Er wollte die Fotografie einstecken, aber Vater Nobis nahm sie mit selbstverständlicher Geste und betrachtete sie.

»Hübsches Mädchen … Wo lebt sie?«

»In Portugal.«

»Sieh mal einer an«, entgegnete der Vater, »und?«

»Und nichts.«

»Du liebst sie also.«

Der junge Offizier wurde barsch.

»Ich liebe sie«, sagte er unwillig, »aber der Teufel soll mich holen.«

Am Abend sprach der Vater wieder von ihr. Er schob die Zeitung beiseite.

»Etwas verstehe ich nicht, mein Junge«, begann er unvermittelt, »warum bist du nicht bei ihr geblieben?«

»Hätte ich das können?«

»Jeder muss wissen, was er kann … Ich bin älter als du. Vielleicht hast du Recht gehabt. Wahrscheinlich aber habe ich Recht … Ich bin dein Vater. Väter denken egoistisch. Mir langt schon, dass mein Ältester in Polen geblieben ist.«

»Wir verstehen uns nicht«, versetzte Werner Nobis, »gerade weil Hans in Polen fiel, bin ich zurückgekommen.«

»Na ja«, schloss der Vater das Gespräch, »mir wäre lieber gewesen, du wärst erst *nach* dem Krieg zurückgekommen.«

Wie Recht er hatte! Er würde bald ganz allein sein. Auch er würde sich an dieses Gespräch erinnern. Und seine Verzweiflung würde noch länger dauern als die seines Sohnes, der sie in wenigen Stunden überstanden haben wird.

Deina! Mein Gott, wie nah sie wieder ist. Wie er sie vor sich hat, zum Greifen nah. Wie er sie sieht, in dem Gespräch, gleich nachdem sie sich kennen gelernt hatten.

»Ich hasse den Krieg«, hatte sie gesagt, »er mordet die Besten. Auf jeder Seite. Für ein aufgeblasenes Nichts. Wir könnten jetzt Tennis spielen oder schwimmen. Reizt Sie das gar nicht?«

»Natürlich reizt mich das.«

»Können Sie sich nicht vorstellen, dass Sie etwas mehr lieben als den Krieg?«

»Ich liebe den Krieg nicht. Ich tue nur meine Pflicht.«

»Schöne Pflicht«, hatte sie erwidert, »andere totschießen und sich totschießen lassen. Gott, eigentlich geht es mich ja gar nichts an. Vielleicht denken Sie einmal ganz anders. Vielleicht kommt der Tag, wo Sie etwas stärker lieben als Ihre Pflicht. Eine Frau zum Beispiel.«

»Ich bin drauf und dran«, sagte Nobis. Es klang leer und dumm. Heute würde er es nicht mehr sagen. Aber heute kann er auch nichts mehr sagen. Es ist alles vorbei. Vertan. Verpfuscht. Verspielt. Wenn er nur ein einziges Mal ihr sagen könnte, wie er alles bereut. Wie anders er das nächste Mal handeln würde.

Aber es gibt kein nächstes Mal!

Der Morgen dämmert herauf. Auf britischer Seite ist alles klar. Noch immer beschäftigen die Zerstörer die *Bismarck*. Ihre Torpedos haben sie längst verschossen. Als Letzter war noch einmal Kapitän Vian mit der *Cossack* dicht am Feind. Dass er auch dieses Mal dem konzentrischen Feuer der 38-cm-Geschütze entkam, ist fast ein Wunder. Im Morgengrauen postiert Kapitän Vian seine Zerstörer im weiten Viereck um die *Bismarck*. Nach britischer Darstellung sind sie im Nachtgefecht bis auf den Zwischenfall auf der

Zulu ohne weitere Verluste davongekommen. Deutsche Quellen sprechen von der Vernichtung mindestens eines britischen Zerstörers. Auf beiden Seiten wurde eine riesige Stichflamme festgestellt. Worauf sie zurückzuführen ist, bleibt offen.

Auf der *Ark Royal* werden die Flugzeuge als Fühlunghalter zum Start fertig gemacht. Hinter dem britischen Flottenflaggschiff *King George V* steht die *Rodney.* Sie erhält Weisungen, die Bewegungen nur in großen Zügen mitzumachen. Bei dem *Hood*-Gefecht hatte sich der allzu starre Aufmarsch der britischen Einheiten als katastrophal erwiesen. Admiral Tovey kennt nur den ungefähren Standpunkt der *Bismarck.* Aber er hat Glück. Die *Norfolk,* die den Operationsraum durchläuft, sichtet um 8.15 Uhr in acht Seemeilen Entfernung ein Schlachtschiff, das sie für die *Rodney* hält. In letzter Sekunde stellt sie fest, dass es die *Bismarck* ist, auf die sie mit zwanzig Knoten Fahrt zuläuft. Hart dreht die *Norfolk* ab und gibt Admiral Tovey den Kurs der *Bismarck* durch. Der Admiral fährt ihr entgegen. Bis zu einer Entfernung von dreizehneinhalb Kilometern. Er braucht nur noch abzuwarten.

So weit wäre alles in Ordnung. Aber die Ölsorgen! Wenn die *Bismarck* nicht bis spätestens mittags vernichtet ist, muss Tovey das Gefecht abbrechen, weil seine Schiffe sonst keinen Hafen mehr erreichen können. Schon jetzt, fünf Stunden vor diesem äußersten Termin, ist es fraglich, ob alle britischen Einheiten dazu noch in der Lage sind. Wenn deutsche Flugzeuge auftauchten! Wenn deutsche U-Boote kämen! Wenn man mit hoher Fahrt Zickzackkurs steuern müsste und dadurch der Ölverbrauch um ein Vielfaches steigen würde! Es gibt nur einen Weg: Die *Bismarck* sofort stellen und vernichten.

Kurz vor dem endgültigen Aufmarsch des Feindes will Admiral Lütjens das Kriegstagebuch der *Bismarck* durch die Bordflugzeuge nach Frankreich in Sicherheit bringen lassen. Von den fünf Maschinen vom Typ *Arado 196,* die das Flottenflaggschiff bei sich hat, sind noch drei einsatzbereit. Zwei wurden bei einem Torpedoangriff durch Luftdruck beschädigt.

Die Besatzungen der Flugzeuge verlangten immer wieder den

Start. Sie wollten als Jäger gegen die *Swordfishes* eingesetzt werden. Admiral Lütjens bestand jedoch darauf, die *Arados* zu schonen. Er gab ihnen wegen der Überzahl der britischen Flugzeuge keine Chance. Er wollte sie, wie er glaubte, für wichtigere Zwecke aufsparen.

Jetzt kommt der Befehl, die drei einsatzfähigen Maschinen startklar zu machen. Die Besatzungen sind zum Ersten Offizier befohlen. »Wir verringern die Fahrt. Das Tagebuch wird in der ersten Maschine verladen. Hals- und Beinbruch!«

In pelzgefütterte Kombinationen eingehüllt, beobachten Leutnant Friedrich und Oberfeldwebel Schniewind die Vorbereitungen am Katapult. Startverhältnisse ungünstig. Macht nichts. Noch ist es finster. Noch haben feindliche Jäger keine Chance. Von allen Seiten stürzen Männer auf die beiden Flieger zu, drücken ihnen Zettel und Briefe in die Hand: erschütternde, flüchtig hingekritzelte letzte Grüße an die Eltern, an die Frau, an die Kinder.

»Es ist so weit«, meldet ein Ingenieur.

»Die Ratten verlassen das sinkende Schiff«, mault ein Maat.

»Halt's Maul«, erwidert ein anderer.

»Ob die durchkommen?«

»Jedenfalls haben sie mehr Chancen als wir.«

»Chancen ist gut.«

»Im nächsten Krieg melde ich mich zur Luftwaffe ... Solange es gemütlich ist, spielen sie Skat, und wenn's mulmig wird, haun s' ab.«

Gebannt verfolgen die Männer am Oberdeck, wie Leutnant Friedrich und Oberfeldwebel Schniewind in die erste Maschine klettern. Bleischwer hängen die Blicke der Seeleute an dem Vogel. Wie viele möchten sich an die Maschine klammern, sich festkrallen! Alle möchten sie heraus aus dieser schwimmenden Mausefalle, aus diesem zum Untergang verdammten Schiff! Sie stehen da und haben plötzlich das Gefühl, allein zu sein, obwohl höchstens sechs Mann davonfliegen werden.

Wenn alles gut geht ...

Die Luftschraube ist angeworfen, der Motor vorgewärmt. Gleich wird es so weit sein. Der Leutnant am Steuerknüppel nickt. Der Katapultingenieur sieht das Zeichen.

Jetzt muss die erste *Arado* mit Pressluft von Deck geschossen werden ...

Mit einem Ruck schüttelt Fliegerleutnant Karl-Heinz Friedrich seine Benommenheit ab. Er sieht die starren, brennenden Augen der Zurückbleibenden und ist einen Augenblick lang fast verlegen, dass ausgerechnet er gerettet wird. Er sitzt hinter dem Steuerknüppel der *Arado,* in seinem Reich, in seiner Welt.

Vollgasprobe! Der Motor heult im Stand auf, die Luftschraube dreht sich so rasend, dass sich die Männer in der Maschine festhalten müssen, um nicht umgeweht zu werden.

Motor abbremsen! Höhenruder prüfen! Seitenruder! Blick auf den Tourenzähler, auf den Benzinanzeiger! Öldruckmesser! Höhenmesser! Elektrik!

Alles in Ordnung.

Fertig zum Katapultabschuss! Herunter von dem verdammten Dampfer, rauf in die Luft. Kurs Heimat. In Stunden schon würde das alles dreihundert Meilen weit hinter ihm liegen. Diese verfluchten sieben Tage, die sich mit Bleigewichten an die Nerven heften.

Die Bordflieger hatten ja nichts zu tun. Gar nichts. Nur warten mussten sie. Auf den Einsatzbefehl, der nie kam. Immer in Bereitschaft. Tag und Nacht in der Kombination. Im Fliegerdeck, wenn die Granaten heranheulten, wenn Fliegeralarm ausgelöst wurde, wenn die Mannschaft im Gefecht stand, jeder an seinem Platz, jeder vor seinem Hebel, jeder vor seiner Aufgabe. Belachte, beneidete »Badegäste« waren sie, zum Skatspielen verurteilt, während die anderen kämpften!

Nicht zum Aushalten!

Zusehen mussten sie, wie lahme *Swordfishes* die *Bismarck* torpedierten, wie feindliche Fühlunghalter in der Luft das deutsche Flottenflaggschiff umkreisten. Schicksal, auf ein Kriegsschiff kommandiert zu sein und zur Luftwaffe zu gehören.

Vor zwei Tagen hatte sich Leutnant Karl-Heinz Friedrich beim Kommandanten gemeldet:

»Herr Kapitän, ich bitte um Startbefehl.«

»Warum, Friedrich?«

»Es ist eine Kleinigkeit, die *Catalina* herunterzuholen.«

»Dann kommt die nächste.«

»Die schieße ich Ihnen auch ab.«

Lindemann lächelte.

»Es ist nicht so einfach«, sagte er wohlwollend, »wir brauchen zwanzig Minuten, bis Sie gestartet sind. Wir müssen die Geschwindigkeit herabsetzen ... Wissen Sie, was das heißt? Und wer garantiert mir, dass Sie nicht abgeschossen werden? ... Sie kommen schon noch dran, Leutnant.«

»Ich war Jagdflieger, Herr Kapitän ...«

»Weiß ich«, antwortete der Kommandant. »Weiß ich auch zu schätzen, Herr Leutnant. Ich hab' Sie nicht vergessen.«

Was Friedrich beim Rapport alles zum Kommandanten sagen wollte, fiel ihm erst ein, als er wieder zu seinen Kameraden zurückgekehrt war. Verdammt noch mal, was sind schon *Catalinas* und *Swordfishes!* Vier *Spitfires* hat er über Frankreich abgeschossen! Das EK I auf der linken Brustseite erhielt er, als die meisten Staffelkameraden nicht zurückgekommen waren. Was ist schon eine *Catalina* gegen eine *Spitfire!*

Und wieder hieß es warten. Und wieder hieß es, sich mit dem »Bordgefühl« abzuquälen. Wieder zerlegte eiskalte, siedend heiße Todesangst den Mannesmut.

Der Leutnant ist ein junger, vitaler Offizier, wie ihn sich die Zeit zurechtfeilte. Ein Glückspilz schon, als er zur Welt kam. Einziger Sohn eines Bankdirektors, der die Schulzeugnisse nur flüchtig musterte und dann ein paar Nachhilfestunden verordnete. Das reichte wieder bis zur nächsten Klasse. Klassenbester im Boxen, im Schwimmen, am Reck, am Barren.

HJ-Führer natürlich, grüne Affenschaukel, alias Führerschnur, Geländespiele, Übernachtungen im Zelt, Lagerfeuer mit vaterländischem Kult, mit jugendheißen, bitterernst genommenen Phrasen.

Dann kam die Segelfliegerei, der richtige Sport für Karl-Heinz Friedrich. Wie er alles begriff, wie er mit Wind, Sonne, Thermik fertig wurde! Wie er alle Prüfungen durchlief, den A- und C- Schein machte. Er trug die drei weißen Schwingen auf blauem

Grund mit dem gleichen Stolz wie die Weltkriegsveteranen ihr EK II bei den Kriegervereinsaufmärschen.

Dann das Abitur. Wieder ein Glückspilz, denn der Krieg war schon ausgebrochen und der kümmerte sich nicht um eine Fünf in Latein und eine noch dickere Fünf in Mathematik. Einberufung zur Luftwaffe. Die ersten beiden Abschüsse bereits als Oberfähnrich. Vorzeitige Beförderung zum Leutnant. Vierter Abschuss an seinem zwanzigsten Geburtstag. Unmittelbar danach Landung mit brennender Maschine, aus den Trümmern herausgeholt. Im Lazarett zusammengeflickt. Genesungsurlaub.

Dann kam die Sache mit Ortrud ins Reine. Nachbarskinder waren sie, spielten miteinander, bis es für Karl-Heinz zu unmännlich wurde, mit einem Mädchen zu spielen.

Sie kam eben aus dem Internat, als er ihr wieder begegnete. Er ging sie gerade an, in Jagdfliegermanier, und sie brannte im Nu lichterloh. Jugend kennt keine Tugend, und der Krieg keinen Aufschub. Sie hatten sich gefunden, bevor sie sich verlobten. Das andere, das Formelle, den Anstand, wollten sie nachholen, wenn sie Zeit dafür hatten: in Tagen vielleicht schon, wenn alles klappt. Zum Teufel, warum sollte es nicht klappen!

Leutnant Friedrich hat die Hand am Steuerknüppel und denkt an Ortrud. Aufpassen beim Start! Keinen Bruch machen! Quatsch, Bruch gibt es nicht.

Sechshundertfünfzig Kilometer sind zu fliegen. Der Aktionsradius der *Arado* beträgt zwölfhundert Kilometer. Alles fertig. Ein letzter Wink an die Katapultmannschaft. Vollgas. Der Hebel wird heruntergedrückt …

»Verflucht, was ist los?«

Das Katapult versagt. Aussteigen!

»Scheiße«, flucht Oberfeldwebel Schniewind.

Friedrich stoppt den Motor und steigt aus der Maschine.

»Kein Grund zur Aufregung«, ruft der Ingenieur, »die Pressluftleitung ist verbogen. Das haben wir gleich.«

Der Leutnant nickt. Verdammt, warum haben sie das nicht früher festgestellt, denkt er bitter. Na ja, Hauptsache, es klappt noch. Noch eine Zigarette. Noch ein Gespräch mit den Besatzungen der beiden nach ihm startenden Maschinen. Noch ein paar Zettel mit Grüßen an die Angehörigen. Noch ein paar verzweifelte Witze der Leute, die zurückbleiben müssen.

»Fertig!«, ruft der Ingenieur.

Friedrich und Schniewind klettern wieder in den Vogel. Vollgas! Katapult heruntergerissen.

Wieder rührt sich nichts.

Noch ein Versuch.

Vergeblich.

»Kommen Sie heraus«, brüllt der Ingenieuroffizier. »Sie können nicht mehr starten. Die Gleitvorrichtung ist kaputt.«

»Und?«

»Folge des Torpedotreffers. Nichts mehr zu machen.«

Friedrich reißt sich zusammen. Nur nichts anmerken lassen. Los, lachen! Stimme darf nicht schwanken. Geradeaus gehen. Verflucht, nicht zittern. Ein Witz, los!

»Na«, sagt er zu Schniewind so laut, dass es die Umstehenden hören müssen. »Jetzt sind wir echte Badegäste, jetzt gehen wir baden.«

»Ich kann schwimmen«, erwidert der Oberfeldwebel.

In seinem Deck schleudert Friedrich den Stoß Zettel und Briefe auf die Back. Vorbei, denkt er.

»Mir ist zum Kotzen«, sagt Schniewind.

»Kotzen Sie sich aus, Mann!«

Eine entsetzliche Gleichgültigkeit überkommt den blutjungen Offizier. Plötzlich hat er das Gefühl, als ob ihn das alles nichts mehr anginge, als ob er sein eigenes Schicksal mit kühlem Interesse von der Proszeniumsloge aus mit dem Operngucker beobachte. Die Angst hat kehrtgemacht, ist abgehauen, die Wurstigkeit erobert ihn Stück für Stück, legt sich wie ein barmherziger Schleier über seine Gedanken, Hoffnungen, über sein Geschick. »Nichts mit der Briefträgerei!« Leutnant Friedrich greift sich einen der Zettel, die vor ihm liegen, liest ihn vor:

»Liebe Eltern, in einer dieser Stunden, die vielleicht meine letzten sind, denke ich an euch, bin ich bei euch, umarme ich euch. Vielleicht sind wir noch mal wieder zusammen und stecken diesen

Brief lachend in den Ofen. Wenn es anders kommt, dann ertragt es bitte mit dem gleichen Mut, mit dem ich es ertragen muss. Jetzt, in dieser Stunde, möchte ich an ein Wiedersehen nach dem Tode glauben. Ich klammere mich daran. Lebt wohl. Euer Erich.«

»Fast wie auf einer Kranzschleife«, setzt der Leutnant hinzu.

»Beerdigung erster Klasse«, erwidert Oberfeldwebel Schniewind. »Na, ja.« Der Leutnant zündet sich eine Zigarette an. Er beobachtet, ob seine Hand zittert. »Ich glaube nicht, dass das Sterben so schlimm ist«, sagt er dann.

»Sie haben wenigstens keine Frau und Kinder«, antwortet Schniewind.

Ich habe Ortrud, denkt der Leutnant, und Eltern. Wer hat das nicht, und wer denkt nicht daran?

Stunden später wird der blutjunge Leutnant Karl-Heinz Friedrich zeigen, wie man stirbt, mit welchem Mut, mit welcher Todesverachtung, mit welch entsetzlicher Energie, mit welcher Kaltblütigkeit. Er wird an Oberdeck stehen, genau an der Stelle, von der aus er zum Flug in die Heimat starten sollte.

Dann wird nicht mehr viel übrig sein vom Schlachtschiff *Bismarck.* Die Deckaufbauten werden zerfetzt sein, die letzten Granaten verschossen. Hunderte von Kameraden sind dann bereits gefallen. Verwundete versuchen, sich kriechend zum Lazarettzwischendeck vorzuarbeiten. Geschlossen wegen Überfüllung. Das ganze Schiff ist zum Lazarett geworden.

Der Admiral gefallen. Kutter und Boote vernichtet. Floße zerschossen. Schwimmwesten aufgeblasen. Das Schiff wird fertig gemacht zur Sprengung. Wohin man sieht: Blut, Leichen, Zerfetzte, Röchelnde, Schreiende, Flehende, Sterbende.

Haushohe Wellen schlagen die Bordwände.

Rette sich, wer kann! Aber wer kann es?

In ihrer Todesangst springen die Ersten nach der falschen Seite. Der Seegang wirft sie gegen die Bordwand, zerschmettert ihre Köpfe. Irgendwo im Hintergrund ist der Feind. Er hat das Feuer vorübergehend eingestellt. Zwischen dem Feind und der *Bismarck* treiben Ölpfützen.

»Da müssten wir hindurch«, sagte Schniewind.

»Und dann verklebt es uns die Haut. Und wir ersticken. Alles Quatsch! Scheiß auf diese verdammte Marine! Hab's gleich gewusst, dass das schiefgeht. Ich geh' nicht von Bord.«

»Was dann?«

Da ist sie, die eiskalte Entschlossenheit. Da steht der junge Mann, kaum zwanzig Jahre alt, einer der Besten, einer von Millionen, die der Krieg frisst, verdaut und ausspuckt. Blass, kalt. Wie das geht, hat er in einem Film gesehen, hat er damals, am Lagerfeuer am Waldrand, besprochen. Er hat daran geglaubt, es hat ihn begeistert. Von Begeisterung ist jetzt nicht mehr die Rede.

Es geht blitzschnell.

Er reißt die Pistole heraus. Der Oberfeldwebel will sie ihm aus der Hand schlagen.

»Lassen Sie!«, brüllt ihn der Leutnant an. Er setzt sie an die Schläfe.

Gibt es das? Ist das nicht Kintopp übelster Sorte? Ist es nicht Wahnsinn? Ist es nicht eine Dummheit ohnegleichen?

»Es lebe der Führer und Großdeutschland!«, ruft Karl-Heinz Friedrich.

Dann knallt der Schuss …

Ein Toter mehr auf der *Bismarck.* Ihre Zahl zählt längst nicht mehr. Der Heldentod ist zur Inflation geworden. Drei Mann der Bordfliegerei folgen dem Beispiel ihres Leutnants. Nur verzichten sie auf die letzte, verzweifelte Phrase.

Sie sterben wortlos …

Bis es so weit sein wird mit Leutnant Friedrich und seinen Kameraden, vergehen noch fünf Stunden. Es ist jetzt fünf Uhr, und der Tag müsste viel weiter vorangeschritten sein. Er zeigt sich grau in grau. Zögernd nur bricht das Licht an diesem 27. Mai seine ersten Breschen durch die schwarzgraue Wolkenwand.

Zu dieser Stunde revidiert der britische Admiral Sir John Tovey seinen Entschluss, die *Bismarck* schon im Morgengrauen zu stellen. Er wird wegen der schlechten Sichtverhältnisse trotz brennender Ölsorgen noch zwei Stunden verstreichen lassen. Im Zwielicht erscheint ihm die Gefahr einer Verwechslung der eigenen Schiffe mit dem Feind zu groß. Pausenlos gehen auf dem britischen Flottenflaggschiff *King George V* die Meldungen der Zerstörer ein. Die Mannschaften auf den britischen Kriegsschiffen standen die ganze Nacht auf Gefechtsstation. Nun wurde ihnen Fahrterleichterung gewährt. Sie durften schichtweise dösen. Jetzt, unmittelbar vor der Entscheidung, werden sie mit Benzedrintabletten und Zuversicht gefüttert. Das Gerücht ist noch schneller als die offiziellen Lautsprecherdurchsagen, die immer wieder auf schwere Beschädigungen der *Bismarck* hinweisen.

Zögernd tauchen die Silhouetten der *King George V* und der *Rodney* aus der Dunkelheit auf, heben sich die wuchtigen 40,6-cm-Geschütze vom Horizont ab. Langsam, unendlich langsam dringt das Tageslicht durch, dreht sich der Zeiger der Uhr. Geistliche gehen durch das Schiff, sprechen Gebete. Briefe werden geschrieben, Tee ausgegeben, ausnahmsweise mit einem Schuss Rum, Zuckerrationen verdoppelt. Angst niedergetreten, Siegesglaube verbreitet.

Ein Offizier stößt im Niedergang der Admiralsbrücke auf einige Ratten, die sich quicklebendig tummeln. Er würgt seinen Schrecken hinunter, schweigt. Seeleute sind abergläubisch …

Fast senkrecht starten die *Swordfishes* der *Ark Royal* gegen den Wind. Zusätzliche Fühlunghalter zur *Bismarck.* Ein weiterer Torpedoangriff aus der Luft wird verschoben. Die Schlacht soll bei vollem Tageslicht stattfinden …

Manchmal bleiben die Männer auf der *Bismarck* stehen und horchen, ob sie die versprochenen Sturzkampfbomber vom Typ Ju 88 noch nicht hören könnten. Sie müssten längst da sein, ihren Entlastungsangriff fliegen, die Phalanx des übermächtigen Gegners sprengen!

Einer nach dem andern gibt die letzte Hoffnung auf, fasst sie wieder, verwirft sie, resigniert von Neuem, flucht, betet, schweigt, horcht, schreibt, flüstert, poltert. Einer nach dem andern sieht auf die Uhr, fragt nach deutschen U-Booten, denkt an zu Hause, isst, raucht, ringt mit dem Grauen.

»He, Kumpel«, ruft der Gefreite Lauchs seinem Kameraden Pfeiffer zu, »wo bleiben denn deine Stukas?«

»Die Kerle werden noch auf dem Lokus sitzen … Frag Hengst, der weiß immer alles.«

»Sie müssen noch kommen«, schaltet sich Link ein.

»Eher läuft der Admiral nackt übers Deck.»

»Hübsche Idee«, brüllt Mößmer, »sag's ihm.«

»Macht euch nichts vor, Kumpels: es ist vorbei«, entgegnet Lauchs.

Im gleichen Augenblick bleibt auch er stehen und lauscht imaginären Flugzeuggeräuschen.

»Brauchst dich nicht anzustrengen«, sagt Pollack, »das war Mößmer.«

»Halt's Maul«, fährt ihn dieser an.

»Wie weit ist es bis Frankreich?«, fragt Link.

»Mit Zusatztanks würden sie es schaffen.«

»Dann kommen sie auch noch«, behauptet Link.

»Wenn's zu spät ist … Das sind doch verfluchte Schlipssoldaten, die von der Luftwaffe«, stellt Lauchs fest. »Denen ist das Wetter zu schlecht.«

»Hört endlich auf!«, schreit Pollack. »Ihr macht euch gegenseitig noch verrückt. Macht euch die Hosen voll, aber seid ruhig!«

»Wenn wenigstens deutsche U-Boote da wären!«

Auf einmal geht ein Ruck durch das Schiff.

Ein Lied stoppt die Unterhaltung – die Schicksalsmelodie der *Bismarck:*

»Komm zurück.«

Was jeder hofft, liegt auf einmal in diesem Lied. Plötzlich starrt jeder auf den Lautsprecher. Plötzlich glaubt jeder, die geballten Wünsche seiner Angehörigen, ihre Gesichter, ihr banges Warten vor sich zu sehen. Plötzlich glaubt keiner mehr, allein zu sein. Vor Tagen erst sagte der Sprecher des Wunschkonzerts am Schluss der Sendung:

»Und nun kommt ein Wunsch, den das ganze deutsche Volk hegt, ein Wunsch an die tapfere Besatzung der *Bismarck:* Komm zurück.«

Damals durchzuckte es jeden. Aber was lag zwischen damals und heute, zwischen dem Siegesrausch nach Versenkung der *Hood* und dem Wissen um den eigenen Untergang!

»Komm zurück«, ein Lied, das man an diesem Tag wie an jedem anderen in den Kaffeehäusern spielen wird, dessen Text es in Deutsch, Französisch und Italienisch gibt, dessen Melodie junge, sorglose Liebespaare vor sich hinsummen und zu dessen Rhythmus Pennäler die ersten, steifen Foxtrottschritte üben!

Dieses Lied, Produkt einer dünnen, sorglosen Unterhaltungsindustrie, reißt ein Schiff, reißt 2.403 Schicksale mit sich, betäubt die Angst, reißt Verzweifelte mit, schenkt ihnen für die letzten haltlosen Stunden einen letzten Halt. Wie von Geisterhand befördert, springt die Nadel immer wieder zurück, spielt die Platte, bis sie mit dem Schlachtschiff sinkt…

»Komm zurück,
ich warte auf dich,
denn du bist für mich,
all mein Glück.«

Die Männer hören es mit einer Inbrunst, mit einem Glauben, mit einer Verzauberung. Sie murmeln den Text mit, als sei er ein Gebet, sie gegen die Hölle immun zu machen.

»Ist der Weg auch weit,
führt er dich und auch mich
in die Seligkeit.
Darum bitt' ich dich heut':
Komm zurück!«

Aufbauten werden bersten, Geschütztürme in die Luft fliegen, Stahlwände auseinanderkrachen, Decks brennen, Bunker explodieren, Befehle werden sich jagen, Menschen werden zu Hunderten sterben, aber die Platte wird sich weiterdrehen. Mit einer letzten, barmherzigen Suggestion werden die Sterbenden in den Tod gehen.

Um 7.10 Uhr gibt die *Bismarck* ihren letzten Funkspruch auf:

»Entsendet U-Boot zur Rettung des Kriegstagebuchs. Flottenchef.«

Die *Bismarck* treibt dem Feind entgegen. Ihre Funkmessanlage hat die Positionen der feindlichen Schiffe längst ausgemacht. Durch ihre Manövrierunfähigkeit ist sie aber dazu verdammt, den

Engländern die Initiative zu überlassen. Sie muss auf den Feind warten, der sich gerade in günstige Schussposition bringt. Der letzte Alarm ist ausgelöst. Alle Mann auf Gefechtsstation!

Um diese Stunde holt man in der Heimat die Zeitung aus dem Briefkasten, liest von hinten nach vorn, weil die Todesanzeigen dominieren, würgt das klägliche Frühstück hinunter, versucht, dem Briefträger zu begegnen, bevor man wegen irgendeines Sonderabschnittes der Lebensmittelkarten Schlange steht. Die Kinder sind in der Schule wie jeden Tag. Aus dem Radio kommen Sondermeldungen aus Kreta. Die Leitartikel behandeln noch immer den Sieg der *Bismarck* über die *Hood.* Die Angehörigen der 2.403 *Bismarck*-Fahrer wissen also, dass ihre Männer und Söhne im Einsatz sind.

Die Frau des Gefreiten Pollack wurde vor zwei Tagen von einem sieben Pfund schweren Jungen entbunden. Geburt mit Komplikationen, aber alles überstanden. Mutter und Kind wohlauf.

Die Mutter des Oberfähnrichs Peters schreibt einen Brief.

Frau Burger erfährt gerade, dass ihr Sohn an Bord der *Bismarck* am Blinddarm operiert wurde. Ein letzter Brief, der sie von Bergen in Norwegen aus auf Umwegen erreichte.

Else Birken macht sich fertig für die Ferntrauung. Um zehn Uhr ist sie angesetzt. Sie hat sich aus gehamstertem Stoff ein dunkelblaues Schneiderkostüm machen lassen und sieht nett darin aus. Der Stuhl neben ihr im Standesamt wird symbolisch leer sein. Den Ring muss sie selbst anstecken. Es ist nur eine Zeremonie, aber das junge Mädchen ist vor Aufregung schon zweieinhalb Stunden vor der Trauung fertig angezogen. Die Rüstungsfabrik gab ihr für einen Tag frei. Ihr Vater wird sie zum Standesamt begleiten.

In ganz Deutschland gibt es Angehörige der *Bismarck*-Fahrer. Sie hoffen, solange es geht. Manche haben die Gabe, die Gedanken und Sorgen weit von sich zu halten. Andere denken Tag und Nacht an den Sohn. Sie teilen ihr Schicksal mit Millionen – ein ganzes Volk wartet auf Post.

Außerdem wartet noch ein junges Mädchen, das nicht zu den

Angehörigen der *Bismarck*-Fahrer gehört, das von der *Bismarck* überhaupt nichts weiß.

Ein Mädchen in Portugal: Deina, die zu Kapitänleutnant Werner Nobis gehört – ohne ihm zu gehören.

Damals, als Deina in Oporto aufwachte, als ihre Augen Werner suchten, wusste sie bereits, dass er gegangen war, dass er vor ihr, vor ihrer Liebe, vor seinem Glück geflohen war, um wieder in den Krieg zu ziehen. Sie fasste es nicht. Sie weinte. Tobte. Resignierte. Und sie liebte …

Deina war zäh und energisch. Je mehr sie sich einredete, den deutschen Leutnant zu hassen, desto näher schien er ihr zu stehen. Der Ohnmacht ihres Hasses wurde sie sich früher bewusst als der Macht ihrer Liebe. Schließlich bemerkte sie, dass sie sich selber mehr zürnte als Werner Nobis. Sie wusste nicht mehr ein noch aus. Wenn es so weit ist, findet ein junges Mädchen endlich den Weg zur Mutter.

Die Mutter hörte Deina an, ohne sie zu unterbrechen. Sie sprach ihre Vorwürfe nicht aus; aber dadurch wurden sie umso schlimmer.

»Und jetzt?«, fragte sie schließlich.

»Jetzt weiß ich gar nichts mehr.«

Die Mutter betrachtete ihre Tochter aufmerksam. Deina wollte nicht weinen, und darum weinte sie auch nicht. Sie sah jung, frisch und hübsch aus wie an jedem anderen Tag. Sie verstand es, ihren Kummer unsichtbar zu tragen.

»Zunächst musst du dir darüber klar werden«, nahm die Mutter das Gespräch wieder auf, »ob du den Mann wirklich liebst.«

»Das tue ich.«

»Und er?«, fragte die Mutter.

»Er liebt mich auch.«

»Dann verstehe ich nicht, warum er dich verlassen hat.«

Deina zuckte die Schultern. Sie war im Begriff, es zu verstehen, ohne es zu begreifen. Ohne es zu billigen. Aber irgendwie imponierte es ihr trotz allem, manchmal ist eben das Törichte ein Teil des Charakters.

»Woher weißt du, dass er dich liebt?», fragte die Mutter weiter.

»So etwas fühlt man.«

»Auf Gefühle kann man sich nicht immer verlassen.«

Deina sprach jetzt eine Kleinigkeit lauter und heftiger, aber in ihrem Eifer schwang die Resignation als Unterton mit.

»Auf was soll ich mich sonst verlassen, wenn ich meinen Gefühlen nicht mehr trauen darf?«

Mein Gott, dachte die Mutter, was soll ich ihr nur sagen, wie kann ich ihr nur helfen? Ausgerechnet auf einen verdammten Deutschen muss sie hereinfallen! Deinas Mutter hatte nichts gegen die Deutschen. Genau genommen wusste sie von ihnen nur, dass sie gute Maschinen bauten und schlechte Kriege führten.

»Wie soll das weitergehen?«, fragte sie.

»Das weiß ich nicht«, entgegnete Deina. »Ich weiß nur, dass es weitergehen muss. Ich fürchte nur, dass er sich nicht mehr zurückwagt, selbst wenn er es könnte, dass er denkt, ich hasse ihn, weil er mich verlassen hat.«

»Wenn er dich liebt, kommt er wieder«, tröstete die Mutter. Sie wusste, dass sie log. Sie wusste aber auch, dass sie im Augenblick nur diesen Trost bieten konnte.

Wochen und Monate vergingen. Zwischen Mutter und Tochter war nie mehr die Rede von dem deutschen Marineleutnant Werner Nobis. Aber Deina dachte ständig an ihn. Über portugiesische Freunde hatte sie sich mit dem deutschen Konsulat in Lissabon in Verbindung gesetzt, um Werner zu finden. Das Konsulat versprach höflich, zu helfen, berief sich aber auf den langen Instanzenweg, wenn man nach dem Ergebnis fragte. Deina wusste, dass Werner nur über Spanien nach Deutschland geflüchtet sein konnte. Sie bat auch die Spanier um Auskunft. Die wollten oder konnten ihr ebenfalls nichts sagen.

So hörte Deina lange nichts von Nobis. Sie dachte an ihn und hoffte weiter, voller Zuversicht, voller Angst, voller Zorn.

Voller Liebe.

Dass er Offizier an Bord des deutschen Flottenflaggschiffs *Bismarck* war, erfuhr sie erst viel, viel später.

Um 8.43 Uhr sichten die britischen Einheiten zwölf Seemeilen entfernt die grauen Konturen eines Schlachtschiffs.

Bismarck in Sicht, melden die Posten am Ausguck.

Admiral Sir John Tovey gibt sofort Feuererlaubnis. Seine Pläne sind sorgsam durchgesprochen. Kampfposition ist eingenommen. Vier Minuten später feuern die Briten ihre erste Salve. Die 40,6-cm-Türme der *Rodney* blitzen auf. Zwanzig Sekunden später greift die *King George V* in das Gefecht ein.

Die *Bismarck* schweigt.

Was ist los? Wo bleibt die Antwort? Sind ihre Geschütztürme ausgefallen? Hat sie ihre Munition verschossen? Will sie den Gegner noch näher herankommen lassen?

Zwei Minuten nur. Dann blitzt es auf der anderen Seite des Horizonts.

»Fünfundfünfzig Sekunden Flugzeit«, meldet ein britischer Artillerieoffizier. Der angeschlagene deutsche Riese nimmt zuerst die *Rodney* unter Feuer. Seine erste Salve liegt zu kurz. Aber die dritte ist bereits deckend.

Die *Rodney* dreht nach Backbord und bringt alle Geschütze zum Einsatz. Die *King George V* ist noch in direkter Anfahrt auf den Gegner. Dabei feuert sie aus allen Rohren der vorderen Türme. Das Feuer liegt gut. Der erste Einschlag wird beobachtet. Die *Rodney* steuert Zickzackkurs, um den Granaten des Gegners auszuweichen.

Von Nordosten braust die *Norfolk* heran, um in das Gefecht einzugreifen.

Das Meer scheint zu brennen. Granaten schlagen zischend ins Wasser. Treffer auf den Schiffen. Stichflammen. Qualm. Trümmer. Splitter. Blitze. Detonationen.

Die Hölle ist entfesselt.

Unerbittlich gehen die Briten noch näher an den Feind heran, um das Todesurteil zu vollstrecken …

Es ist so weit. Es ist nur noch eine Frage von Sekunden, bis die ersten feindlichen Granaten treffen. Jetzt erst gibt Admiral Lütjens die Feuererlaubnis. Wenn das Schiff intakt wäre, wenn er es herumreißen könnte! Wenn er Zickzackkurs fahren könnte! Wenn nur die versprochene Unterstützung aus der Luft zur Verfügung wäre, wenn U-Boote eingetroffen wären! Wenn Mut allein etwas gegen die vielfache Übermacht ausrichten könnte!

So treibt die *Bismarck* hilflos dahin, wehrlos den feindlichen Geschossen ausgesetzt. Mit knappen Munitionsbeständen, mit dem Rest ihres Öls. Es kommt zur letzten verzweifelten Gegenwehr. Die Briten schießen verflucht genau. Abschuss. Einschlag. Treffer. Treffer backbord. Steuerbord.

Treffer backbord. Treffer mittschiffs.

Kommandos. Schreie. Unterbrochene Verbindungen. Qualm. Zerfetzte Deckaufbauten.

Gleich eine der ersten feindlichen Salven schlägt auf der Admiralsbrücke ein. Volltreffer. Als einer der Ersten seiner Besatzung fällt Admiral Lütjens.

»Die Gruppe West soll der Teufel holen!«, sagte er ein paar Sekunden vorher.

Aber die Todesschlacht hat erst begonnen. Zwei Stunden lang wird noch von allen Seiten der Tod auf die *Bismarck* zukommen. Dem brennenden, zerschossenen, lahmen Koloss bleibt nur noch eine Demonstration: zu zeigen, wie man stirbt …

Getreu bis in den Tod …

Aber dieser Tod, dieses tapfere, jedoch sinnlose, gemeine Massensterben hat tausend Fratzen. Gestorben wird am Heck, am Bug, auf der Brücke, im Unterdeck, in den Kesselräumen. Gestorben wird jedes Mal anders. Manchmal langsam, mitunter schnell, oft barmherzig, meistens erbarmungslos.

Eine Hand voll Menschen wird der Tod entkommen lassen. Vielleicht rettet sie das Schicksal, damit ihre Berichte die erschütterndste Aussage werden, die es wider den Krieg gibt …

Der Himmel verdunkelt sich im schwefelgelben Rauch der Sprengwolken. Der Tag wird zur Nacht, und diese von grellen Blitzen, von Abschüssen und Einschlägen zerfetzte Nacht wird zum künstlichen Schleier über dem tausendfachen Sterben.

Sekundenschnell beleuchten detonierende Granaten die Konturen des Infernos, markieren einen Herzschlag lang die Stationen des Todes, der die blutjungen Matrosen gruppenweise frisst. Noch stehen sie auf ihrem Posten, kämpfen, fluchen, hoffen, verzweifeln oder beten, aber schon bei der nächsten Salve liegen sie zerrissen, verblutet im Chaos der Vernichtung.

Die Kanoniere auf der britischen Seite haben sich eingeschossen. Jeder Schuss ein Treffer, jeder Treffer dutzendweiser Heldentod! Die Gegenwehr der *Bismarck* ist schwach geworden, unregelmäßig, ungenau. Turm Anton fällt aus. Turm Cäsar erwidert das Feuer noch mit nur einem Geschütz. Am so genannten Hindenburgplatz auf dem Oberdeck stapeln sich die Gefallenen zu Bergen. Die Aufbauten am Gefechtsmast brennen. Vom Feuer eingeschlossene Soldaten schreien gellend um Hilfe. Das deutsche Flottenflaggschiff verwandelt sich in ein Wrack…

Die Besatzung aber kämpft weiter. Noch steht der Kommandant auf der Brücke, durch Feuerwände von seinen Leuten getrennt, durch Lautsprecher mit ihnen verbunden. Noch werden seine Befehle ausgeführt, so schnell es geht. Noch kümmert sich die Disziplin einen Dreck um Vernichtung, Untergang und Tod. Noch hält die Überlebenden dieser entsetzliche, dieser verzweifelte Mut zusammen. Noch avancieren Männer zu Helden; durch ihre Taten rechtfertigen sie dieses abgedroschene, missbrauchte Wort… bis zur letzten Stunde, zur letzten Minute, zur letzten Sekunde. Wer kann, rappelt sich hoch, stolpert über Tote, über Verwundete, fällt über die herumliegenden Kartuschen und meldet sich irgendwann, irgendwo an den Sammelplätzen für Versprengte zum nächsten Einsatz.

Der Vordermann fällt. Der Nebenmann ist schwer verwundet. Hintermann gibt es keinen mehr. Der Divisionsoffizier lebt nicht mehr. Abteilung vom Tod aufgelöst! Neues Gesicht. Neuer Befehl. Neue Granaten. Neue Detonationen.

Der Krieg demaskiert sich, zeigt für Stunden seine erbärmliche, seine mörderische Fratze, grinst über Schlagworte, zerkaut Parolen, verhöhnt Phrasen, spielt mit Menschen, Hoffnungen, Träumen, zerstückelt eine Besatzung von 2.403 Menschen in Einzelschicksale…

Zu Beginn des letzten Gefechts steht der Obergefreite Bruno Rzonca mit dem Maat Rutsch und drei Mann als Leckabwehrgruppe in Abteilung XII an der Steuerbordseite. Der erste Treffer schlägt backbords ein. Fünf Tote. Der Rauch dringt beißend in die Augen, in die Luken. Es stinkt nach brennendem Gummi und nach Schwefel.

Rzonca hat seine Rauchmaske vergessen.

»Bleiben Sie am Telefon«, ruft ihm Maat Rutsch zu, »solange Sie es aushalten können.«

Einschlag.

Rzonca ist der einzige Überlebende seiner Gruppe. Es vergehen furchtbare Minuten, bis er das begreift. Hustend, fast blind presst er den Telefonhörer an den Kopf. Die krächzende Stimme ist verstummt. Was soll er hier noch?

Der Volltreffer hat ihn arbeitslos gemacht. Der Obergefreite beugt sich über einen seiner gefallenen Kameraden. Er starrt in das verkrampfte, verbrannte Gesicht, übergibt sich, will weglaufen, zwingt sich, stehen zu bleiben, nimmt dem Mann die Rauchmaske ab, sieht das Blut, wirft sie wieder weg, hastet vorwärts, auf die andere Seite, meldet sich bei Abteilung IX an Backbord und wird wieder eingeteilt.

Unmittelbar danach rast eine Gruppe Funker in wilder Panik über das Zwischendeck, stoppt vor einem Luk, will nach oben aussteigen.

»Bleibt!«, brüllt Rzonca sie an. »Ist doch Wahnsinn! Oben ist es noch schlimmer.«

»Brennt bei uns«, entgegnet der Vorderste der Gruppe lakonisch. »Wir können nicht bei lebendigem Leib verbrennen.«

»Oben verbrennt ihr noch schneller.«

»Das ist mir wurscht«, schreit ein Gefreiter, »ich will oben krepieren! Da sehe ich wenigstens, was los ist.«

Einschlag in der Nähe. Die Farbe brennt. Unerträglicher Gestank. Fürchterliche Hitze!

Rzonca schließt sich den Funkern an und kämpft sich mit ihnen zum achteren Verbandsplatz durch. Erstarrt bleibt er stehen, bis ihn ein Unterarzt anbrüllt. Männer ohne Arme, ohne Beine schreien heiser durcheinander, verlangen Wasser, Zigaretten, Morphium, wollen nach oben getragen werden.

Ein Sanitätsfeldwebel drückt Rzonca zwei lächerlich kleine Verbandspäckchen in die Hand. Rzonca reißt sie auf, beugt sich über einen Verwundeten.

»Ruhig, Kumpel«, sagt er.

»Lass«, erwidert der Mann leise. »Alles Quatsch bei mir. Geh zu den anderen! Ich hab's gleich geschafft.«

Rzonca würgt Ekel, Angst und Grauen hinunter. Nicht zum Aushalten hier! Raus aus dem Raum! Raus aus dem Verbandsplatz! Lieber auf das Batteriedeck und Munition tragen, solange es geht!

Einschlag! Schwerer Koffer. Licht geht aus. Schreie ringsum. Wasser bricht ein. Die überlebenden Ärzte und Sanitäter verbinden im Dunkeln weiter, stehen bis an die Knie im Wasser. Links oder rechts von ihnen, vorn oder hinten, Meter, oft nur Zentimeter von ihnen entfernt, ertrinken röchelnd Verwundete, die den Kopf nicht mehr aus dem eingedrungenen Wasser heraushalten können.

Erneuter Einschlag. Panik. Wer noch Beine hat, läuft davon. Auch Rzonca will zum Oberdeck.

Wenn das Schiff gesprengt wird, was dann? Dutzende, Hunderte fragen sich das in diesem Augenblick. Zweihundert Mann etwa, Versprengte wie er, stehen mittschiffs am Ausstieg zum Oberdeck, wollen die Luke aufreißen.

Ein Befehl plötzlich. Ein Offizier. Schlagartig legt sich die Panik. Von der Todesangst Gezeichnete stehen hintereinander, warten geduldig, bis die Vordermänner das Luk geöffnet haben.

Es klemmt. Plötzlich klemmen alle Luken. Die Flucht gelingt nur bis zum Batteriedeck. Von der Back kommen sie heran, vom Vorschiff. Sie schreien, hasten, flüchten durcheinander. Der Explosionsdruck der berstenden Granaten hat die Luke verbogen. Fortsetzung der Flucht durch die Kantine. Zerfetzte auch hier. Es riecht nach Wein und Schnaps. Ein Mann beugt sich über eine Schnapspfütze auf dem Boden, leckt den Alkohol auf. Zwei stehen da und erbrechen sich. Hier hat der Ausstiegdeckel zwei Zentimeter Spielraum. Dann bewegt er sich nicht mehr.

Plötzlich sieht einer ein Loch. Tageslicht? Dann sehen es Dutzende; sie drängen und schieben vorwärts, stauen sich, verstopfen den Weg zum vermeintlichen Tageslicht. Die Ersten erreichen die Stelle. In der nächsten Sekunde verlieren sie den Boden unter den Füßen, stürzen in ein metertiefes, brennendes Loch. Schreie! Todesschreie!

Es war kein Luk! Tödlicher Irrtum! Es ist das Loch, das eine Sprenggranate in eine Farblast geschlagen hat, die jetzt lichterloh brennt. Die Drängenden, Vorwärtsstürmenden sehen und hören nichts. Sie verlieren wie die Männer vor ihnen den Boden unter den Füßen, stürzen hinab, Opfer einer tödlichen Illusion. Im letzten Augenblick sieht Rzonca, was ihm bevorsteht. Er wirft sich zu Boden und stemmt sich mit letzter Kraft Zentimeter um Zentimeter von dem lodernden Abgrund weg. Wie blind fallen und stolpern die Hintermänner über ihn. Einen von ihnen hält der Obergefreite am Bein fest. Aber mit übermächtiger Kraft reißt der Mann sich los, taumelt in die Flammen. Rzonca brüllt unter den Tritten der Seestiefel. Aber jeder brüllt in diesen Sekunden.

Sein Körper wird gefühllos. Immer mehr hasten über ihn hinweg, stürzen in das brennende Loch. Zwei Meter von dieser grauenvollen Spielart des Todes entfernt, bald zertreten, ohnmächtig fast vor Entsetzen, unfähig, etwas zu unternehmen, sieht der Obergefreite Rzonca, wie seine Kameraden verbrennen, grässlich zusammenschmoren.

Endlich gelingt es ihm, aufzustehen. Drei, vier Männer kann er zurückhalten. Einer von ihnen geht an den Rand des Trichters, sieht hinab.

»Schau weg«, sagt Rzonca matt zu ihm.

»Die haben es überstanden«, entgegnet der Mann kalt. Sein Gesicht ist grün, die Hände zittern, seine Augen haben einen starren, irren Blick. Die Haare auf der linken Seite sind versengt. Vielleicht hätte ich mich mit dem Sog hinabreißen lassen sollen, denkt Rzonca, dann hätte ich es hinter mir.

Wenn nur diese fürchterliche Angst nicht wäre! Dieser Trieb, sich zu retten, wo es keine Rettung mehr geben kann!

Keine Rettung? Die meisten Mitglieder der Besatzung, so weit sie noch leben, wehren sich verzweifelt gegen diese Vorstellung. Es hofft der Mensch, solange er stirbt …

Der Obergefreite Rzonca, der den Tod im Seekrieg in allen Schikanen geschmeckt hat, ahnt nicht, dass ihn das Schicksal retten wird, um Zeugnis wider den entfesselten Massenmord abzulegen.

Benommen taumelt er weiter …

Während des Gefechts kommen die britischen Einheiten dem zerschossenen deutschen Flottenflaggschiff immer näher. Bereits zwölf Minuten nach Eröffnung des Endkampfes steht die *King George V* knapp hundertvierzig Hektometer von der *Bismarck* entfernt. Admiral Sir John Tovey dreht auf Südkurs und setzt damit seine gesamte Artillerie ein. Die *Rodney* beobachtet das Manöver und folgt. Die beiden britischen Schlachtschiffe stehen knapp drei Seemeilen auseinander. Aus großer Entfernung greift auch die von Norden heranstürmende *Norfolk* mit ihren 20,3-cm-Geschützen in das Gefecht ein.

Das Feuer der *Bismarck* geht dann von der *Rodney* auf die *King George V* über. Aber auch hier liegt es ungenau. Störung auf einem der vorderen Türme. Durch das Glas beobachtete der Erste Artillerieoffizier der *Rodney* einen Treffer im Hauptleitstand der Artillerie im Vormars. Unmittelbar danach ließ das Feuer der *Bismarck* nach. Für zwei, drei Minuten. Die Artillerie des deutschen Schiffes kann nicht mehr geschlossen operieren. Ihre Salven liegen weitab vom Ziel im Meer.

Genau genommen kämpft die britische Übermacht nur noch gegen den Wind, der die Rauchschwaden so heranweht, dass die Beobachtung des Ziels vorübergehend unmöglich ist. Dafür aber funktionieren die Radargeräte …

Und wieder erhalten die Briten Verstärkung. Aus dem Osten kommt der Kreuzer *Dorsetshire* heran und eröffnet aus achtzehn Kilometern Entfernung das Feuer.

Über den Stand des Gefechts werden die britischen Matrosen durch die Gefechtslautsprecher informiert. Sie beantworten jede Durchsage mit »Hurra«-Geschrei. Keine Rettung mehr für den Feind!

Hood-Scharte ausgewetzt!

Das Feuer der *Bismarck* wird immer unregelmäßiger. Gleich muss es so weit sein. Gleich können die britischen Einheiten noch näher an das feindliche Flottenflaggschiff heran, können ihre Torpedos auf das Wrack abschießen. Bedeutungslos, wie lange das Gefecht noch dauert. Was heißt Gefecht? Zielschießen! Bis die *Bismarck* für immer in der haushoch aufgewühlten See verschwindet, bis sie auseinanderplatzt.

In einer Stunde, vielleicht erst in zwei, wird die Siegesmeldung über zahllose Funkgeräte in alle Welt hinausgehen ...

Zuversicht steckt an. Begeisterung tobt sich aus. Die englischen Matrosen boxen sich vor Freude in die Seiten, schlagen Purzelbäume, reißen Witze, erzählen sich, was sie im Urlaub alles anstellen werden. Sie benehmen sich genauso, wie sich die jungen Männer auf der anderen Seite vor drei Tagen noch benommen haben bei der Versenkung der *Hood*.

Was sollen sie sich um das Schicksal des Feindes kümmern! Wen geht schon das Schicksal des Feindes etwas an? Siegen oder sterben heißt die Parole an allen Fronten, auf allen Seiten. Diesmal wird die britische Kriegsmarine siegen. An diesem Sieg ist nicht mehr zu rütteln. Diesmal wird man auf der anderen Seite sterben. An diesem Sterben ist nicht mehr zu rütteln. Der Krieg diktiert seine Gesetze. Getreu bis in den Tod, heißt es in jedem Krieg, auf jeder Seite. Schließlich wird der Tod dem Krieg treu bleiben.

Ob man gewinnt oder verliert, weiß man nie, wenn man in den Krieg zieht. Sicher ist nur, dass gestorben wird. Auf beiden Seiten, in verschiedenen Uniformen.

Diesmal sind die Deutschen dran, die Deutschen auf der *Bismarck*. Warum sollten die englischen Matrosen, die sich, trunken vor Siegesfreude, auf ihren Gefechtsstationen herumbalgen, daran denken? Vielleicht wird der Krieg noch vielen von ihnen im Lauf der nächsten Jahre Gelegenheit geben, sich Gedanken über ihn zu machen. Meistens aber macht man sich diese Gedanken erst im letzten Augenblick ...

Während das Meer brennt, während sich der Himmel verdunkelt, während die Granaten bersten und die Menschen sterben, treiben nur wenige Seemeilen von der Hölle entfernt zwei Männer auf einem luftgefüllten Floß durch die aufgewühlte, stürmische See. Das kalte Wasser hat ihre Körper steif werden lassen. Sie haben die Hände in die Lederschlaufen am Floß eingekrallt. Sie kauern dicht beieinander, erschöpft und verzweifelt. So werden sie vom Meer dahingetrieben, einem unbekannten Ziel entgegen. Vielleicht dem Tod…

Anfangs versuchten sie noch, miteinander zu sprechen. Sie haben es aufgegeben. Zu oft gingen die Wellen über sie hinweg. Sie schluckten Salzwasser, spuckten es aus, um es im nächsten Augenblick wieder zu schlucken.

Wie lange mochten sie schon dahintreiben? Die Augen brennen; sie sind salzverkrustet. Der verkrampfte Griff lässt jedes Gefühl in den Armen schwinden. Sie glauben, keine Kraft mehr zu haben. Aber sie halten sich mit übermenschlicher Anstrengung an den Schlaufen fest. So schweben sie zwischen Bewusstsein und Ohnmacht. Sie werden hochgerissen und niedergeworfen, dahingespült. Sie werden von Visionen genarrt, von der Kälte gefoltert, von der Hoffnung am Leben erhalten, von der Angst dem Tode nahe gebracht.

Diese beiden namenlosen Männer haben etwas Einmaliges, etwas Ungeheuerliches getan. Etwas, das es in der Seekriegsgeschichte wohl noch nie gegeben hat, etwas, das so unglaublich und so unwahrscheinlich klingt, dass ein sonst so schnell entschlossenes deutsches Kriegsgericht später monatelang mit dem Beginn der Verhandlung zögern wird.

Die beiden Männer sind von der *Bismarck* geflüchtet…

Es geschah kurz bevor das Gefecht begann. Der Himmel zeigte sich noch grau in grau, jeder hing seinen Gedanken nach, jeder dachte dasselbe. Die beiden Männer standen am Oberdeck und starrten auf das Meer. Was sie tun wollten, hatten sie ein dutzend Mal durchgesprochen. Jetzt, in dieser letzten Sekunde vor dem Absprung, zögerten sie.

Welch entsetzlicher Mut gehört dazu, so feige zu sein!

Entweder schnell oder gar nicht! In dieser Minute mussten sie handeln. Los, das gestohlene Floß hinunterwerfen! Sowie es mit dem Wasser in Berührung kommt, muss es sich automatisch aufblasen, muss es sie tragen. Vier Meter bis zur Wasserlinie. Gar nicht schlimm. Weit springen! So weit wie möglich.

Vielleicht dachte der Mann, der eine Sekunde vor dem andern sprang, an seine Mutter oder an seine Frau, oder dachte er gar nichts, führte er den Entschluss mechanisch aus, flüchtete er in das Leben, weil er seit Stunden an nichts anderes als an das Sterben denken konnte?

Sie haben ihr Schiff, ihre Kameraden, ihre Vorgesetzten, ihren Posten, ihre Pflicht auf die abenteuerlichste Art verlassen. Vielleicht waren es nur ihre Nerven, die sie dazu trieben. Oder die Verzweiflung. Oder der übermächtige Lebenswille. Oder die Gelegenheit. Oder die Angst …

Sie sprangen ab, griffen in die Schlaufen, krallten sich fest. Die Strömung trieb sie schnell von der *Bismarck* weg. Waren sie vom Ausguck bemerkt worden, als sie von Bord gingen? Wurde es vielleicht gerade jetzt dem Kommandanten gemeldet? Was würde er unternehmen? Würde man sie im Wasser abknallen? Würde man ihre Fahnenflucht durch Funk in die Heimat melden? Würden die Flüche der Todgeweihten sie ein Leben lang verfolgen?

Nichts ereignete sich. Niemand beobachtete die fantastische Flucht. Sie war gelungen – vorläufig wenigstens. Die meterhohen Wellen spülten die Deserteure weiter, immer weiter vom Schauplatz der heraufziehenden Vernichtung weg. Die Zeit verlor für sie ihre Maßstäbe. Während im Hintergrund der höllische Rhythmus von Abschuss und Einschlag donnerte, schien das Meer größer, grimmiger, grenzenloser zu werden. Und die Angst, vor der sie geflüchtet waren, wächst nun ins Bodenlose.

So geht es seit Stunden. Immer wenn der eine auslassen will, brüllt der andere ihn an. Wach bleiben! Unter allen Umständen wach bleiben! Bei Bewusstsein bleiben!

Sie versuchen zu singen, aber das Salzwasser stopft ihnen sofort den Mund. Ihre Augen sind rot gerändert. Die Schwimmweste drückt am Hals. Sie starren zum Horizont, sehen Schiffe auftauchen, die nur Nebelwände sind. Sie sehen Land. Sie hören Stimmen. Aber sie wissen im selben Augenblick, dass ihre Sinne sie belügen.

Herrgott, nimmt das denn gar kein Ende? Ist das nicht schlimmer, als von einer Granate zerfetzt zu werden? … Als Feiglinge ertrinken, langsam, unendlich langsam? Wären sie doch auf dem Schiff geblieben! Sie möchten sich gegenseitig anbrüllen. Sie hassen sich. Sie verfluchen sich.

Dann lullt das Mitleid sie ein. Mitleid mit sich selbst. Dann hören sie die Stimmen der Angehörigen. Der Griff in den Schlaufen lockert sich. Sie greifen sofort nach, krallen sich fester, so fest es geht. Aber sie spüren, wie die Kraft ihrer Hände immer mehr nachlässt. Wenn sie die Hände frei hätten, wenn sie die Kraft dazu hätten, würden sie übereinander herfallen, würden sie sich gegenseitig ihre Feigheit, ihre Erbärmlichkeit ins Gesicht schreien.

Nützt es den anderen etwas, wenn zwei Männer mehr absaufen? Ändert es etwas an dem Schicksal der *Bismarck,* wenn statt 2.403 nur 2.401 Mann sterben?

Gehört nicht viel mehr Mut dazu, sein Schicksal selbst in die Hand zu nehmen und hier in dieser verfluchten, unendlichen See zu ertrinken, statt auf die Granaten zu warten?

Sie reden es sich ein. Sie glauben daran. Vielleicht haben sie Recht. Aber was heißt Recht oder Unrecht haben im Angesicht des Todes? Wer soll darüber befinden? Andere, die nie in dieser Situation waren, die nie das zu befolgen brauchten, was sie predigten? Die Fahnenflüchtigen betäuben ihr Gewissen. Sie geben sich Recht.

Aber im selben Augenblick bleiben ihre Blicke an den leeren Schlaufen des Floßes haften. Da wissen sie, dass andere Kameraden jetzt oder später ertrinken werden, weil sie sich nicht an diesen Schlaufen festhalten können …

Wenig später taucht ein deutsches U-Boot knapp vor dem Floß auf. Die beiden Flüchtigen sind bereits so erstarrt, dass sie es nicht einmal bemerken. Sie werden an Bord gezogen. Man gibt ihnen Schnaps und Zigaretten. Man spricht auf sie ein, lässt sich von ihnen über den Todeskampf der *Bismarck* berichten, registriert die Zeit.

Mehrere U-Boote hatten von der Gruppe West Befehl erhalten, in den Kampfraum zu eilen, der *Bismarck* zu Hilfe. Aber sie kommen von Feindfahrt zurück, haben ihre Torpedos verschossen und müssen ohnmächtig dem Todeskampf ihrer Kameraden zusehen.

Eines dieser U-Boote hat die beiden Deserteure gerettet. Schon der Kommandant schöpft Verdacht, aber er schweigt. An Land werden die beiden festgenommen und verhört. Widersprüche. Vergleich der Uhrzeit. Kein Zweifel, sie sind vorzeitig von Bord gegangen.

Das Kriegsgericht hat das Wort. Es macht zwei Überlebenden der *Bismarck* den Prozess. Was aus diesem Prozess wird, erfährt niemand. Geheime Kommandosache! Schon auf fahrlässige Verletzung der Schweigepflicht steht die Todesstrafe, die – man kann es wohl mit Sicherheit annehmen – jene beiden Männer traf, die ihr Schicksal in die eigene Hand nehmen wollten …

Trotz einiger Panikszenen steht die Besatzung der *Bismarck* ihren Todeskampf mit unglaublicher Disziplin durch. Im Trommelfeuer werden die Verwundeten geborgen, die Versprengten finden sich mit oder ohne Befehl an den improvisierten Sammelstellen ein, jeder greift zu, schleppt Munition, kühlt die heiß geschossenen Geschützrohre mit dem Feuerlöscher, kommt eingeschlossenen Kameraden zu Hilfe, tritt, die Toten ablösend, an neue Gefechtsstationen, die im Feuer der nächsten, spätestens der übernächsten Feindsalve bersten müssen.

Wo Vorgesetzte fallen, übernehmen oft blutjunge Gefreite, nur durch ihren Mut und ihre Entschlossenheit dazu legitimiert, die Kommandos, bis ein Offizier sie wieder ablöst. Zum Tode verurteilt, auf knappstem Raum nebeneinander stehend, von Gefallenen umgeben, im Hagel der feindlichen Geschosse demonstrieren die *Bismarck*-Fahrer eine erschütternde Kameradschaft, die sich turmhoch über den patriotischen Schwulst mancher Kriegsberichte erhebt.

Vom vorderen Lazarettzwischendeck aus führt Kapitänleutnant Werner Nobis einen Trupp freiwilliger Hilfssanitäter an. Das Feindfeuer hat etwas nachgelassen.

»Los!«, schreit er und zwängt sich als Erster durch den Ausstieg. Sechs Männer folgen. Die feindlichen Einheiten sind so nahe herangekommen, dass sich ihre Silhouetten deutlich vom Horizont abheben. Nobis kommt nicht weit. Neben dem Flakgeschütz liegt ein Oberfähnrich mit bleichem, verzerrtem Kindergesicht.

»Peters!«

»Mich hat's erwischt, Herr Kaleu ... Beide Beine ab.«

»Ich trag Sie hinunter.«

»Lassen Sie, Herr Kaleu ... Das hat keinen Sinn mehr.«

Mein Gott, was soll ich tun, denkt Nobis, wie kann ich helfen? Zwei Meter neben Peters liegt ein anderer Verwundeter, der in regelmäßigen Abständen schreit und der vielleicht noch zu retten ist.

»Haben Sie eine Zigarette?«, fragt Peters.

Nobis zündet sie an und schiebt sie dem Oberfähnrich in den Mund.

»Ich hab's gewusst, dass es mich erwischt ... Schauen Sie sich das an.«

»Ich bring Sie weg.«

»Es ist gleich vorbei«, murmelt Peters. Seine Stimme ist so schwach, dass Nobis sich dicht über ihn beugen muss, um ihn zu verstehen. »Herr Kaleu ... Sie kommen durch ... Ich weiß das. Wenn einer ... da herauskommt ... dann sind Sie es. Hören Sie ... Es ist alles so furchtbar.«

Er stöhnt, wimmert. Seine fiebrigen Augen werden starr.

»Grüßen Sie ... meine Mutter«, röchelt er. Seine weit aufgerissenen Augen sind schon glasig. Die Zigarette klebt zwischen seinen erstarrenden Lippen.

»Der ist tot, Herr Kaleu«, ruft ein Mann vom Bergungstrupp. Ein paar Sekunden lang glaubt Kapitänleutnant Nobis ersticken zu müssen. Der Druck im Hals, das Würgen, das Schlingen, die Trockenheit ... Dieser zerschossene Zwanzigjährige, der Gruß an die Mutter! Alles dreht sich. Vom Magen kriecht Übelkeit hoch, das blutige Karussell dreht sich weiter. Körperteile, Schreie, Wimmern, berstende Granaten, Kommandos!

Dazwischen eine Stimme, vorwurfsvoll … Deinas Stimme: »Ich hab es ja gewusst. Ich habe es dir gesagt. Es ist ein Wahnsinn, was du tust.«

Und wieder die sterbenden Kameraden, Schreie, Granaten, die Stimme der Vernichtung …

Der Kapitänleutnant richtet sich auf, dreht sich nach dem Gefreiten um.

»Verdammte Scheiße!«, brüllt er.

Die *Bismarck* brennt und schießt. Die Deckaufbauten sind geborsten, zwei Geschütztürme ausgefallen, die improvisierten Lazarette überfüllt, die Medikamente aufgebraucht. Siebenhundert oder mehr Tote an Bord – wer wollte sie zählen? Hunderte von Verwundeten schreien, stöhnen oder verzweifeln lautlos.

Dem Ersten Offizier Öls riss ein Volltreffer den Kopf weg. Admiral Lütjens ist tot. Der Kommandant aber steht noch auf der Brücke im Kommandostand.

Das Feuer des Feindes wird stärker. Treffer über Treffer! Panzerplatten werden durch die zahllosen Brände glühend, gleich muss die Hitze die Munitionskammern erreichen – die Munition entzünden. Der Rest ist Sterben …

Oben brennt der Koloss, oben bersten die Granaten und sterben die Männer – aber unten ist alles intakt. Unten brennt das Licht noch, funktioniert das Telefon, arbeiten die Turbinen, glimmen Zigaretten, kursieren Gerüchte, plätschern Gespräche. Einschläge der Granaten hört man wie aus weiter Ferne. Sie sind von den eigenen Abschüssen kaum zu unterscheiden. Abschuss oder Einschlag: Jeder kann heraushören, was er will.

Die Temperatur ist normal. Die Entlüftungsschächte arbeiten. Die Ruhe, die Ordnung, die Gelassenheit sind gespenstisch. Die Offiziere wissen natürlich, wie es um die *Bismarck* steht, aber sie würgen ihre eigenen Empfindungen hinunter und verbreiten Zweckoptimismus. Aus dem Gefechtstelefon kommen in knapper militärischer Sprache Situationsberichte über die Kampfhandlungen. Aber die Offiziere und Unteroffiziere geben sie ganz anders weiter, als sie sie empfangen.

Was sich oft nur wenige Meter von ihnen entfernt abspielt, weiß man in den unteren Decks nicht – oder will es nicht wissen. Über 2.400 Mann sind auf dem Schiff. Und zuerst kommen die in den oberen Decks dran. Aber der Krieg hat die andern nicht vergessen. Er hat sie sich für den Schluss aufgespart.

Die Männer in den Maschinenräumen freunden sich mit der unnatürlichen Stille an. Ab und zu dreht einer durch und schreit. Aber die andern stopfen ihm schnell den Mund. Sie reden sich gegenseitig zu. Einzelne verabschieden sich voneinander, tauschen Briefe aus, zeigen sich noch einmal die Fotografien der Angehörigen, notieren Telefonnummern oder albern miteinander herum. Man begegnet dem Tod am besten, wenn man ihn ignoriert. Die Matrosen wissen, dass sie ihm nicht nachzulaufen brauchen. Er wird von selbst auf sie zukommen.

Aber wann, um Himmels willen …?

Ein Glück, dass die Kommandostränge noch intakt sind! Sie verbinden auf unnatürliche, unheimliche Weise die unteren Decks mit der Schlacht. Wenn man nur weiß, was kommt, dann kann das Kommende nicht mehr so schlimm sein, denkt man, sagt man, redet man sich ein.

»Du kannst erzählen, was du willst«, sagt der Gefreite Lauchs, »hier unten ist es direkt gemütlich.«

»Wie im Luftschutzkeller«, entgegnet Mößmer.

»Und halten tut er auch noch, da können sich die Tommys mit ihren Scheißgranaten die Zähne ausbeißen.«

»Wie lange geht das jetzt schon?«, fragt Pollack.

»Weiß ich nicht«, antwortet Lauchs. »Frag Link, der hat 'ne Uhr ergattert.«

»Na, wie lange ist es noch bis zu deiner Ferntrauung?«

»Eine halbe Stunde vielleicht.« Der Gefreite ist still und blass, als ob er einen Kater hätte. Aber einen Kater haben sie alle heute. Alle wirken still und blass. Alle versuchen, ihre Gedanken zu beherrschen, und werden doch von ihnen beherrscht.

»Einen schönen Polterabend hast du hinter dir«, fährt Mößmer fort.

»Hört doch endlich auf mit dem Quatsch!« Link ist gereizt, obwohl er sieben Tage Zeit hatte, sich an zweideutige Redensarten zu gewöhnen.

»Die Hochzeitsnacht kannst du im Wasser feiern, Kumpel.«

»Ich lad euch alle ein dazu. Aber vergesst nicht, das Badezeug mitzubringen!«

»Wie ist das mit den Meerjungfrauen? Ob da was zu machen ist? Was meint ihr, Freunde?«

»Dir wird's auch noch vergehen«, fährt ihn Pollack an.

Auf seiner Inspektionsrunde betritt der Zweite Divisionsoffizier, Leutnant Herzog, den Maschinenraum.

»Wie steht's oben, Herr Leutnant?«, stürmt man von allen Seiten auf ihn ein.

»Na, prima … Habt ihr Sorgen?«

»Nein«, erwidert Lauchs, »Sorgen nicht. Nur Langeweile.«

»Noch eine Stunde, dann könnt ihr wieder Skat dreschen.«

»Wenn die Karten nicht in die Luft geflogen sind bis dahin.«

»Stecken Sie sie in die Tasche, dann können Sie im Himmel weiterspielen.«

»Damit treibt man keine verdammten Witze, Herr Leutnant.«

»Na, Mann, nur nicht gleich so aufgeregt … Wir sind doch nicht von der Heilsarmee.«

»Besser, wir wären's«, fällt Mößmer ein.

»Wie sieht's denn nun wirklich oben aus?«, fragt Lauchs wieder. Der junge Offizier, der genauso verdreckt aussieht wie seine Mannschaft, zuckt mit den Schultern.

»Können Sie sich doch denken«, sagt er dann verdrossen, »beschissen wäre noch zu wenig.«

»Und die Tommys?«

»Die werden gerade frühstücken. Der Teufel soll sie holen.«

»Den Gefallen wird er uns nicht tun«, entgegnet Lauchs.

Das Gespräch flaut ab. Plötzlich ist es still. Nur das Schlingern und Stampfen ist zu spüren. Die Männer sehen sich an. Jeder bemerkt die flackernden Blicke des andern, jeder denkt dasselbe. Pollack schreit es hinaus:

»Jetzt sprengen sie … jetzt lassen sie uns hier absaufen wie die Ratten! Aus ist es! Die kümmern sich einen Dreck um uns. Wir können ja hier verrecken!«

»Ruhig, Mann!«, fährt ihn der Leutnant an. »Merken Sie nicht, welchen Unsinn Sie verzapfen? Ist doch noch alles intakt. Telefon geht doch noch.«

»Warum schießen sie nicht mehr?«, fragt Link.

»Vom Sprengen ist überhaupt nicht die Rede«, erwidert Leutnant Herzog. »Und wenn gesprengt wird, dann dauert das mindestens eine halbe Stunde. Dann wird unten gesprengt und nicht oben. Ihr alle habt noch Zeit, um gemütlich auszusteigen. Kapiert?«

»Hoffentlich haben Sie Recht«, antwortet Lauchs.

Das Telefon! Ein Maat hat den Hörer in der Hand. Der Leutnant nimmt ihn, meldet sich. Alle starren ihn an. Das Gespräch ist kurz. Der Leutnant hängt ein.

»Na ja«, sagt er, »wen zieht es hinauf?«

»Alle.«

»Wer hat Sanitätsausbildung?«

»Alle«, sagt Lauchs noch einmal.

Der Leutnant überlegt einen Augenblick, wendet sich dann an den Maat: »Wie viele Leute können Sie im äußersten Fall entbehren?«

»Drei.«

Der Offizier sieht von einem zum andern.

»Ist kein Vergnügen … Los, Lauchs und Mößmer, machen Sie sich fertig! Wen nehmen wir noch?«

»Vielleicht Link zur Feier des Tages?«

Link nickt.

»Herrschaften, keinen langen Abschied … Sehn uns alle noch!«

Die drei Männer gehen wortlos …

Die *Bismarck* gibt nur noch einzelne Schüsse auf die *King George V* ab. Die *Rodney* wird überhaupt nicht mehr beschossen. *Norfolk* und *Dorsetshire* kommen dem deutschen Flottenflaggschiff näher. Vorübergehend müssen die britischen Einheiten das Feuer einstellen, da der Pulverqualm die Trefferbeobachtung unmöglich macht. Der Kommandant der *Rodney*, Kapitän Dalrymple-Hamilton, dessen Sohn Fähnrich auf der *King George V* die Frontbewährung absolviert, entschließt sich aus eigener Initiative, auf Gegenkurs zu gehen, um die *Bismarck* mit der ganzen Breitseite von vorn anzugreifen.

Jetzt steht die *Rodney* dem Feind am nächsten, und das deutsche Flottenflaggschiff richtet ihr unregelmäßiges Feuer auf sie. Einige Salven liegen bedrohlich nahe.

Aber die Briten brauchen nichts mehr zu fürchten. Durch das Glas können es die Artillerieoffiziere beobachten. Gleich wird die *Bismarck* ganz verstummen. Dann werden die Torpedos für den Todesschuss fertig gemacht.

Das Gefecht dauert schon fast zwei Stunden. Es ist unglaublich, was das deutsche Flaggschiff aushält. Die Briten trommeln aus allen Rohren. Der Koloss muss doch sinken! Verflucht, woraus ist er nur gemacht? Haben die Deutschen denn anderen Stahl als wir? Ist denn ihr Stahl stärker als unsere Granaten? Warum wehren sie sich überhaupt noch? Das ist doch aussichtslos! Muss doch drunter und drüber gehen auf der anderen Seite. Laufend kommen die Meldungen: Brandbeobachtung achtern, am Vormars, an der Gösch, mittschiffs. Volltreffer in den Deckbauten.

Das Feuer liegt tadellos. Nichts auszusetzen. Pausenlos bohren sich die Granaten in die Panzerhaut.

Admiral Tovey ist entschlossen, so schnell wie möglich Schluss zu machen. Die verdammte Ölnot! Die Meldungen sind bestürzend. Mit Granaten ist da nichts mehr auszurichten.

Die Torpedos werden klargemacht.

Zehn Minuten Weg hat Else Birken, die Braut des Matrosengefreiten Link, zur Gemeindekanzlei. Hätte sie doch noch mit der Trauung warten sollen, bis er in Urlaub kommt? Mein Gott, wie ganz anders hatte sie sich diesen Tag vorgestellt! Jetzt, da es endlich so weit war, wurde sie traurig. Ein weißes Kleid wollte und sollte sie haben, wie die anderen auch. Kinder sollten die Schleppe halten, und nach der kirchlichen Trauung sollte der junge Ehemann Kleingeld unter die Jugend werfen, dann zum Fotografen, ernst lächeln auf dem Bild, das ein Leben lang über dem Sofa in der guten Stube hängen würde …

Wie es sich gehört …

Ist ja alles Unsinn, sagt sich Else, so etwas geht im Frieden. Jetzt ist eben Krieg. Andere kommen überhaupt nicht zum Heiraten. Wenn der Krieg aus ist, dann wird für sie gesorgt sein. Hans würde dann das Lebensmittelgeschäft seines Vaters übernehmen. Viel war nicht zu verdienen. Aber für zwei, drei oder vier würde es reichen.

Wir sind Kindsköpfe, grübelt Else weiter. Wir hätten ja noch warten können. Pressiert ja gar nicht. Die Leute machen schon Witze und ahnen nicht, wie dumm und grundlos die Witze sind. Wenn er nun nicht zurückkommt?

In den Zeitungen wimmelt es von *Bismarck*-Artikeln. Er wird kommen, sagt sie sich. Er muss kommen! Und dieser verfluchte Krieg, der sich zwischen unser Glück gestellt hat, wird auch einmal vorbei sein.

Lächerlich, dieser leere Stuhl neben ihr. Der Bürgermeister steht auf und beginnt seine Ansprache:

»Geehrtes Brautpaar«, fängt er an, und die Anwesenden verbeißen sich das Grinsen. Dann erzählt der biedere Mann etwas von Vaterland, Pflicht und von Volksgemeinschaft. Else hört gar nicht richtig hin. Aus dem Radio, aus jeder Zeitung kommt seit acht Jahren dieser Schwall; ihre Gedanken sind ganz woanders. Der Bürgermeister kennt seine Rede auswendig. Na ja, stumpft eben ab. Über ihm hängt ein Hitlerbild. Die Sonne beleuchtet die linke Seite. Das Licht trägt auf, als ob der Mann, dessen Konterfei in jeder Kneipe, in jeder Schule, in jedem Büro hängt, eine geschwollene Backe hätte.

Würde gut zu seiner Stimme passen, denkt Else eine Sekunde flüchtig.

Dann hat sie ihre Gedanken wieder in der Hand und zwingt sich zuzuhören.

Sie unterschreibt zum ersten Mal in ihrem Leben mit dem Namen Link. Danach umarmt sie ihre Schwiegereltern.

Dass Else Birken in dieser Stunde Witwe ist, bevor sie noch zur Frau wurde, weiß sie nicht. Sie hat einen Toten geheiratet, lange bevor es im Verlauf dieses Krieges Mode wurde, Tote zu heiraten ...

Zuerst war alles ganz leicht für Lauchs, Link und Mößmer. Die Gänge beleuchtet, der Weg klar, keine Unordnung, keine Panik. Dann begegneten sie den ersten Verwundeten, stiegen durch die verbeulte Luke, gewöhnten sich an den Qualm, an den Gestank, stolperten über Rohre, herabhängende Leitungen, kämpften mit der Finsternis, mit der Angst, lernten, über Tote zu steigen, sahen das Chaos und erfassten es nicht.

Auf einem der oberen Decks fanden sie einen Gefreiten, der hilflos an der Schottwand kauerte.

»Was ist los, Mann?«, fragte Lauchs.

»Beide Fersen ab.«

»Ist doch nicht so schlimm. Wir schleppen dich zum Verbandsplatz.«

»Verbandsplatz?«, klagte der Gefreite. »Kein Verbandszeug mehr. Nichts mehr da. Geschlossen.«

»Unsinn. Wenn du hierbleibst, gehst du drauf.«

»Ich will ja draufgehn.«

Sie schleppten den Mann ein paar Meter mit, aber er sträubte sich verzweifelt.

»Lasst ihn«, sagte Lauchs schließlich.

Bald darauf begriffen sie, wie Recht der Verwundete hatte ...

Sie stoßen auf einen Notverbandsplatz. Lauchs geht auf einen Stabsarzt zu.

»Wo sollen wir uns melden?«, fragt er.

»Meldet euch, wo ihr wollt«, entgegnet der Offizier barsch. Er arbeitet im Hemd. Die Haare hängen ihm ins Gesicht. Er keucht vor Anstrengung. Er flucht. Wenn er aber mit den Verwundeten spricht, schlägt seine Stimme jäh um, wird weich, fast zärtlich. Unbeholfen stehen die drei herum, versuchen wegzusehen, müssen doch hinsehen.

»Ich kann nicht mehr«, sagt Link. »Ich kann keinen Schritt mehr gehen. Ich kann nichts mehr sehen. Aufhören! Hört doch auf mit diesem Unsinn!«

»Reiß dich zusammen«, fährt Mößmer ihn an.

»Es geht nicht mehr«, stöhnt Link.

Die britische Artillerie nimmt das Feuer wieder auf. Ein Mann fuchtelt mit der Taschenlampe herum.

»Gleich ist das Notlicht da«, ruft ein Feldwebel.

»Wie viel Morphium haben wir noch?«, fragt ein Arzt.

»Lassen Sie den liegen, der ist tot. Los, steht nicht wie die Ölgötzen da«, fährt er im nächsten Augenblick Mößmer an, »tragt ihn raus!«

»Wohin?«

»Wo Platz ist!«

Link ist am Ende. Mößmer schreit ihn an, aber er reagiert nicht. Da flammt das Notlicht auf. Der Gefreite murmelt etwas vor sich hin. Er merkt gar nicht, dass er betet. Er betet laut. Wieder und wieder, bis die Worte einen Sinn bekommen, für ihn und für die anderen, die um ihn herumstehen. Er erschrickt vor seiner eigenen Stimme, stockt, als ob er sich schämen würde, und spricht dann laut und deutlich:

»Vater unser, der du bist im Himmel, geheiligt werde dein Name ...«

Ein Verwundeter schreit. Laut. Gellend. Verzweifelt.

»Nein«, brüllt er, »ich lass mir das Bein nicht abschneiden!«

»Zu uns komme dein Reich, dein Wille geschehe, wie im Himmel, also auch auf Erden ...«

Einschlag. Detonation. Schreie. Durcheinander. Fluchen.

»Halt's Maul!«, brüllt Mößmer. »Halt's Maul!«

»Lass ihn!«, fährt Lauchs ihn an.

»Unser täglich Brot gib uns heute, und vergib uns unsere Schuld, wie auch wir vergeben unseren Schuldigern.«

»Er macht uns alle noch verrückt«, brüllt Mößmer weiter.

Aber auf einmal steht er allein. Der Spott, die Angst, die Scham sind verflogen. Verwundete wimmern, heisere Befehle dringen von außen herein. Aber einen Augenblick, einen ganz kurzen, einen ganz seltenen Augenblick lang wächst die Selbstbesinnung über alles hinaus. Plötzlich verwandelt sich der enge Notverbandsplatz in einen Andachtsraum. Das Gebet erhebt sie über den Dunst des Raumes. Über die Angst. Über den Tod. Über diese Hölle…

»Führe uns nicht in Versuchung, sondern erlöse uns von dem Übel. Amen.«

Links Stimme ist fester geworden. Jetzt hat es Mößmer gepackt.

»Und dabei segnen sie die Waffen hüben wie drüben.«

Lauchs legt den Arm um ihn. Der frivole Bursche, dessen Lebensvorstellung zwischen Alkohol und billigen Frauen, zwischen Essen und Witzereißen pendelt, wächst über sich hinaus, reißt sie mit seiner Selbstbeherrschung, mit seiner Stimme mit.

»Hör«, sagt er, »wenn es einen Gott gibt, werden den Schuldigen eines Tages die Hände dafür wegfaulen. Verlass dich drauf.« Er dreht sich zu Link um: »Kommst du jetzt mit?«

»Ja«, sagt Link.

Es geht alles blitzschnell. Lauchs ist der Erste, ihm folgen Link und Mößmer. Sie haben das Entsetzen überwunden.

»Hier«, sagt Lauchs, »hier müssen wir zuerst zugreifen.«

Sie stehen dicht nebeneinander. Eine Granate jault heran. Die drei werfen sich zu Boden. Die Granate schlägt genau in ihrer Mitte ein. Volltreffer.

Den dreien, die vom Maschinenraum aus aufgebrochen waren, um verwundeten Kameraden zu helfen, ist nun selbst nicht mehr zu helfen…

Der Obergefreite Penzlau gehört zu den Männern, die keine Deckung mehr suchen, die stumpfsinnig umhersitzen und auf das Ende warten. Er kauert neben einem Toten, lehnt sich zurück, schließt die Augen, hört auf die Einschläge. Aber während um ihn herum der Tod die Kameraden dahinmäht, die Deckung suchen, wird er von den Splittern verschont, zunächst noch.

Als er nach oben gekommen war, trat sein Verstand einfach weg. Er sah alles wie durch einen blutigen Schleier. Er stolperte nur vorwärts, hörte Kommandos, ohne darauf zu reagieren. Er lernte, angewidert über Tote zu klettern. Er suchte nach einem Platz, und er fand ihn, um dort auf das Ende zu warten. Penzlau hat sich niemals Gedanken über den Krieg gemacht. Er kam nach seiner Grundausbildung gleich auf die *Bismarck* und ließ sich, ebenso wie seine Kameraden, mit Siegeszuversicht füttern. Er hatte nichts gegen die Engländer, konnte schon deswegen nichts gegen sie haben, weil er sie gar nicht kannte. Und was er gelegentlich in den Zeitungen als Gräuelmärchen vorgesetzt bekam, ließ ihn kalt; er las es meistens nicht.

Aber jetzt, inmitten des Durcheinanders, auf den Trümmern ehemaliger Pracht, in diesen endlos scheinenden Minuten, die seinem letzten Atemzug vorausgehen, hasst er die Briten geradezu mit Inbrunst. Nicht weil sie die *Bismarck* zusammenschießen, nicht weil sie mit nie dagewesener Übermacht heranrücken, nicht weil sie ihre todbringenden Salven aus sicherer Entfernung herüberschicken, nein … weil sie sich so viel Zeit lassen, weil alles so langsam geht, weil sie die *Bismarck* beinahe stückweise systematisch zerschlagen, statt rasch ein Ende zu machen.

Wer sollte vom Obergefreiten Penzlau auch verlangen, dass er in dieser Minute gerecht denkt? Er konzentriert seinen ganzen Hass auf den grauenvollen Krieg ganz einfach auf den nächsten Feind – die Tommys. Da sitzt er nun und wartet, gefühllos, ausgebrannt, versteinert, stumpfsinnig – wartet auf den Tod.

Aber der Tod kommt nicht, will nicht kommen, denn er greift sich andere, die vor ihm davonlaufen wollen. Den Obergefreiten Penzlau hebt er sich noch auf. Er hat noch etwas mit ihm vor. Einen besonderen Schmerz, eine letzte Qual.

»Kumpel, komm doch mit!«, ruft ihm Bauer II zu.

»Nein.«

»Willst du denn nicht nach Haus?«

»Nach Haus?«, entgegnet Penzlau verächtlich, »nach Haus?«

Das Stichwort ist gefallen. Jetzt tut es fürchterlich weh. Er macht die Augen auf und sieht doch nichts. Seine Gedanken jagen zurück, blitzschnell, zum letzten Urlaub. Acht Tage Sonderurlaub, weil er seinen Kram am besten in Ordnung hatte. Ganz überraschend. Gott, wie er in der Eisenbahn saß! Wie ihm die Lokomotive zu langsam fuhr, und wie er endlich nach stundenlanger Fahrt in der kleinen schlesischen Heimatstadt ankam.

Zwanzig Minuten Weg. Er schaffte es in zehn. Er hastete mit seltsamen Sprüngen vorwärts. Ein Feldwebel meckerte ihn an, weil er nicht gegrüßt hatte. Aber er nahm diesen Anschiss im Vorbeigehen, ohne sich weiter darum zu kümmern, und der Portepeeträger hatte keine Lust, ihm nachzusetzen.

Penzlau wollte zu Erna, zu seiner hübschen jungen Frau, mit der er dem Trauschein nach seit eineinhalb Jahren, wirklich aber seit kaum drei Wochen, verheiratet war. Gott, wie sie überrascht sein würde! Sie lag sicher im Bett und schlief, und es würde lange dauern, bis sie aufwachte und schlaftrunken öffnete. Sie hatten am Stadtrand eine gemütliche kleine Zweizimmerwohnung, von der der Obergefreite träumte, wenn immer ihm der Dienst dazu Zeit ließ.

Keuchend stand er vor seiner Haustür. Er zögerte ein wenig, um nicht so kurzatmig vor seiner Erna zu stehen. Das Glück durchrieselte ihn heiß und stürmisch, als er auf den Knopf der Klingel drückte. Seine Wohnung lag im zweiten Stock. Gedämpft konnte er das Glockenzeichen hören. Er setzte ab. Erna sollte nicht erschrecken. Noch einmal drückte er auf den Knopf. Sie sollte nicht zu plötzlich aus dem Schlaf gerissen werden. Nichts. Noch einmal.

Wieder nichts. Überhaupt nichts.

Das ging doch nicht mit rechten Dingen zu. Das ganze Haus musste von dem Lärm aufwachen. Und es erwachte auch. Frau Meierling aus dem ersten Stock steckte ihren Wuschelkopf aus dem Fenster. Sie sah gespenstisch aus im Mondlicht, mit den glitzernden Lockenwicklern im Haar.

»Was ist denn los?«, fragte sie unwillig. Dann erkannte sie Penzlau. »Ach, Sie sind das … Warten Sie, ich mach Ihnen auf.«

Er nahm die Treppe in wenigen Sätzen.

»Meine Frau?«, fragte er keuchend.

»Kommen Sie herein«, antwortete Frau Meierling, »setzen Sie sich. Hier, ich habe noch eine Zigarette für Sie, und einen Schnaps gebe ich Ihnen auch.«

»Was ist denn los?«

Sie sah ihn ernst und mitleidig an, ohne zu antworten. Dann wandte sie sich ab, hantierte an der Schnapsflasche herum, schenkte ein, goss ein paar Tropfen daneben auf die hochglanzpolierte Tischplatte. Sie bemerkte es nicht einmal. Wenn sie das nicht bemerkte, musste sie ziemlich durcheinander sein, stellte Penzlau mechanisch fest.

»Ich sag's Ihnen nicht«, entgegnete Frau Meierling. »Ich kann's Ihnen einfach nicht sagen.«

»Was denn?«, fragte Penzlau. Ein scheußliches Gefühl kroch ihm langsam den Rücken hoch. Sein Mund wurde trocken und schal. Er griff gedankenlos nach dem Schnaps, aber es half nichts, der schale Geschmack blieb.

»Wo ist meine Frau?«, fragte er noch einmal.

»Ich sag's Ihnen nicht«, antwortete Frau Meierling, und in demselben Augenblick begann sie, es zu erzählen. Dass Erna in einer Nachtbar arbeitete, seit Wochen schon, dass sie immer sehr spät nach Hause käme, dass Männer sie bis vor die Tür brächten, meistens Soldaten, und dass in letzter Zeit ein Zivilist da sei, ein stattlicher, großer Mann, dass er auch mit Erna bis vor die Haustür gekommen sei, dass sie lange im Eingang gestanden hätten, und dass sie, Frau Meierling, jedes Wort mitgehört hätte, und dass die beiden dann …

»Nein, ich sag's Ihnen nicht, Herr Penzlau«, sagt die Frau noch einmal.

Der Obergefreite hörte es nicht mehr. Er sprang auf, verabschiedete sich gar nicht, ging wieder zurück, die lange dunkle Straße entlang, nicht mehr so schnell wie vor Minuten, nicht mehr so zielstrebig, obwohl er ein Ziel hatte: die Kakadu-Bar. Der Portier betrachtete ihn argwöhnisch. Gewöhnliche Soldaten kamen nur selten in das kostspielige Etablissement. Penzlau gab seinen Mantel ab und ging über einen schmalen Gang. Dicke Läufer dämpften seine Schritte. An der Wand hingen Spiegel. Sie zeigten das unnatürlich blasse Gesicht eines deutschen Marinesoldaten. Er durchquerte den Raum.

Grell geschminkte Mädchen saßen an den Tischen und unterhielten sich mit Offizieren, die ihn ebenso misstrauisch musterten wie der livrierte Portier.

Penzlau fand in dem Etablissement die kleine Bar mit nachtwandlerischer Sicherheit sofort. Zwei Mädchen waren hinter der Theke, die rechte war Erna. Sie saß auf einem Hocker, hatte die Beine übereinandergeschlagen und rauchte aus einer langen Spitze. Sie trug ein Kleid, das Penzlau noch nie gesehen hatte, ein dünnes, tief ausgeschnittenes rotes Seidenfähnchen. Sie unterhielt sich mit einem Mann, der sich weit zu ihr hinüberbeugte. Sie klopfte ihm auf die Finger, aber der Mann lächelte. Es war ein zufriedenes Lächeln.

»Was darf ich Ihnen anbieten?«, fragte sie gewohnheitsmäßig.

Dann erkannte sie ihn. Ihr maskenhaftes Lächeln verkrampfte sich, die Zigarettenspitze zitterte. Sie erschrak. Penzlau sah das sogar noch bei diesem kunstvoll gedämpften Licht, das eigens dafür geschaffen war, blasse Gesichter zu beleben.

»Du bist es«, sagte sie. Ihre Stimme klang rau. Sie hantierte nervös an einem silbernen Mixbecher herum; aber niemand hatte einen Cocktail bestellt.

Der Mann, der Erna gegenübersaß, hatte es plötzlich sehr eilig. Er stand auf und verabschiedete sich kurz, zahlte nicht einmal.

Er sah an dem Matrosenobergefreiten vorbei, als ob er ein schlechtes Gewissen hätte. Er machte zuerst langsame Schritte, und als er sich ein paar Meter entfernt hatte, stürmte er förmlich dem Ausgang entgegen.

»Warum hast du mir nicht geschrieben, dass du Urlaub hast?«, fragte Erna.

»Warum hast du mir nicht gesagt, dass du in einer Nachtbar arbeitest?«

»Ich muss doch etwas tun … Es war so langweilig. Es ist doch nicht auszuhalten, immer nur zwischen den vier Wänden.«

»Früher hat es dir dort gut gefallen.«

»Früher«, erwiderte sie, »früher, da war auch alles ganz anders.«

»So«, sagte er. Es klang dumpf und verzweifelt.

Er musste drei Stunden warten. Er musste mit ansehen, wie die Offiziere an die Bar gingen, ihn geringschätzig musterten und seiner Frau fade Dinge sagten. Er beobachtete ihr Lächeln, die Art, wie sie die Beine übereinanderschlug, sich verbeugte, wie sie mittrank. Er hörte die albernen Barslogans und die Gemeinplätze. Und er dachte, das ist nicht Erna, meine Frau. Das ist eine andere geworden. Das ist eine Frau, mit der ich nichts mehr zu tun haben will.

Sie gingen nebeneinander durch den kalten Morgennebel und sprachen nichts. Erna sperrte auf. Der Schatten von Frau Meierling verschwand vom Fenster. Sie gingen die Treppen hinauf und waren in ihrem Reich. Aber dieses Reich hatte inzwischen ein anderer erobert.

Die Woche verging träge und langsam. Ein paarmal spielte der Obergefreite Penzlau mit dem Gedanken, sofort zurückzufahren. Aber die Kameraden sollten es nicht merken. Er wollte die Schande in sich hineinfressen.

Sie brachte ihn zum Bahnhof, stand am Zug und trippelte ungeduldig mit den Beinen, als ob sie es nicht erwarten könnte, dass er endlich abfuhr. Sie sagten sich Belanglosigkeiten. Sie sagten sich nicht, was beide wussten. Dass sie sich nichts mehr zu sagen hatten. Dass alles aus war.

Der Zug fuhr ab. Penzlau starrte zum Fenster hinaus, solange er Erna sehen konnte. Er beobachtete, wie sie sich umdrehte und hastig zur Sperre zurücklief.

Dann kam er zurück zur *Bismarck,* und es ging auf die erste Feindfahrt. Penzlau war fast erlöst, als er das hörte.

»Los!«, schreit ihn Bauer II noch einmal an, »sitz doch nicht hier wie bestellt und nicht abgeholt! Du kannst wohl nicht erwarten, bis du krepierst!«

Der Obergefreite schüttelt mit einem Ruck die Erinnerung ab. Er sieht auf die herumliegenden toten Kameraden, die auf einmal in wahnsinnigem Tempo mit verzerrten, grinsenden Gesichtern um ihn zu kreisen scheinen. Er sieht durch den blutigen Schleier hindurch, presst die Lippen zusammen und betrachtet fast neugierig die Sprengwolken der Granaten. Er sieht zu, wie andere links und rechts von ihm sterben.

»Meine Frau«, sagt er, »... und das war meine Frau«, murmelt er vor sich hin.

Es dauert genau noch sechsundvierzig Minuten, bis der Obergefreite Penzlau ausgelitten hat.

Volltreffer.

Es bleibt fast nichts mehr von ihm übrig…

Klebrig und träge rinnt das Blut nach unten, durch Luke und Niedergänge in die Zwischendecks, sammelt sich zu grässlich farbigen Pfützen; das Blut der Gefallenen, der Sterbenden, Verstümmelten, Amputierten… das Blut der Offiziere, Unteroffiziere und Matrosen, die zu Dutzenden, zu Hunderten durcheinanderliegen, zwischen den aufgerissenen Geschützrohren, mit wachsbleichen Gesichtern und aufgerissenen, starren Augen. Mitunter schickt das Meer einen Brecher, wischt das Salzwasser die Lachen weg, reißt die Woge einen Stapel Toter mit sich.

Die Männer, die von unten aus ihrer elektrisch beleuchteten, beheizten Gespensterwelt nach oben kommen, schreien, entsetzen und übergeben sich, flüchten zurück… dorthin, wo es bestimmt keinen Ausweg gibt. Aber wo gibt es ihn denn?

Weiter donnern die britischen Geschütze, jaulen die Granaten heran. Weiter fangen blutjunge Matrosen die Granatsplitter mit ihrem Körper auf, sacken lautlos zusammen, fallen in den Tod. Der Gefreite Grabler ist in der Kantine auf eine Gruppe Versprengter gestoßen. Stühle und Tische sind umgeworfen. Die Kasse liegt am Boden, blutverschmierte Geldscheine ringsum verstreut.

Ein Maat bückt sich, hebt sie auf, steckt sie ein. Er grinst irr vor sich hin, zählt dann das Geld. Wozu? Kann er das Geld noch gebrauchen? Jetzt, wo kaum noch Zeit ist zum letzten Gebet? Die Männer, sechs oder sieben sind es jetzt, gehen nach oben, finden den Ausstieg. Die Vorderen wollen umkehren, die Hinteren drängen nach. Die Engländer haben eine kurze Gefechtspause eingelegt.

»Los jetzt!«, brüllt Grabler. »Seid nicht feige. Wir müssen hinauf.« Der Maat an der Spitze dreht sich um mit verzerrtem Gesicht. »Dann geh du voran!«, stammelt er heiser.

Grabler klettert an den Eisensprossen hoch, kriecht durch das enge Luk, schließt die Augen, macht sie auf, starrt auf die Berge von Toten, die vor ihm liegen, aufeinandergepackt wie Kommissbrote. Tote, von Granaten zerfetzte, gefallene Kameraden. Grabler hastet weiter. Er stolpert über Glieder. Schauriges Bild. Ein Kopf allein. Weit aufgerissene Augen. Grabler sieht das, wendet sich ab, starrt wieder hin. Dann dreht er durch, rennt auf den nächstbesten Menschen zu, einen Oberleutnant, greift ihn mit der rechten Hand, schüttelt ihn hin und her, brüllt, brüllt und brüllt:

»Ihr hundsgemeinen Mörder! Ihr Schweine! Das könnt ihr! Sonst nichts! Seht's euch an. Da habt ihr euren Krieg! Mörder, verfluchte… Getreu bis in den Tod!« Seine gellende Stimme überschlägt sich.

»Mann, reißen Sie sich zusammen!«, fährt der Offizier ihn an. Granate. Beide werfen sich zu Boden. Der Offizier zum letzten Mal. Er hat Glück gehabt, ist auf der Stelle tot. Grabler liegt bewusstlos.

Die Männer, die mit ihm aus der Kantine gekommen sind, heben ihn behutsam auf. Der Schmerz bringt den Gefreiten wieder zu sich. Er macht die Augen auf.

»Passt doch auf«, röchelt er, »es tut so weh.«

Dann starrt er auf seinen blutenden Armstumpf, sieht am Boden seinen rechten Uniformärmel liegen – die zur Faust geballte Hand ragt raus, mit der er vor Sekunden noch den Offizier hin und her geschüttelt, die er tausendmal zum so genannten deutschen Gruß gestreckt hat. Er wird sie nie mehr zum Hitlergruß erheben können. Und in einer Stunde wird er ein Toter sein, einer von vielen, einer unter dem Berg der anderen.

Tot, verblutet, weggespült… das Schicksal der Besatzung des größten und modernsten Schlachtschiffes der Welt.

Die *Bismarck* hängt mit starker Schlagseite nach Backbord. Der achterne Mast ist umgeknickt. Die Aufbauten brennen. Herumliegende Flakmunition explodiert. Turm Dora hat einen Rohrkrepierer. An seinen Seiten liegen die Einschläge schwerer Granaten. Vom Turm selbst sind sie abgeprallt. Die See spült über das Oberdeck. Hinter einem 15-cm-Turm liegen die Leichen Gefallener, so hoch der Turm ist. Die Männer hatten hinter ihm Deckung gesucht und wurden von den abprallenden Splittern zerrissen.

Auf einmal dringt die Sonne durch, scheint wie an jedem anderen Tag, streift Tote, Verwundete und Verzweifelte. Das feindliche Feuer setzt aus.

Die *Bismarck* ist mit ihrer Munition am Ende. Sie kann sich nicht mehr wehren. Warum zögert der Kommandant noch? Warum sprengt er das Wrack nicht? Warum lässt er die Überlebenden nicht über Bord springen?

Zwischen den meisten Kommandostellen ist die Verbindung abgerissen. Einzelne Offiziere handeln selbstständig, schicken Läufer in die unteren Deckräume, um die Männer dort auf die bald bevorstehende Sprengung aufmerksam zu machen. Von einzelnen Decks ist man abgeschnitten. Die Matrosen in diesen Räumen sind dazu verurteilt, mit dem gesprengten Schiff unterzugehen. Vielleicht zögert man die Selbstvernichtung noch hinaus. Mit Schweißapparaten versuchen Leckabwehrtrupps, die Luke zu öffnen. Zu Dutzenden stehen die Männer jetzt am Oberdeck, formieren sich zu neuen Gruppen, nutzen die Gefechtspause, um Überlegungen anzustellen, wie sie von Bord herunterkommen, wenn der Befehl dazu gegeben wird. Man stellt Lotsen für die zwei oder drei heil gebliebenen Ausstiege nach oben auf. Die entbehrlichen Offiziere werden in die unteren Decks geschickt, um eine eventuelle Panik aufzuhalten.

Aber noch ist von der Sprengung nichts bekannt. Vielleicht war es nur ein Gerücht. Nur einer kann den Befehl dazu geben: der Kommandant.

Kapitän zur See Lindemann zögert, solange es geht. Die Sprengung wird zunächst nur vorbereitet.

Zu den Gefechtsstationen, die keine Antwort mehr geben, werden Läufer geschickt. Die Männer an Deck blasen die Schwimmwesten auf. Manche tun es zu früh. Sie bleiben in den engen Luks hängen.

Der Obergefreite Rzonca steht vor dem letzten Ausstieg. Vor ihm arbeiten Männer mit Brecheisen am Deckel. Endlich lässt er sich mit der Brechstange so weit öffnen, dass man mühsam hindurchkriechen kann.

Verwundete zuerst. Ohne Befehl bleibt der Letzte der Gruppe stehen, um Nachkommenden den Weg zu zeigen.

»Vergiss das Aussteigen nicht!«, ruft Rzonca ihm zu.

»Ist noch lange Zeit. Ihr kommt viel zu früh«, entgegnet der Mann.

Die Leichtverwundeten werden an die herabgelassene Reling geschleppt.

»Falsche Seite!«, brüllt Kapitänleutnant Nobis. »Nicht Backbord!« Natürlich, von hier kommen die Wellen und schleudern alles gegen den Schiffsrumpf zurück. Aber der Offizier muss es fast jedem Einzelnen sagen.

Es ist still, gespenstisch still. Auf beiden Seiten Waffenruhe. Vielleicht nur für Minuten. Die feindlichen Schiffe kommen näher. Jeder kann sie sehen.

Plötzlich feuert ein einzelnes Rohr. Eine 10,5-cm-Flak, der die Munition noch nicht ausgegangen ist. Die Leute müssen verrückt geworden sein! Schießen wild ins Blaue, nur um die Nerven zu beruhigen oder dafür zu sorgen, dass die *Bismarck* tatsächlich und buchstäblich bis zur letzten Granate gekämpft hat!

»Aufhören!«, brüllt Kapitänleutnant Nobis.

Da kommt schon die Antwort von den Tommys. Jeder wirft sich in Deckung, so gut es geht.

Nobis steht mittschiffs. Einschlag. Alles starrt sich an, als die Sprengwolke verflogen ist.

»Was passiert?«, ruft einer.

»Nein.«

»Wo ist denn der Kaleu?«

Jetzt erst bemerken sie, dass Nobis fehlt.

Der Luftdruck einer detonierenden Granate hat Kapitänleutnant Werner Nobis über Bord geweht. Wie einen Fetzen Papier. Er schlägt hart auf dem Wasser auf, spürt den Schlag aber nur im Unterbewusstsein. Die Schwimmweste hält ihn hoch. Ohnmacht lullt ihn für ein paar Sekunden ein, dann peitscht die eiskalte See sie wieder aus ihm heraus. Sie schleudert ihn in Wassertäler, trägt ihn über Wellenberge, dringt in seine Augen, in seine Poren ein und treibt ihn immer weiter von der *Bismarck* weg.

Nobis schluckt Wasser. Es schmeckt nach Öl und Salz. Er spuckt es aus, übergibt sich, starrt auf einen neben ihm mit verzerrtem Gesicht treibenden Toten, der die bereits erstarrte Hand zum Himmel reckt, als wolle er den Kapitänleutnant ein letztes Mal grüßen. Langsam überwindet Nobis das Entsetzen. Er passt, immer einer neuen Ohnmacht nahe, seine Schwimmbewegungen den Wogen an. Sein Kopf schmerzt, die Augen brennen, die Glieder werden lahm, Gedanken purzeln durcheinander, Husten schüttelt ihn. Die Kräfte schwinden. Auf, ab, auf, ab, Berg und Tal, wie am Rummelplatz: Rummelplatz des Seekriegs, des Todes, der Nerven, der Sinne. Schmächtiger Lebenswille wehrt sich gegen das aufgebrachte Element, gegen den Ozean.

Die Zeit ohne Maß. Wie lange hält ein Mensch das durch? Nicht mehr lange, Gott sei Dank! – Mein Gott, ich darf nicht aufgeben, ich darf nicht, ich darf nicht. Er treibt auf eine riesige Ölpfütze zu. Nur nicht da hinein! Keuchend schlägt er um sich, will ausweichen. Das Öl klebt die Augen zu, verstopft die Poren. Ersticken heißt das …

Er kommt dem Öl immer näher. Schwimmen ist zwecklos bei dem Seegang – da reißt ihn eine Woge hoch, schleudert ihn weg, Sekunden später ist er schon meterweit an der Zone des Öltodes vorbeigetrieben.

Ein Name fällt ihm ein: Bauer, ja natürlich, der Gefreite Bauer hat als Schiffbrüchiger Heizöl geschluckt und wurde lebenslänglich krank, ständig von Ärzten umgeben. Er musste künstlich ernährt werden – ein lebender Toter.

Nur das nicht! Wohin er sieht, schmierige Flecke, große und kleine Öllachen, die in giftiger Pracht schillern. Kopf heraus aus dem Wasser, so weit es geht. Wenn nur die Nackenstütze der Schwimmweste nicht so drücken würde!

Er gerät in einen Wirbel. Karussell, denkt er, vorbei! Er liegt auf dem Rücken. Das Meer gönnt ihm eine Pause. Er sieht die *Bismarck* vor sich, sechshundert – siebenhundert Meter entfernt. Er sieht die Männer, die am Oberdeck hin und her laufen, aufgeregte, kleine schwarze Punkte. Er fühlt, wie allein er ist, wie einsam, wie hilflos.

Die Briten haben das Feuer eingestellt. Auf was sollen sie noch schießen? Von der *Bismarck* ist nicht mehr viel übrig geblieben.

Was tun sie bloß alle am Heck?, denkt Nobis. Jetzt wird sicher gesprengt. Dann werden sie gleich die letzte Schikane der Hölle kennen lernen, im Wasser.

Der Wind hat die Wolken auseinandergetrieben. Die Sonne steht glutrot am Himmel, als möchte sie den Menschen mit verstärktem Licht das Inferno demonstrieren. Irgendwo am Horizont ist schwach ein Abschuss zu hören. Vielleicht eine Täuschung. Ist es schon so weit? Gleich werde ich Land sehen oder ein Schiff oder Rettungsboote, sagte sich Nobis. Und das wird die letzte Station vor dem Ende sein. Zweimal kommt man nicht davon, grübelte er. Zweimal überlebt man nicht als Einziger den Untergang seines Schiffes. Das letzte Mal war es viel einfacher gewesen, viel harmloser. Die See hatte ihn nach Portugal und zu Deina gespült ...

Die See hat ihn nun wieder. Der Tod auch? Da sieht er seinen Vater vor sich, alt, grauhaarig und traurig. Nobis sieht das schmerzliche Lächeln, die hilflose Armbewegung. Er hört die stille, schüchterne Stimme:

»Mir wäre es lieber gewesen, du wärst erst *nach* dem Krieg nach Hause gekommen, mein Junge.«

Ein Wirbel reißt ihn in die Tiefe. Nobis schluckt Wasser, schlägt um sich, ringt mit dem Meer – keine Zeit mehr für düstere Gedanken. Die Augen brennen. Das Salz klebt sie zusammen. Erst allmählich gelingt es ihm, sie wieder zu öffnen.

Geräusche. Was ist das? Täuschung? Entsetzliche Fantasie!

Nein. Da wieder, ganz in der Nähe – ein Zerstörer muss das sein. In voller Fahrt schießt er heran. Nobis starrt auf das britische Schiff. Er sieht die Matrosen an Deck. Sie müssen ihn doch bemerken. Er schreit. Ob sie ihn hören? Ob sie ihn sehen? Ob sie ihm helfen?

Näher kommt der Zerstörer, ganz nahe. Jetzt müssten sie die Fahrt vermindern, Taue auswerfen, ihn hochhieven. Sie können ihn doch nicht krepieren lassen! Das gibt's doch nicht! Das macht doch ein Mensch nicht. Und Menschen sind sie doch, auch wenn sie auf der anderen Seite stehen.

Der Zerstörer ist vorbeigeschossen. Blitzschnell. Mit äußerster Kraft.

So also ist das, denkt Nobis verbittert. Er wird müde, resigniert. So also ist das Sterben …

Admiral Sir John Tovey starrt durch das Glas und schüttelt den Kopf. Es ist unfassbar: Die *Bismarck,* dieses zusammengeschossene, brennende Wrack, geht nicht unter. Nahezu jede Salve hat getroffen. Die Gegenwehr ist längst verstummt, der Mast geknickt, die Aufbauten zerfetzt, aber die Flagge weht noch.

»Noch dichter heran!«, befiehlt der Admiral. »Torpedoanlauf!« Aus 2,7 Kilometer Entfernung schießt die *Rodney* ihre Torpedos auf das deutsche Flottenflaggschiff ab. Einer von ihnen trifft die *Bismarck* mittschiffs. Auch die *Norfolk* feuert vier Torpedos auf das Wrack. Sie beobachtet einen Treffer – aber die *Bismarck* sinkt nicht.

Schon gehen die Torpedos aus. Die *Dorsetshire* fährt einen Torpedoangriff.

Aus wenigen Kilometern Entfernung trifft ein Torpedo die *Bismarck.* Admiral Tovey darf nicht länger warten. Er fürchtet einen deutschen Luftangriff. Noch mehr aber fürchtet er den Brennstoffmangel. Schon vor Ende des Gefechts befiehlt er der *Rodney,* auf Heimatkurs zu gehen.

Die *Bismarck* schwimmt immer noch. Die Flagge weht an ihrem Mast. Zahllose Granaten und Torpedotreffer konnten die *Bismarck* nicht unter Wasser zwingen. Für Sir John bedeutet jeder weitere Schuss Munitionsverschwendung, jede weitere Sekunde Brennstoffnot. Soll er das Wrack treiben lassen? Soll er nach London melden, er habe das deutsche Flottenflaggschiff besiegt, aber nicht vernichtet? Nach dieser einmaligen, sieben Tage langen Treibjagd hat er den Gegner gestellt und zum Wrack zusammengeschossen, doch nicht versenkt. Mit bloßem Auge kann er jetzt die Wirkung seiner massierten Granaten beobachten. Ratlos steht er auf seiner unversehrten Kommandobrücke. Vielleicht gelingt es der *Dorsetshire* doch noch.

»Noch näher heran!«, funkt er seinem Kreuzer.

Die *Dorsetshire* hat noch zwei Torpedos. Aus zwei Kilometern Entfernung kann sie das Ziel nicht verfehlen. Aber auch die Torpedos der anderen Einheiten haben getroffen, und doch ist die *Bismarck* nicht gesunken.

10.36 Uhr trifft ein Torpedo der *Dorsetshire* die *Bismarck* an Backbord.

Admiral Tovey sieht die Männer auf der anderen Seite hilflos an Deck hin und her laufen. Er sieht die Geschütze, deren Rohre in alle Himmelsrichtungen zeigen. Er sieht das Feuer, den Rauch, den Qualm. Er beobachtet den hundertfachen Tod durch das Glas – das ist sein Werk, das Werk seiner schwimmenden Fabriken des Todes, von Menschen zur Vernichtung des Menschen geschaffen.

Aber hier geht es nicht um den Menschen, es geht um den Krieg. Um die Ernte des Krieges, die den Tod zum vielfältigen Millionär machen wird. Dachte etwa sein Gegner, der heute gefallene Admiral Lütjens, an die letzten, verzweifelten Seufzer, an die letzte Angst, das letzte Grauen, als er vor Tagen die *Hood* in die Luft jagte?

Nein, für solche Gedanken ist ein Admiral nicht zuständig. Er leitet die perfekte Vernichtung, wie auf der Marineakademie gelernt. Er tut nur seine Pflicht – Pflicht hüben – Pflicht drüben. Diese Pflicht kostet auf jeder Seite ein paar Tausend Menschen das Leben. Aber Menschenleben sind im Krieg billig.

Immer mehr Leute haben sich auf der *Bismarck* bis zum Oberdeck durchgekämpft. In den unteren Decks, in den Maschinenräumen brennt noch Licht, rotieren noch die Turbinen, stehen die Männer verloren auf ihren Posten und warten auf das Ende. Die Verbindung zur Brücke ist abgerissen. Kapitänleutnant Junack, der für die Schiffssicherung verantwortliche Ingenieuroffizier der X. Division, der seit Stunden wie ein Berserker bei der Leckabwehr schuftet, schickt einen Läufer zum Kommandanten. Es ist kurz nach zehn Uhr. Der Mann kommt nicht zurück. Der schlanke, hoch gewachsene Offizier geht selbst. Er kämpft sich nach oben durch, sieht das Inferno, die hoffnungslose Lage und entschließt sich in der gleichen Sekunde, auf eigene Faust zu handeln.

Er beschließt, die Sprengung zu befehlen. Er fischt sich seine zuverlässigsten Leute zusammen, unterdrückt eine Panik, befiehlt, die Leichtverwundeten an Deck zu schaffen, schickt Läufer durch das ganze Schiff mit der Warnung:

»Sprengung in fünf Minuten. Alle Mann an Oberdeck!«

Junack geht wieder nach unten, sieht auf die Uhr, schickt die entbehrlichen Leute weg.

»Alles klar!«, meldet Obermaschinist Fischer, der die Sprengladung zünden wird.

Kühlwasser wird in die Turbinen eindringen, der Schiffsrumpf wird sich wie ein Schwamm vollsaugen und dann untergehen.

Bis dahin müssen die Überlebenden der Besatzung von Bord sein, um nicht im Sog des untergehenden Riesen in die Tiefe gerissen zu werden.

Maßnahme X hieß das bei der Baubelehrung …

»Warten Sie noch acht Minuten«, befiehlt Kapitänleutnant Junack dem Obermaschinisten.

Eine Gruppe von fünf, sechs Mann bläst die Schwimmwesten auf.

»Lasst euch Zeit, Herrschaften«, sagt der Offizier, »Schwimmwesten erst an Oberdeck aufblasen. Ihr kommt sonst nicht durch die Luke. Es eilt nicht. Wir warten, bis ihr alle oben seid … Lindenberg, führen Sie die Gruppe!«

»Jawohl, Herr Kaleu.«

Die Zeit drängt. Auf der *Bismarck* weiß man nicht, wie verzweifelt die Brennstofflage der Engländer ist. Die Sprengung soll das Entern verhindern.

Aber wie viele Leute sind noch eingeschlossen? Wie viele von ihnen können noch gerettet werden? Wie viele sitzen irgendwo nebenan und wissen nichts von der Sprengung? Und was ist mit dem Kommandanten? Ist er gefallen? Billigt er die Maßnahme X, oder ist es noch zu früh?

Ich muss handeln, sagt sich Kapitänleutnant Junack. Er nickt dem Obermaschinisten Fischer zu.

»Kommen Sie sofort nach oben!«, sagt er. Er versucht, Ruhe auszustrahlen. Es gelingt ihm auch. Wieder kann er eine panische Flucht über die Gänge verhindern. Wo er auftaucht, werden die Männer ruhig, als würden sie von seiner Kaltblütigkeit angesteckt. Immer noch bewahrt die Besatzung Disziplin.

Der Kapitänleutnant geht durch die unteren Decks, gibt Befehl zum Rückzug, wartet ein paar Minuten. Er sieht auf die Uhr. Gleich muss eine Detonation die Sprengung anzeigen. Er hat dann noch ein paar Minuten Zeit zum Aussteigen. So schnell sinkt die *Bismarck* nicht...

Fischer ist mit zwei Mann bis zum Maschinenraum gekommen. Er ist bereits leer. Die Männer haben befehlsgemäß ihre Stationen verlassen. Die Sprengladung liegt bereit. Sie ist mit ein paar Handgriffen scharf gemacht. An alles haben die Erbauer der *Bismarck* gedacht. Auch daran. Auch an die Selbstvernichtung.

»So«, sagt Fischer, »das andere erledige ich ganz allein. Geht nach oben.«

»Wieso«?, fragt ein Gefreiter.

»Ich bleibe«, entgegnet Fischer. »Ich sprenge mit der Hand.«

»Sie sind verrückt!«, ruft ein Maat entsetzt.

Der Obermaschinist sieht auf die Uhr. Noch zwei Minuten. Die letzten hundertzwanzig Sekunden seines Lebens, an dem er so sehr hängt. Er denkt an seine Mutter, an seine Familie, sein Häuschen, an seine Geschwister. Noch hundertzehn Sekunden.

Fischer wendet sich zu seinen Männern:

»Haut ab!«, schreit er. Seine Stimme überschlägt sich.

Jetzt erst begreifen die Männer, was der Obermaschinist vorhat. Dass er sterben will. Von eigener Hand. Durch die eigene Sprengladung. Dass er es ganz kurz machen will...

»Ich geh nicht weg«, schluchzt der Gefreite.

»Sie werden gehen«, antwortet Fischer fest. Sein Gesicht zuckt. Fürchtet er die Tränen mehr als den Tod?

Die drei Männer starren auf die Sprengladung, auf diese lächerlich kleinen Patronen, diesen winzigen Hebel, auf die Zündschnur, auf den Dynamitbehälter. Sie lauschen in die gespenstische Stille hinein. Sekunden. Die Worte bleiben ihnen im Hals stecken. Die

Augen schmerzen. Die Schläfen hämmern. Gedanken lähmen den Verstand.

Der Gefreite weint haltlos wie ein Kind.

»Sie haben Frau und Kinder«, sagt Maat Knebel zu seinem Vorgesetzten, »denken Sie daran.«

Fischer nickt verstört, als hätte er die Worte nicht verstanden. Sein Gesicht ist blass, seine Hände zittern. Aber dieser verzweifelte Mut hat ihn gepackt. Er beherrscht ihn, treibt ihn vorwärts. »Es ist so weit«, sagt er leise. Er deutet auf den Gefreiten, will dem Maat die Hand geben, aber der Arm bewegt sich nicht, als fürchte er die pathetische Geste.

»Er ist noch so jung«, sagt Fischer.

»Los!«, fährt ihn Maat Knebel an, packt ihn, drückt ihn mit Gewalt weg, auf das Schott zu, zwingt ihn, hindurchzusteigen. Er klettert nach, treibt den Jungen durch das Deck, bleibt dann keuchend stehen und holt Luft.

In dieser Sekunde geht die Sprengladung los.

Ein Toter mehr auf der *Bismarck.*

Stabsarzt Thiele im Lazarettzwischendeck sieht nicht auf, als ihm die Sprengung gemeldet wird. Er verbindet einen Armstumpf, ruft dabei einem anderen Verwundeten etwas zu, sieht schon zum nächsten. Er schuftet, flucht, schwitzt, schreit und tröstet, so gut er kann.

»Herr Stabsarzt«, wendet sich der Sanitätsmaat abermals an Thiele, »das Schiff geht in zehn Minuten unter.«

»Das ist mir wurscht«, fährt der Stabsarzt ihn an. »Stehen Sie nicht herum, Mann! Los, schafft alle auf das Oberdeck … Die vier hier in der Ecke könnt ihr liegen lassen.«

»Lasst uns nicht allein«, brüllt der Verwundete ohne Arm.

»Ruhig«, erwidert der Stabsarzt. »Ihr kommt alle hier heraus.«

»Wasser«, bettelt einer der vier in der Ecke, dem ein Granatsplitter den Bauch aufgerissen hat.

»Gleich.« Thiele winkt einem der Krankenträger.

»Aber das geht doch nicht«, widerspricht der Mann.

»Verflucht«, brüllt Thiele ihn an, »tun Sie, was ich Ihnen sage!«

Die meisten Verwundeten wurden bereits nach oben geschafft und von da ins Wasser geworfen. Viele wehrten sich verzweifelt. Aber das war der einzige Weg zur Rettung – wenn überhaupt eine Rettung möglich war.

Jetzt bringt man den Pumpenmaat Häuser heran. Beide Beine ab. Der Stabsarzt beugt sich zu ihm.

»Hör zu! Es ist keine Zeit mehr zum Verbinden. Verstehst du?«

»Ja.«

»Das kalte Wasser kann die Blutung stillen. Das ist eine Chance. Du musst nur furchtbar viel Kraft haben und immer daran denken, dass du leben willst. Verstehst du mich?«

»Ja, Herr Stabsarzt.«

»Bringt ihn hinaus!«

Und jetzt wird sich inmitten des hundertfachen Sterbens, in dieser Hölle, auf diesem brennenden, stinkenden, selbst vernichteten Wrack ein kaum fassbares Wunder des Lebens ereignen: Man wird den Pumpenmaat Häuser, so behutsam es eben geht, in den Ozean werfen. Der Mann wird einen eisernen Lebenswillen haben. Er wird eine Ewigkeit lang mit der Ohnmacht kämpfen. Er wird dem Tod eine ungeheuerliche Energie entgegensetzen. Er wird die Schmerzen aushalten. Er wird nicht daran denken, dass er ja ein Krüppel ist. Die Wellen werden ihn auf die andere Seite treiben, genau auf die *Dorsetshire* zu, den Kreuzer des Feindes. Britische Seeleute werden den Schwerverwundeten sehen. Häuser wird die Kraft haben, sich an einem der ausgelegten Taue festzuhalten. Dutzende von anderen Matrosen, für die die nächsten Sekunden Leben oder Sterben bedeuten, werden bei der Rettung zurückstehen, werden mit letzter Kraft dem Kameraden ohne Beine helfen. Er wird an Bord gezogen, gleich operiert, und … er wird mit dem Leben davonkommen.

Der Einsatz der Krankenträger klappt in diesen letzten Sekunden vor dem Untergang der *Bismarck* mustergültig. Tausend Hände greifen zu, obgleich das Wrack jeden Augenblick auseinanderplatzen muss.

Aus dem Lazarettzwischendeck werden nach der Sprengung noch Dutzende von Verwundeten hinausgeschafft. Viele von ihnen wehren sich dagegen, schreien, stöhnen, schlagen um sich. Am schlimmsten wird es, wenn sie an Oberdeck angelangt sind und in das Meer geworfen werden sollen. Um weitere Verwundete zu holen, kehren einige der Helfer zurück, trotz der eigenen Angst, trotz der Furcht, zu spät von Bord zu kommen. Was nutzt es schon, wenn sie Leute ins Meer werfen? Wem auf der *Bismarck* ist noch zu helfen?

»Lasst die hier liegen«, sagt Stabsarzt Thiele leise. »Morphium her… So viel wir noch haben. Nein, nicht mehr auskochen die Spritze. Geben Sie, Weber, es ist höchste Eisenbahn.«

»Aber was wird aus den Leuten und aus Ihnen, Herr Stabsarzt?«, fragt der Sanitätsmaat.

»Dreimal dürfen Sie raten«, antwortet Dr. Thiele.

Er ist allein mit den stöhnenden, wimmernden Schwerverwundeten. Er hat noch nicht an sich denken können. Nicht einmal an das, was ihm jetzt bevorsteht. Nicht an zu Hause. Seit Stunden steht er wie unter einem Zwang, wie unter Hypnose. Aber jetzt, diese letzten, schrecklichen Sekunden, dieses Warten auf das Ende, dieses Gefühl, dass sich das Schiff legt, immer tiefer sinkt, dass das Wasser immer stärker eindringt, dass die Armen, Hilflosen, Wehrlosen neben ihm sich immer mehr vor ihm fürchten, jagt ihn hoch, lässt ihn plötzlich den Tod fürchten, hassen. Er möchte auf und davon gehen. Noch ist Zeit. Noch kann er das Oberdeck erreichen.

Dr. Thiele hat seine Pflicht erfüllt und mehr als das. Niemand kann von ihm verlangen, dass er mit diesem gottverfluchten Kahn untergeht, mit den Verwundeten stirbt, die schon vor Stunden unrettbar vom Tod gezeichnet wurden. Er sieht in diese grauen, starren Gesichter. Er sieht die zuckenden Lippen, hört die Schreie. Sein Blick streift die irren Augen – und er steht wie angewurzelt.

Dr. Thiele bleibt.

Gott, schießt es ihm durch den Kopf, da war doch die Geschichte in der ersten Vorlesung: Der alte Professor, der Geheimrat, er stand mit leuchtenden Augen, mit gesunder Gesichtsfarbe am Podium: »… Sie haben das schönste Studium erwählt, das es geben kann und geben wird. Sie haben sich den Menschen verschrieben. Ich begrüße Sie als Bundesgenossen gegen die Krankheit, gegen das Leid und gegen den Tod. Es gibt keinen schöneren Beruf, auch wenn er manchmal hart ist, auch wenn Siege und Niederlagen in bunter Reihenfolge abwechseln. Denken Sie daran!«

Der Stabsarzt hat die Spritze in der Hand. Er geht auf den ersten Verwundeten zu. Der Mann erwacht sofort aus dem Halbschlaf.

»Komm ich auch weg?«, fragt er.

»Ja«, erwidert Dr. Thiele, »wir alle kommen weg.«

Der Mann lehnt sich zurück und lächelt. Behutsam führt der Arzt die Spritze ein, drückt durch, ganz langsam. Er sieht dabei den Mann an, denkt, das reicht, zieht die Spritze heraus, geht zum nächsten, tut dort das Gleiche, hastet zum übernächsten, gelangt beim vierten an, bei dem Mann, der alle Bewegungen ruhig verfolgt hat.

Dieser Verwundete weiß, was los ist. Er lächelt dankbar. Hilflos streckt er die Hand aus, um sie dem Doktor zu geben. Aber Dr. Thiele hat keine Zeit. Er nickt ihm nur zu.

»Gleich vorbei«, sagt er. »Du brauchst keine Angst zu haben.«

»Ich habe keine«, antwortet der Mann langsam.

Einer ist noch zu versorgen. Gleich so weit. Spritze her. Morphium wirkt. Mein Gott, eine ganze Stadt hätte man mit den Ampullen versorgen können, die in den letzten Stunden gebraucht wurden.

Jetzt kommt das Schlimmste. Ruhe! Nerven! Ist ja gar nicht so schlimm! Andere hat es viel schlimmer erwischt. Nicht denken jetzt. Schnell. Die Zeit drängt. Muss doch gleich so weit sein. Gleich muss doch das Wasser kommen. Wie viele Leute noch auf dem Schiff sein werden, irgendwo eingeschlossen? Nicht fragen jetzt! Handeln!

Einer der Verwundeten rührt sich noch. Dr. Thiele geht zu ihm, gibt ihm noch eine Spritze.

Dann ist er dran. Er macht seinen Arm frei, führt die Spritze ein, drückt sie durch, ganz langsam, ganz behutsam, wie bei seinen Patienten. Geschafft, sagt er, und denkt dabei an etwas ganz anderes.

Er legt sich neben den Schwerverwundeten nieder, neben den Mann, der ihm so dankbar zulächelte und der nie wieder aufwachen wird.

Auch Stabsarzt Dr. Thiele wird nie mehr aufwachen.

Abspringen! Aber wohin? Warum eigentlich? Die Zeit drängt. Die meisten stehen wie angewurzelt. Burger versucht es als Erster. Auf der Backbordseite, nach der die *Bismarck* schwer hängt. Achtern steht er, springt hinab.

Es dauert nur zwei Sekunden. Eine Welle nimmt ihn hoch, schlägt ihn mit voller Wucht gegen den Schiffsrumpf. Aus. Tot. Dutzende haben es gesehen. Hunderte stehen herum. Burger ist nicht der Einzige, den es auf solche Weise erwischt.

»Steuerbord abspringen«, sagt einer zum anderen.

Aber wenn sie dann an der Steuerbordreling stehen, verlässt sie der Mut.

»Ich geh nicht! Auf keinen Fall!«, brüllt Pollack. »Ich mach das nicht mit!«

»Halt's Maul!«, fährt ihn ein Maat an, »du kannst ja hierbleiben. Mach die anderen nicht verrückt!«

Neue Leute kommen nach oben.

»Ist nun schon gesprengt oder nicht?«, fragen sie.

Keiner weiß es. Sie könnten alle längst über Bord gehen, müssten es. Aber sie stehen da und bewegen sich nicht.

Mittschiffs bricht ein Tumult aus. Irgendetwas ist geschehen. Drei, vier Leute schreien miteinander. Lasst sie schreien! Der Tumult pflanzt sich fort. Der erste Mann springt von Steuerbord, schlägt mit dem Kopf am Schlingerkiel auf. Er ist zu kurz gesprungen. Und Dutzende haben es wiederum gesehen.

Da geschieht etwas Unglaubliches, etwas ganz Ungeheuerliches.

»Antreten!«, brüllt eine Stimme. Kein Scherz. »Antreten!«, brüllt einer. »Los, steht nicht so belämmert da. In Linie zu drei Gliedern. Los, Herrschaften, wir haben keine Zeit!«

Und sie formieren sich wie befohlen, stehen zu dreien hintereinander, als wären sie auf dem Kasernenhof. Wie zur Parade angetreten, als müssten sie nicht in den nächsten Sekunden den Sprung wagen, der über Leben und Tod entscheidet.

Vom plötzlichen Kommando gebannt, löst sich der Tumult. Der Befehl treibt die noch übrig gebliebenen Männer der *Bismarck* in Linie zu drei Gliedern. Inmitten des Chaos richten sich in diesen letzten Minuten die jungen Matrosen aus wie auf dem Kasernenhof, gehen auf Vordermann, Front zu Kapitänleutnant Junack, der das Kommando an sich gerissen hat. Front zur aufgewühlten See, die sie alle in wenigen Augenblicken aufnehmen wird, und einer macht Meldung.

Wiedet bricht die Sonne durch die Wolkendecke. Sie scheint in blasse, verdreckte Gesichter, scheint für viele, für die meisten von ihnen zum letzten Mal. Ein Brecher geht mit geballter Kraft über das Oberdeck. Die Männer halten sich aneinander fest. Die letzten zwei, drei Rotten reagieren zu spät und werden vorzeitig ins Meer gerissen.

»Die haben es geschafft«, brummt ein Gefreiter im zweiten Glied vor sich hin.

»Kameraden«, beginnt der Kapitänleutnant. »Wir haben unsere Pflicht erfüllt. Wir haben uns bis zum Letzten gewehrt. Wir müssen unser Schiff verlassen. Die ersten Sprengungen sind erfolgt ... Das ist kein Grund zur Aufregung. Ihr habt noch Minuten Zeit. Springt nicht zu kurz. Helft euch, so gut es geht. Überprüft noch einmal eure Schwimmwesten. Lasst euch Zeit.«

Vier-, fünfhundert Männer stehen da, warten auf den nächsten Brecher, starren auf das brennende Schiff, auf die Ölpfützen im Wasser, auf die einander jagenden Wogen, auf den Nebenmann. Sie warten auf den letzten Befehl und sehen die ganz in der Nähe operierenden englischen Schiffe, die sie vielleicht aufnehmen werden, wenn sie das Glück haben, bis zu ihnen durchzuhalten.

Und jetzt, in dieser Sekunde, in dieser letzten Ordnung, mitten im Untergang, kommt es zu der oft eingeübten Szene.

Der Kapitänleutnant hebt die Stimme:

»Stillgestanden! Ein dreifaches Sieg-Heil auf unser Vaterland! Es lebe Großdeutschland!«

»Sieg!« – »Heil!«

»Sieg!« – »Heil!«

»Sieg!« – »Heil!«

Sie rufen, so laut sie können. Die Stimmen geben ihnen Mut oder wenigstens Ersatz für Mut. Das allein hat Kapitänleutnant Junack mit dieser letzten, verzweifelten Geste, mit diesem letzten Aufbäumen bezweckt.

»Weggetreten!«, kommandiert er mit leiser Stimme.

Das ist der Befehl zum Todessprung …

Die Mutigsten wagen es zuerst. Sie klettern die steil aufgerichtete Steuerbordseite hoch, halten sich gegenseitig an den Händen, brüllen noch etwas, kauern sich zusammen, springen ab. Acht, zehn Meter tief, haben Glück oder Pech. Glück haben heißt: vorläufig durchkommen; Pech haben heißt: gleich sterben. Der Schlingerkiel wird vielen zum Verhängnis.

Es springt die zweite Welle. Unteroffiziere helfen Kapitänleutnant Junack, der die Männer mit leisen Zurufen oder barschen Kommandos in das Meer treibt.

»Los! Überlegt nicht solange. Es ist die einzige Chance!«

»Ich geh' nicht«, brüllt Pollack.

»Du gehst!«, brüllt Lindenberg ihn an. »Du gehst, und wenn ich dich in den Arsch trete!«

»Ich kann nicht. Sieh doch hin.«

»Schau weg, du feiges Schwein.«

Vierhundert mögen noch an Bord stehen und mit aufgerissenen Augen der lebensgefährlichen Flucht zusehen. Die Ersten haben es geschafft, treiben zwanzig, dreißig Meter weit weg im Wasser, winken, schreien etwas zurück, bis sie Wasser schlucken und es hustend ausspucken.

Die Zurückgebliebenen sehen, dass viele der Ersten davongekommen sind, vorläufig wenigstens, und springen ohne Zögern ihnen nach. Einer nach dem anderen. Viele schreien dabei, andere schließen die Augen oder beten. Oft springen zwei, drei gleichzeitig, halten sich an den Händen fest, als ob sie die Berührung mit dem Kameraden vor dem unheilvollen Schlingerkiel bewahren könnte.

Wieder reißt ein Brecher sechs, sieben Mann mit sich. Manche warten geradezu darauf. Ein paar versuchen wieder, nach der falschen Seite abzuspringen. Sie werden von der Dünung gegen den Schiffsrumpf geschleudert, bis sie das Bewusstsein verlieren, bis sie ertrinken. Einige werden tot auf die *Bismarck* zurückgespült, als wollte sie das sinkende Schiff nicht hergeben.

Lindenberg ist an der Reihe. Er hat wie ein Berserker geschuftet, hat den anderen zugeredet, hat sie angeschrien und wünscht sich einen Rest der Kaltblütigkeit, die er in den letzten Minuten vorgelebt hat. Kriechend arbeitet er sich bis zur Reling vor, wartet dort zwei, drei Sekunden, flucht, schließt die Augen. Nein, nur das nicht, Augen auf!

Ob's gelingt oder nicht, ist gar nicht so wichtig, springen muss ich, damit die andern es sehen. Es ist vielleicht noch der barmherzigste Tod, an der Stahlwand zerschmettert zu werden. Das geht gewiss viel schneller. Was haben die andern davon, dass sie jetzt im Meer treiben? Wie lange können sie das durchhalten? Wer wird sich schon um sie kümmern? Ein langsamer Tod ist schlimmer als der schnelle... Los, Mensch, reiß dich zusammen! Auf jetzt, Schwung holen! Mit den Beinen voraus. Nicht mit dem linken, das bringt Unglück. Verflucht, los, rechts zuerst. Jetzt! Das Schiff muss doch gleich auseinanderplatzen.

Die anderen gucken schon. Da, der links von dir hat's geschafft, jetzt setzt der rechte an. Auch geschafft. Na, gar nicht so schlimm.

Verdammte Scheiße! Da, sogar Pollack treibt im Wasser. Was der Kerl für eine Fratze hat. Er lacht, oder weint er? Woher soll ich das wissen. Ist ja auch egal.

Er richtet sich auf, ist starr. Seine Beine sind wie tot. Na, dann eben mit toten Beinen! Holt Schwung, springt ab, blödes Gefühl im Rücken, wie im Riesenrad. Aufgeklatscht. Wasser. Wogen. Schwimmbewegung. Kommt hoch.

Ich Idiot, denkt Maat Lindenberg, so einfach ist das alles.

Im eiskalten Wasser wird's ihm heiß. Das peitscht den Lebenswillen auf, so wie es ihn später einschläfern wird.

Lindenberg starrt auf die *Bismarck.* Er sieht Kapitänleutnant Junack, der jetzt als einer der Letzten abspringt. Nicht zu glauben, die Flagge weht noch, weht jetzt noch. Was ist mit den andern, die noch auf dem Schiff sind? Da, wieder sind zwei abgesprungen.

Mehr noch ist das Wrack mit Wasser vollgelaufen. Stärker hängt es nach Backbord. Es muss jede Sekunde untergehen. Nicht zu glauben, was es alles ausgehalten hat.

Was ist denn das? Das ist doch unmöglich, das gibt es doch nicht! Doch, es muss so sein.

Der Kommandant, Kapitän zur See Lindemann, klar zu erkennen an seiner weißen Mütze, steht aufrecht auf seinem sinkenden Schiff, dem deutschen Flottenflaggschiff *Bismarck.* Drei Männer neben ihm. Ein Brecher! Lindemann krallt sich fest. Es gelingt ihm, sich zu halten. Sein linker Nebenmann wurde von Bord gespült.

Der Kommandant richtet sich wieder auf, legt die Hand an die weiße Mütze zum Gruß, grüßt seine im Wasser treibenden Männer, dreht sich um, grüßt die Kriegsflagge.

Die Männer neben ihm reden auf ihn ein. Man sieht es deutlich. Der Kapitän schüttelt den Kopf. Er arbeitet sich von achtern nach vorn durch, an Bränden vorbei, über Tote, begleitet von zwei Männern. Noch einmal grüßt er seine Kameraden im Wasser.

Das gibt es doch nicht, denkt Maat Lindenberg. Das ist doch Irrsinn! Ist wie im Kintopp!

Aber nein, nicht Kintopp. Krieg! Kein Komödiant. Sondern sein Kapitän!

Maat Lindenberg kann alles genau verfolgen. Dutzende seiner Kameraden können das ebenso. Die Szene ist unmissverständlich. Die Männer, die beim Kommandanten blieben, beschwören ihn, das Schiff zu verlassen. Lindemann will nicht. Da handeln die Leute auf eigene Faust. Sie halten ihn fest, wollen ihn mit Gewalt von Bord ziehen. Er wehrt sich verzweifelt dagegen. Er schlägt um sich. Brüllt. Macht sich frei. Geht zum achteren Deck zurück. Grüßt noch einmal.

Aus! Schluss! Das Schiff legt sich nach Backbord. Ganz langsam, ganz allmählich, als wolle es den noch dicht am Schiffsrumpf treibenden Männern einen weiteren Vorsprung vor dem

Sog gewähren. Dann geht alles blitzschnell. Der Kiel kommt nach oben.

Sekunden noch, dann sinkt der Rumpf. Die Schrauben drehen sich noch. Sie verschwinden zuletzt. Weg. Vorbei. Das größte, das modernste Schlachtschiff der Welt ist nicht mehr, von eigener Hand versenkt. Mit ihm sind Dutzende, vielleicht Hunderte von Besatzungsmitgliedern untergegangen, die nicht mehr rechtzeitig von Bord gekommen sind. Mit ihm der Kommandant. Mit ihm die Flagge.

Gebannt verfolgen die Briten auf der anderen Seite das entsetzliche Schauspiel. Ihre letzten Torpedos müssen getroffen haben. Die Engländer sind ganz nahe herangekommen. Sie konnten beobachten, wie die deutschen Matrosen über Bord sprangen, wie das Schiff tiefer und tiefer sank, wie es sich langsam auf die Seite legte. Admiral Sir John Tovey gibt die Meldung, die eine halbe Stunde später schon über die ganze Welt gehen wird, nach London durch:

»*Bismarck* gesunken!«

Die Briten konnten nicht wissen, dass ihre Torpedos gar nichts ausgerichtet hatten, dass die neuartige Chromnickelstahlpanzerung stärker ist als die derzeitigen Feindtorpedos. Die Masse der Schlachtschiffe hat schon die Rückfahrt angetreten. Um 10.20 Uhr schoss die *Dorsetshire* zwei Torpedos ab. Sie detonierten auf der Steuerbordseite der *Bismarck.* Um 10.36 Uhr folgte aus knapp zwei Kilometern Entfernung der letzte Torpedo. Er traf an Backbord. Um 10.40 Uhr britischer Zeit geht die *Bismarck* unter. Für die Engländer ist der Kampf vorbei. Die Matrosen werfen ihre Mützen in die Luft und schreien »Hurra!« Wer kann, verlässt die Gefechtsstation, obwohl keine Erlaubnis dazu gegeben wurde, aber der Sieg, die entladene Spannung lockern automatisch die Disziplin. Alle starren auf die sinkende *Bismarck.*

Die See treibt die Überlebenden auf die *Dorsetshire* zu. Fünf- bis sechshundert Mann vielleicht. Fünf- bis sechshundert von 2.403. Der Kreuzer kann sie nicht alle aufnehmen. Er funkt die *Maori* an und bittet um Unterstützung bei der Rettung der Schiffbrüchigen.

Der Zerstörer will gerade wenden, da sehen die Matrosen einen Mann im Wasser treiben. Sie rufen ihn an, aber er reagiert zunächst nicht. Sie schreien wieder. Da winkt er matt. Der Schiffbrüchige muss bis auf den Tod erschöpft sein.

Die *Maori* stoppt die Fahrt, wirft Leinen aus, rettet den Mann. Es ist ein Kapitänleutnant, der vom Luftdruck einer Granate als einer der Ersten von Bord gefegt wurde – es ist Werner Nobis. Er verliert sofort wieder das Bewusstsein. Man reißt ihm das Lederzeug vom Leib, spritzt ihn ab, reinigt die ölverschmierte Haut mit Benzin, um die Poren zu öffnen, man rüttelt ihn, bis er wieder zu sich kommt, gibt ihm Schnaps.

Er lächelt dankbar, unbewusst noch. Er hört Stimmen, Stimmen in Englisch, das er fließend spricht, aber er versteht kein Wort. Man schafft ihn in das Lazarett.

Er wird bald nicht mehr allein sein.

Zuerst treiben sie noch im großen Haufen. Dann reißt die See sie mehr und mehr auseinander. Einzelne haben einen Balken oder eines der wenigen noch schwimmfähigen Floße gefunden und halten sich daran fest. Aber gerade die verkrampfte Anstrengung, mit der sie sich festkrallen, macht sie vorzeitig müde. Einer nach dem anderen gibt auf. Kann nicht mehr. Versinkt. Aus. Die See schleudert sie hin und her, hebt sie hoch, zieht sie in Wirbel, überspült sie, macht sie lahm und steif, wirbelt sie durcheinander, die Lebenden und die Toten, die Verwundeten, die Verzweifelten und die Sterbenden. Das eiskalte Wasser macht sie starr. Das ewige Auf und Ab, das Hin und Her lähmt ihren Lebenswillen, den Selbsterhaltungstrieb, das letzte bisschen fast aussichtslose Hoffnung. Die luftgefüllte Nackenstütze der Schwimmweste drückt am Hals, drückt stärker und stärker den Kopf unter Wasser. Ein U-Boot wird später Hunderte ertrunkener Matrosen sichten, die den Kampf mit dieser teuflischen Nackenstütze verloren haben. Erst nach den Erfahrungen, die dieses U-Boot berichtete, werden die Schwimmwesten geändert werden. Das allerdings wird den Männern der *Bismarck* nichts mehr nützen.

Wird man sie auffischen? Wird der Feind sie retten? Wird er

sich die Zeit dazu nehmen? Wird er so viel Menschlichkeit aufbringen? Natürlich wird er das, reden sich die Männer ein; die Tommys sind zwar Feinde, aber doch Menschen. Die Augen brennen vom Salzwasser. Sie können kaum noch sehen. Es wird dunkler. Vielen fehlt die Kraft, das scheußliche Meerwasser auszuspucken. Andere treiben direkt in Ölpfützen hinein, wehren sich noch ein letztes, ein allerletztes Mal.

Wo sind die feindlichen Schiffe? Waren doch eben noch da. Tatsächlich stoppen die *Dorsetshire* und die *Maori* genau an dem Punkt, auf den die Schiffbrüchigen zutreiben. Ein paar Hundert Meter nur noch. Die Vorderen sehen jetzt die Schiffe, versuchen verzweifelt, die Richtung beizubehalten, verlieren sie, werden noch einmal auf die Silhouetten zugeschwemmt, schlagen um sich, schreien, schwimmen mit letzter Kraft.

Der Matrosenobergefreite Flieger liegt auf dem Rücken, als ihn der Ruf seines Nebenmannes aufschreckt. Er braucht Minuten, um die Augen wieder aufzubekommen. Er ist am Rand einer Öllache dahingetrieben, kam gerade noch heraus. Aber das klebrige Zeug verschmierte ihm die Augen. Welch ein Glück, denkt er, genau die richtige Richtung. Er wird überspült, legt sich zurück. Ruhig bleiben, sagt er sich, Kraft sparen, sich so wenig wie möglich bewegen, warten. Unter Hunderten von Kameraden wählt das Schicksal eine Hand voll aus, die davonkommen sollen.

Flieger schließt die Augen. So nahe am Ziel ist es am schlimmsten. Mein Gott, wenn man vorbeitreibt, wenn man jetzt nicht mehr die Kraft hat, die Leine zu greifen. Ein Zurückschwimmen gibt es nicht, ganz ausgeschlossen bei der Dünung. Nicht hinsehen. Im Angesicht der Hoffnung wächst die Todesangst ins Unermessliche. Ruhig! Nicht daran denken. An etwas anderes denken. Welcher Monat ist? Mai, natürlich, der 27. Mai 1941. Der Jasmin blüht, der Flieder auch. Irgendwann muss Muttertag sein. Was die zu Hause machen? Sicher denken sie an ihn. Ein Glück, dass sie nichts wissen. Sie werden es nicht in die Zeitungen schreiben, wie alles war. Die Angehörigen werden nicht erfahren, wie oft ihre Männer und Söhne sterben mussten. Man wird Phrasen dreschen, alberne, leere, abgedroschene Phrasen von Heldentum, vom Kampf bis zur letzten Granate, von Großdeutschland, von Treue bis in den Tod. Natürlich, was bleibt anderes übrig!

Sie wollten ja alle bis in den Tod getreu sein, sicher, aber als sie das wollten, als sie das versprochen hatten im jugendlichen Optimismus, im Glauben an sich, an ihr Volk, an ihr Vaterland, da konnten sie nicht wissen, was das heißt.

Jetzt wissen sie es. Gott, wie wichtig wäre es, den andern mitzuteilen, ihnen zu sagen, ihnen zuzuschreien: Macht Schluss mit dem Krieg! Hört auf mit dem tausendfachen Mord und schickt alle, die den Krieg wollen, auf die *Bismarck* und lasst sie dort krepieren!

Nützt ja doch alles nichts! Solange es Menschen gibt, wird ein Teil von ihnen sich in diesen Phrasen baden, und die anderen werden baden gehen.

Mein Gott, nur durchhalten! Vielleicht gibt es einen Ausweg. Für den Matrosenobergefreiten Flieger wenigstens. Es muss ihn geben!

Davonkommen heißt: Marianne wiedersehen, das blonde, hoch aufgeschossene Mädchen, dem das Lächeln so gut steht, das Tag für Tag an der Kinokasse sitzt und auf ihn wartet. Im letzten Urlaub hat Manfred Flieger sie entdeckt. Er ging dreimal in den Film, löste jedes Mal mit klopfendem Herzen seine Karte, nur um sie ansprechen zu können. Er hatte Hemmungen. Die Soldatenmanier schien ihm hier nicht zu passen, obgleich er Uniform trug. Seine Stimme klang brüchig. Er wollte ihr gleich erklären, dass es bei ihm ganz anders sei. Aber natürlich waren seine Gedanken flinker als seine Worte. So fragte er sie nur, ob er sie nach Kinoschluss abholen dürfe. Sie sah ihn ein paar Sekunden prüfend an. »Von mir aus«, erwiderte sie dann.

Er konnte es kaum erwarten. Er ging mit ihr in eine Bierkneipe, denn alle anderen Lokale hatten bereits geschlossen. Sie saßen zum ersten Mal einander gegenüber. Sie lächelten sich an. Sie verstanden sich, ohne große Worte zu gebrauchen. Große Worte machten schließlich auch sie, aber viel später, als das Glück sie ihnen einfach über die Zunge trieb. Sie hatten sich gefunden. Und sie hatten drei Tage Zeit. Dann würde es eine Feldpostliebe sein wie bei

Millionen anderen, aber sie glaubten an ihre Liebe, und sie würden beieinanderbleiben, immer.

Immer? Mein Gott, nur nicht daran denken. Wieder wirbelt ihn eine Welle herum. Manfred Flieger spürt einen Druck am Hals. Zwei Hände pressen sich um ihn, mit letzter, mit entsetzlicher Kraft. Ein Kamerad hält ihn von hinten umfasst. Vielleicht ganz unbewusst. Beide sinken in die Tiefe.

Flieger schlägt wild um sich, kommt nach oben, versucht, den bleischweren Mann mitzuziehen, aber es gelingt nicht. Wenn er sich nicht von ihm frei machen kann, müssen sie beide ertrinken. Er schluckt Wasser, spuckt es aus. Der andere scheint über fünffache Kraft zu verfügen. Es geht nicht mehr.

»Lass los!«, brüllt Flieger.

Aber der Mann klammert sich in Todesangst fest. Mit einer Hand kann Flieger sich frei machen. Er handelt sofort, ohne Überlegung, ohne Hemmung, in unbarmherzigem Selbsterhaltungstrieb. Er schlägt zu, so schnell er kann, so fest er kann, wieder und wieder, immer gegen den Kopf des andern, des Kameraden. Er sieht das entsetzte, verzerrte Gesicht, die irren, starren Augen, es wird ihm schlecht, schlecht vor sich selbst, aber er kann nicht anders. Er muss es tun, und wenn er sein Leben lang nicht mehr davon loskommt, und wenn ihm Nacht für Nacht diese Augen erscheinen werden. Die Kraft des Ertrinkenden lässt nach, seine Hände lösen sich.

Flieger wagt es nicht, dem Kameraden, dessen Schicksal nun besiegelt ist, das er vollstreckte, nachzusehen …

Die ersten zwanzig, dreißig Schiffbrüchigen haben die Backbordseite der *Dorsetshire* erreicht. Als die Leinen ausgeworfen werden, gibt es fürchterliche Szenen. Die hinteren drängen vor. Vier, fünf Mann klammern sich an ein Tau, krallen sich fest. Einer versperrt dem andern die Rettung. Ein paar Besonnene schreien. Aber was nutzt es, wer hört darauf, wen kümmert das? Die Kameradschaft, die sich so lange bewährte, hat hier ihr Ende. Rette sich, wer kann. Und die Rettung des einen bedeutet vielleicht den Tod des andern.

Ein paar englische Matrosen beugen sich über die Bordwand,

rufen etwas herunter. Die Tommys tun, was sie können. Sie greifen zu. Tatsächlich gelingt es ihnen, ein Tau, an dem drei Männer hängen, hochzuziehen. Langsam geht das, ganz langsam. Die anderen sehen das, starren darauf. Schnell, nur schnell, es kommen immer mehr, und was soll das Dutzend Seile für drei- oder vierhundert Mann?

Plötzlich reißt das Tau. Die drei Männer stürzen ins Wasser, gehen unter, kommen wieder hoch, schreien durcheinander, versperren den anderen den Weg.

Auf einmal ist Pollack da, brüllt wie ein Berserker.

»Lasst mich!«, schreit er. »Lasst mich zuerst ... ich muss hinauf. Hab' Frau und Kind, denkt doch daran!«

Es nutzt nichts. Pollack schreit weiter:

»Denkt doch an meine Frau und mein Kind!«

»Hier haben alle Frauen und Kinder«, brüllt ihn Lindenberg an. Endlich bekommt Pollack ein Tau zu fassen. Der Brite am anderen Ende sieht es und zieht sofort hoch. Zwei Meter noch, dann hat es der Gefreite, der vor drei Tagen Vater wurde, geschafft. Ein oder zwei Sekunden noch.

Da verlässt ihn die letzte Kraft. Er lässt aus, fällt ins Wasser. Ein anderer sieht das, schwimmt auf das Tau zu, krallt sich ein, wird hochgehievt. Und Pollack schreit, wimmert und versinkt gurgelnd vor den Augen des andern. Hier ist keinem zu helfen, der sich nicht selbst helfen kann.

Erst später werden sich die Matrosen an solche Einzelheiten, an das Sterben, drei Meter von der Rettung entfernt, erinnern. Sie werden scheu darüber sprechen, werden das Wunder, dass sie davonkamen, nicht begreifen.

Dutzende treiben an der *Dorsetshire* vorbei. Sie schreien um Hilfe, wehren sich ein paar Armschläge lang gegen den nun sicheren Tod und werden vom aufgepeitschten Meer davongeschwemmt.

Der Obergefreite Rzonca sieht achtern eine freie Leine. Er löst sich aus dem Haufen. Aber ein anderer kommt ihm zuvor. Rzonca sieht, wie dieser hochgezogen wird. Eine Welle nimmt Rzonca auf und schleudert ihn mächtig gegen den Schiffsrumpf. Er spürt den

Schlag wie aus weiter Ferne. Nur nicht ohnmächtig werden, denkt er. Die werfen die Leine gleich zurück. Durchhalten!

Ein paar Sekunden noch, dann kommt die nächste Woge. Noch ein Schlag. Da ist die Leine. Und schon hängt ein anderer daran. Aber daneben wird noch eine herabgelassen. Die Männer an Bord müssen ihn bemerkt haben. Er fasst zu. Mein Gott, gib mir die Kraft, betet er, gib mir einmal im Leben noch die Kraft, nur ein paar Sekunden lang. Er hängt fest. Er spürt, wie das Gewicht seines Körpers nach unten zieht, immer stärker. Ich kann nicht mehr. Es ist aus. Da will er das Tau loslassen.

Aber zwei Tommys beugen sich herab, fassen ihn unter den Armen, ziehen ihn hoch. Er sieht, wie sie ihn angrinsen, und verliert das Bewusstsein …

Ein paar Sekunden später wird sein Kamerad Römer gerettet. Eine riesige Woge kommt heran, geht als Brecher über Deck, spült zwei oder drei Mann auf das Schiff, zerschmettert Dutzende an der Bordwand.

Weiter tobt das infernalische Ringen der Schiffbrüchigen. Weiter Schreie, Flüche, Gewimmer, Befehle. Weiter strecken sich fünfzig Hände nach einem Tau. Weiter werden Menschen links und rechts an der nahen Rettung vorbeigetrieben.

Wie lange halten die Tommys das durch? Wie lange winken sie noch herab, rufen den deutschen Soldaten ermunternde Worte zu? Wie lange schuften sie noch? Wie viele retten sie noch? Und wie viele Schiffe beteiligen sich an der Rettung? Wie viele Schiffbrüchige werden noch stundenlang in der See treiben, bis sie der Tod erlöst?

Da geschieht es! Etwas Entsetzliches, Ungeheuerliches: Da kommt das Todesurteil für Hunderte, die noch gerettet werden könnten, die der Feind zu retten bereit ist.

Ein deutsches U-Boot wird ausgemacht. Ganz in der Nähe der *Dorsetshire.* Der Mann am Ausguck entdeckte das Sehrohr. Alarm!

»Alle Mann auf Gefechtsstation!«

Einige deutsche U-Boote kommen von Feindfahrt zurück und an die Untergangsstelle der *Bismarck.* Sie wurden von der deutschen Seekriegsleitung alarmiert und sollten in den Todeskampf eingreifen. Aber sie hatten ihre Torpedos verschossen und mussten ohnmächtig mit ansehen, wie das schon wehrlose deutsche Flottenflaggschiff zusammengeschossen wurde, wie es sich schließlich selbst versenkte.

Und jetzt sprechen diese U-Boote, ohne es zu wollen, ohne dafür zu können, das Todesurteil über ihre Kameraden der *Bismarck*. Die Engländer können ja nicht wissen, dass von den gefürchteten U-Booten keine Gefahr mehr droht. Sie müssen annehmen, dass in den nächsten Minuten, ja Sekunden, die tödlichen Aale gegen sie abgeschossen werden.

»Äußerste Kraft voraus!«, kommt der Befehl. »Zickzackkurs!« Was aber, um Gottes willen, soll mit den Leuten geschehen, die noch an den Tauen hängen?

Der Seekrieg diktiert die grausame Antwort. Die Taue werden gekappt, durchschnitten. Mit dem nutzlosen Tauende in der Hand fallen die Schiffbrüchigen zurück in die See. Sie begreifen in dieser Sekunde nicht, was vorgefallen ist. Sie begreifen nur, dass sie sterben müssen – auch der junge, kaltblütige Maat Lindenberg, der eben noch einem Verwundeten den Vortritt gelassen hat. Lindenberg war einer von denen, die auch hier noch mehr als ihre Pflicht taten.

Die *Dorsetshire* geht auf neuen Kurs. Mit äußerster Kraft.

In den aufgepeitschten Wellen des Atlantik aber verstummen die sinnlos gewordenen Hilferufe der Schiffbrüchigen.

Das Meer nimmt sie zu sich, frisst sie zu Hunderten, die tapferen Männer, die durch eine Hölle hindurchgegangen sind. Die grimmige, eiskalte See verschluckt sie. Brutal und wahllos trägt das Schicksal sie in die Vermisstenlisten ein, macht Frauen zu Witwen und Kinder zu Waisen, löscht Dienstgrade aus, macht sie alle, die nebeneinander im Wasser dahintreiben, gleich: kalt, tot …

Backbords des britischen Zerstörers *Maori* die gleiche Szene: Auch hier werden nach dem U-Boot-Alarm die Leinen gekappt, auch hier fallen die deutschen Seeleute, mit dem Tauende in der Hand, ins Meer zurück, werfen einen letzten verzweifelten Blick auf das Feindschiff, das eine Hand voll ihrer glücklicheren Kameraden aufnahm. Auch sie ahnen nichts von den deutschen U-Booten, die den Abbruch der Rettungsmaßnahmen zwangsläufig verschuldeten. Sie wissen auch nicht, dass die Engländer gerade noch mit dem letzten Tropfen Brennstoff in ihre Häfen zurückkehren und sich auch deshalb nicht mehr um die Schiffbrüchigen kümmern können.

Der Tod zahlt seinem Zuhälter, dem Krieg, die Provisionen bar in Menschenleben …

Sie sterben dicht beieinander. Ihre Hilferufe werden immer seltener.

Manche rufen sich letzte Worte zu, geben sich die Hand, umschlingen sich im letzten Kampf. So werden sie Stunden später von mehreren Schiffen, die diese Stelle passieren, gesehen. Zwei von ihnen kann kurz nach Mittag ein deutsches U-Boot dem sicheren Tod abkaufen.

Für die anderen ist es bis dahin aus, vorbei und überstanden. Heldentod nennt man das …

Noch während des U-Boot-Alarms greifen auf der *Dorsetshire* und auf der *Maori* die Briten zu, um die vorläufig geborgenen deutschen Seeleute endgültig zu retten. Vielen droht der Erstickungstod. Man reißt ihnen die Schwimmwesten und das Ölzeug vom Leib, schrubbt die nackten, ölverschmierten Körper mit Benzin, hüllt sie in Decken, rüttelt und schüttelt die Männer, bis sie zu sich kommen. Man führt ihnen Sauerstoff zu, pumpt ihnen den Magen aus, flößt ihnen Kognak und Whisky ein, gibt ihnen Tabletten, Schokolade, Zigaretten, verbindet sie. Englische Matrosen stellen sich als Blutspender zur Verfügung.

Auf der *Dorsetshire* sind dreiundachtzig Überlebende, auf der *Maori* dreißig. Fast die Hälfte von ihnen schwebt noch in unmittelbarer Lebensgefahr: Männer, die Heizöl schluckten und nun keine Luft mehr bekommen, die Herzanfälle erleiden, nichts mehr sehen können, ausgeblutet sind. Die Engländer tun, was sie können. Sie handeln, als ob es um ihre eigenen Leute ginge. Wo die Rationen des Schiffs nicht mehr ausreichen, geben die Matrosen ihre eigenen. Auf der *Dorsetshire* wird die gesamte Besatzung auf halbe Verpflegung gesetzt. Die Kriegsgefangenen aber dürfen essen, was sie wollen oder können.

Trotzdem kommt es auf der *Maori* zu einer letzten Panik. Die Gefangenen schreien und laufen durcheinander, versuchen, aus dem Lazarettdeck hinauszukommen, schlagen wild um sich, wollen sich nicht mehr anfassen lassen. Einer steckt den anderen an. Das Sanitätspersonal versucht, sie zu beruhigen. Es nützt nichts. Der Tumult wird größer, immer verzweifelter – und dabei kommt es auf jede Sekunde an, denn wenn die Kranken nicht versorgt werden, können, ja müssen viele von ihnen sterben.

Der britische Stabsarzt läuft durch das Schiff. Vielleicht kann der erste Geborgene, ein Kapitänleutnant, der nach der ersten Versorgung mit Schlaftabletten zur Ruhe gebracht wurde, seinen Leuten zureden. Der Arzt rüttelt Werner Nobis wach.

Es dauert Minuten, bis er zu sich kommt.

»Do you speak English?«, fragt der Brite hastig.

»Yes, Sir.«

»Will you please be so kind and help me?« – »Würden Sie mir bitte helfen?«

»Selbstverständlich«, erwidert Nobis.

»Ihre Leute müssen sofort schlafen«, sprudelt der englische Sanitätsoffizier heraus. »Ich wollte ihnen deshalb Morphium spritzen, aber sie fürchten sich vor mir, und es ist ein Tumult ausgebrochen. Bitte, helfen Sie mir schnell.«

Nobis will aufstehen, aber es gelingt ihm mit eigener Kraft nicht. Der Stabsarzt hilft ihm dabei. Schlaftrunken taumelt der deutsche Offizier zum Lazarett, wo sich inzwischen der Tumult verschlimmert hat.

»Ruhig, Männer!«, sagt Nobis. »Seid vernünftig. Passiert euch gar nichts! Die Tommys wollen doch nur helfen.«

»Ich lass mich nicht vergiften«, schluchzt ein Maat, »die haben schon drei Leute totgespritzt.«

»Unsinn«, erwidert Nobis barsch. Ermattung will ihn übermannen. Er stockt und muss sich mit aller Energie gegen die Müdigkeit stemmen. »Hört zu«, sagt er dann, »in der Ampulle ist

Morphium. Eine kleine Dosis, damit ihr schlafen könnt. Morgen wacht ihr auf und alles ist in Ordnung. Verlasst euch auf mich.«

Er wechselt ein paar englische Worte mit dem Stabsarzt, um seinen Leuten zu zeigen, dass er die Briten verstehen kann. Dann sackt er zusammen. Zwei britische Seeleute tragen ihn auf sein Lager zurück.

Die Männer sind sofort ruhig geworden. Betroffen starren die Überlebenden auf den Boden. Die Erregung der letzten Stunden hat eine Treibjagd auf ihre Nerven veranstaltet. Sie schämen sich und möchten den Engländern alles erklären. Sie wissen, dass sie wieder einmal auf die verfluchte Kriegspropaganda hereingefallen sind, die ihnen Tag für Tag das Märchen von den abgehackten Kinderhänden in umgekehrter Weise bescherte!

Von jetzt an geht alles reibungslos. Willig strecken die Männer dem Stabsarzt ihren Arm entgegen, lächeln dankbar, wenn er die Spritze ansetzt. Der Lazarettraum birgt dreißig Überlebende der *Bismarck,* die in tiefem, traumlosem Schlaf der Genesung entgegenschlummern, zehn, vierzehn Stunden lang ohne Unterbrechung. Als sie aufwachen, können sie nicht begreifen, dass sie der Hölle des Seekrieges entkommen sind, dass der Krieg für sie vorbei ist…

Für die Briten, die noch im Aktionsbereich der deutschen Luftwaffe und der U-Boote stehen, ist die Operation *Bismarck* noch nicht zu Ende. Um 13 Uhr an diesem unglückseligen 27. Mai 1941 meldet die britische Agentur Reuter, dass das deutsche Flottenflaggschiff gesunken ist. Um 13.22 Uhr bittet die Gruppe West der deutschen Seekriegsleitung den Flottenchef auf der *Bismarck* um genaue Lagemeldung. Vergeblich. Die *Bismarck* antwortet nicht mehr…

Die große Jagd ist vorbei. Auf britischer Seite waren acht Schlachtschiffe und Schlachtkreuzer, zwei Flugzeugträger, vier schwere Kreuzer, sieben leichte Kreuzer, einundzwanzig Zerstörer und sechs U-Boote an ihr beteiligt. Weiter haben zahlreiche Marineflugzeuge in die Operation eingegriffen. Dem Zusammenspiel all dieser Kräfte ist es gelungen, das deutsche Flottenflaggschiff zum Wrack zusammenzuschießen, sodass es sich selbst versenken musste. Dieser Sieg kann natürlich die Engländer nicht über den Verlust der *Hood,* ihres nationalen Idols, hinwegtrösten …

Als die *Bismarck* schon gesunken war, starteten die Briten irrtümlich einen letzten Torpedofliegerangriff. Die Kampftruppe H, der Verband des Vizeadmirals Somerville, stand während des Endkampfes zu weit von der *Bismarck,* um in den Kampf eingreifen zu können, aber doch nahe genug, um den Geschützdonner zu hören. Laufend erreichten ihn Meldungen, dass die Vernichtung des Gegners planmäßig vor sich gehe. Nach seiner Berechnung müsste die *Bismarck* längst gesunken sein. Der Vizeadmiral ist deshalb in großer Unruhe, zumal nacheinander folgende Nachrichten bei ihm eingehen:

1. Die *Bismarck* schwimmt noch.

2. Der Verband Admiral Toveys ist nicht in der Lage, das deutsche Flottenflaggschiff mit Artilleriefeuer zu versenken.

3. Die Schlachtschiffe dieses Verbandes haben wegen Brennstoffmangels den Rückmarsch angetreten.

Unter diesen Umständen entschließt sich die Kampfgruppe H, noch einmal die Flugzeuge der *Ark Royal* einzusetzen. Kurz nach ihrem Start funkt die *Dorsetshire* endlich:

»*Bismarck* gesunken.«

Die Torpedoflugzeuge werden zurückbeordert. Da eine Landung mit den nicht abgeworfenen Torpedos wegen des hohen Seeganges gefährlich ist, müssen sie die Oak über dem Meer abwerfen. Unmittelbar nach ihrer Landung auf der *Ark Royal* taucht eine zweimotorige deutsche Heinkel 111 auf, die den Flugzeugträger angreift, aber das Ziel verfehlt.

Jetzt tritt auch die Kampfgruppe H den Rückzug nach Gibraltar an. Sie wird die Felsenfestung ohne Zwischenfälle erreichen.

Die britische Seekriegsleitung schickt den zurückkehrenden Schlachtschiffen weitere Zerstörer entgegen. Insgesamt sind jetzt elf ausgelaufen. Es wird aber eineinhalb Tage dauern, bis sie sich zu einem geschlossenen Verband zusammenfinden. Besonders gefährlich ist für die Briten, dass ihre Einheiten, um Brennstoff zu sparen, mit nur geringer Kraft laufen müssen.

So kommt es am 28. Mai, einen Tag nach dem Untergang der *Bismarck,* zu dem schon lange gefürchteten Angriff eines starken deutschen Bomberverbands. Zwei Zerstörer, die *Mashona* und die *Tartar,* liegen im Bombenteppich. Die *Mashona* wird getroffen und sinkt. Ein Offizier und fünfundzwanzig Mann fallen. Die *Tartar* entkommt.

Damit endet die Seeschlacht um die *Bismarck.*

In der Nacht werden die von der *Dorsetshire* aufgefischten, in bleischwerem Schlaf liegenden Überlebenden der *Bismarck* wachgerüttelt. Durch Gesten bedeuten ihnen englische Seeleute, dass sie in das Lazarettdeck kommen sollen. Drei Schwerverwundete liegen hier. Der Pumpenmaat Häuser, der nach dem Verlust beider Beine mit ungeheuerlicher Energie bis zur *Dorsetshire* schwimmen konnte, hochgezogen und sofort operiert wurde. Er liegt in schwerem Delirium, aber der britische Arzt versichert, dass er ihn durchbringen werde. Neben ihm liegt der Maschinengefreite Schäfer, ein lebender Toter, weil er so viel Heizöl geschluckt hat, dass er für immer künstlich ernährt werden muss. Er lebt heute noch.

Um den Dritten aber geht es jetzt. Es geht um den Maschinengefreiten Lüttich.

»Who speaks English?«, fragt ein britischer Sanitätsmaat. »Ihr Kamerad liegt im Sterben.«

Die Briten gehen aus dem Raum, um die Deutschen allein zu lassen.

»Na, wie geht's dir?«, fragt der Gefreite Rzonca.

Die Kameraden beugen sich zu dem schwer verwundeten Lüttich hinab.

»Ich mach's nicht mehr lange«, erwidert er leise. Das Sprechen fällt ihm schwer.

»Du wirst doch jetzt nicht schlappmachen. Jetzt, wo wir alles überstanden haben.«

Ein Dutzend Männer stehen herum und versuchen, sich nichts anmerken zu lassen. Sie starren auf den Verbandszeugschrank und vermeiden es, sich anzusehen. Sie beißen die Zähne zusammen. Jeder von ihnen ist während des Gefechts dem Tod hundertmal begegnet. Aber da ist es wenigstens schnell gegangen.

»Es ist schön, dass ihr da seid … schlimm … wenn man … allein ist.«

»Wir bleiben bei dir«, will Flieger ihn beruhigen, »in ein paar Tagen ist alles gut.« Er versucht, seiner Stimme Zuversicht zu geben, aber sie klingt brüchig und blechern.

»Ihr … werdet nach Haus kommen«, flüstert der Sterbende, »erzählt denen … wie … das alles war.« Plötzlich versucht er, sich aufzurichten, fällt aber wieder zurück. Seine Stimme wird beschwörend:

»Hört ihr, erspart ihnen nichts … sagt ihnen alles … erzählt ihnen … den ganzen Dreck … den Müttern … müsst ihr es sagen … den Frauen … und den Kindern.«

Seine Lippen bewegen sich lautlos weiter. Der weiße Kopfverband lässt sein Gesicht noch weißer erscheinen. Man sieht, wie er sich anstrengt, um weitersprechen zu können, wie er schmerzvoll unhörbare Worte formuliert, wie er noch einmal den letzten, winzigen Rest Energie vor dem Sterben zusammenkratzt, um seinen Kameraden noch etwas zu sagen.

Einige von ihnen können das nicht mehr mit ansehen. Mein Gott, flehen sie, wenn es schon sein muss, lass es rasch gehen, mach ein schnelles Ende, schenk es ihm, erlöse ihn von dem allen!

Noch ein paar letzte Worte kommen dem Sterbenden über die Lippen.

»Es … ist … aus. Ver … ver … verflucht.«

Ein Krampf durchzuckt den Gefreiten. Er ächzt, schließt die Augen, ballt die Hände zu Fäusten, dann rührt er sich nicht mehr, antwortet nicht mehr, atmet nicht mehr.

»Er schläft«, sagt Flieger.

»Ja, er schläft«, sagt auch Rzonca. »Ruft doch den Stabsarzt, vielleicht kann er noch was machen.«

Der Arzt erscheint sofort. Er beugt sich über den Gefreiten, hebt mit dem Daumen das linke Augenlid, richtet sich ruckartig auf.

»Tot«, sagt er lakonisch. Er gibt den umstehenden Deutschen die Hand. Er sieht an ihnen vorbei. Seine Augen glitzern.

Dann geht er rasch aus dem Raum …

Jeder kommt noch einmal, um den toten Kameraden zu sehen, und geht nach einem Gebet schweigend.

Um zehn Uhr am nächsten Vormittag ist das Seemannsbegräbnis angesetzt. Alle wachfreien britischen Matrosen formieren sich am Oberdeck im Viereck um den toten Gegner. Er wurde in ein Segeltuch eingenäht, um das die deutsche Kriegsflagge geschlungen ist. Die britische Flagge weht auf halbmast.

Ein Offizier tritt vor und betet ein Vaterunser in englischer Sprache. Der Kommandant hält eine kurze Ansprache. Obwohl ihn kaum einer der deutschen Kriegsgefangenen versteht, begreift jeder seine Worte. Dann bittet der Offizier einen der deutschen Kameraden, ein paar Worte zu sprechen.

Ein Maat tritt zögernd vor.

»Lieber toter Kamerad«, beginnt er. Dann bleiben ihm die Worte im Hals stecken. Er setzt noch einmal an. Er weint, versucht, seine Stimme wiederzufinden, blickt auf seine Kameraden, auf die Briten, die vor dem toten Feind präsentieren, auf ihre ernsten, jungen Gesichter, auf denen sich die Teilnahme widerspiegelt.

»Wir werden dich nicht vergessen«, sagt der Maat leise.

Der Kommandant gibt ein Zeichen. Der Tote wird zu Wasser gelassen. Ein *Bismarck*-Fahrer spielt auf einer von einem Tommy geborgten Mundharmonika »Ich hatt' einen Kameraden«.

Und hier stehen sie – zweiundachtzig Mann, die noch einmal davongekommen sind. Ihre Gedanken lösen sich in Tränen auf, ihre Körper verkrampfen sich in Schluchzen – und sie fragen, warum das alles, warum nur, für wen, gegen wen?

Sie wissen keine Antwort.

Im Meer, wenige Meter vom Rumpf des britischen Kreuzers entfernt, versinkt ein mit der deutschen Kriegsflagge geschmücktes Bündel im Seemannsgrab.

Das Oberkommando der Wehrmacht gibt den Verlust des Flottenflaggschiffs sofort bekannt. Mit einer vorbereiteten Meldung über den Beginn eines schweren Seegefechts etwa vierhundert Seemeilen westlich von Brest kündigt man das Bevorstehende an.

Die Zeitungen, die eben noch den Sieg über das britische Schlachtschiff *Hood* feierten, müssen nun den heldenhaften Untergang der *Bismarck* beschreiben. Einzelheiten werden nicht bekannt gegeben. Kein Wort darüber, dass der Durchbruch der deutschen Kampfgruppe in den Atlantik mangelhaft vorbereitet worden war, auch kein Wort darüber, dass das Unternehmen von Anfang an auf *Siegen oder Sterben* abgestellt war.

Die Presse wechselt rasch das Thema. Das Propagandaministerium wünscht keine Diskussion über die Todesfahrt der *Bismarck.* Nur Tausende von Angehörigen, Mütter, Frauen und Kinder, werden darüber sprechen. Sie werden nie darüber hinwegkommen.

Sie werden ihre Männer, ihre Väter, ihre Söhne, die am Rande der Biskaya im Atlantik untergingen, nie mehr sehen.

Langsam finden die Überlebenden der *Bismarck* wieder zu sich, langsam löst sich der Schock. Allmählich schmecken die Zigaretten wieder, und die Männer sitzen nicht mehr in einem Winkel und starren vor sich hin. Sie beginnen wieder, sich unbefangen zu unterhalten. Meistens dürfen sie sich unbehindert auf dem Schiff bewegen. Sie schnappen an Oberdeck frische Luft, schauen schweigend auf die endlose Wasserwüste, in der ihre Freunde, ihre Kameraden, ausgelitten haben.

Aber dann ist plötzlich der Seekrieg wieder da. Fliegeralarm auf der *Maori!* Heinkel 111. Bombenteppich. Britische Flak schießt.

Bomben fallen näher. Treffer. Detonationen. Schreie. Verwundete. Schlagseite. Flüche. Angst.

Nimmt das denn kein Ende? Müssen sie jetzt, da sie als winzige Quote dem Massensterben entkommen sind, vor den eigenen Bomben zittern?

Die *Maori* entkommt, schwer angeschlagen.

Alarm auch auf der *Dorsetshire.* Deutsches U-Boot ausgemacht. Höchste Fahrtstufe. Zickzackkurs. Wann kommen die Torpedos? Wann heißt es wieder: Alle Mann von Bord?

Die Männer sitzen unter Deck. Wieder flackern die Augen.

Wieder schweigen die einen und reden die andern zu viel. Aber diesmal haben sie Glück. Die *Dorsetshire* wird ohne Verluste den Hafen erreichen.

Die deutschen Offiziere trommeln ihre Leute zusammen.

»Wir werden jetzt vernommen«, sagt Kapitänleutnant Junack. »Ihr kennt die Regeln der Genfer Konvention. Ihr braucht nicht auszusagen. Aber um eines geht es: Ihr dürft unter keinen Umständen den Tommys erzählen, dass wir die *Bismarck* selbst versenkt haben. Verstanden?«

»Jawohl, Herr Kaleu«, erwidert ein Maat. »Aber warum sollen wir ihnen den Triumph lassen?«

»Ganz einfach«, antwortet der Offizier, »sie brauchen nicht zu wissen, dass unsere Panzerung stärker war als ihre Torpedos.«

Kaum sind wir dem Krieg entronnen, denken wir schon wieder an den Krieg, denkt Rzonca bitter. Aber er wird schweigen; die Vernehmungsoffiziere der Briten erfahren erst nach dem Krieg, dass sich das deutsche Flottenflaggschiff selbst versenkt hat. Und jetzt haben sie Zeit zum Schreiben. Wann sie ihre Angehörigen wiedersehen werden, wissen sie nicht, aber sie können jetzt, nachdem sie sich mit dem sicheren Tod bereits abgefunden hatten, wenigstens wieder hoffen, dass es eines Tages ein Wiedersehen geben wird. Nach dem Krieg. Im Frieden. Nach einer Zeit, die nie wiederkehren darf…

Kapitänleutnant Werner Nobis erholt sich rasch. Die Engländer haben ihm in fairer, kameradschaftlicher Geste eine Offizierskammer auf der *Dorsetshire* angewiesen. Sie fragten ihn zunächst nichts. Offiziere besuchten ihn, ließen Zigaretten und Schokolade auf der Back zurück, wunderten sich über sein tadelloses Englisch, kamen auch ab und zu ins Erzählen über die alten Zeiten der christlichen Seefahrt, die glorreichen Tage der Handelsmarine.

Werner Nobis gewinnt rasch Abstand von der Hölle. Er weiß, welch erbärmlichem Arbeitgeber er gefolgt ist. Er weiß, welche Pflicht er jetzt zu übernehmen hat: Er wird dem Krieg die Maske herunterreißen, wird das große Sterben auf der *Bismarck* schildern, wie es war – ohne Beschönigung, ohne patriotisches Beiwerk, ohne den Schwulst der Phrase.

Als er in Portugal die Chance hatte, dem Krieg den Rücken zu kehren, hat er sich freiwillig nach Deutschland durchgeschlagen. Trotz Deina. Der Krieg hat ihn freigegeben als einen der wenigen, als einen von hundertsechszehn, die er entkommen ließ. Und jetzt, dem Massensterben entkommen, kein Funktionär des mörderischen Krieges mehr, erscheint ihm die Zukunft klar und einfach. Einmal wird der Krieg zu Ende gehen. Und er wird frei sein, wird zu Deina zurückkönnen. Und es wird einmal Frieden sein.

Für immer? …

Ein Engländer gibt dem deutschen Offizier Briefpapier und Federhalter und erklärt sich ohne viel zu fragen bereit, den Brief des deutschen Kriegsgefangenen an Deina weiterzubefördern. Und Nobis schreibt alles nieder. Wie es war, wie brutal, wie verzweifelt und wie sinnlos.

»Du hattest Recht mit jedem Wort. Ich habe es gebüßt, glaube mir, und ich habe den Wahnsinn verflucht, der mich von dir wegtrieb. Nie wieder! Nie wieder würde es für mich eine andere Pflicht geben, als dich zu lieben. Wenn du es noch willst. Wenn du es noch kannst.«

Werner Nobis weiß nicht, ob sein Brief Deina jemals erreichen wird.

Er redet sich die Hoffnung Stück für Stück aus und baut doch gleichzeitig auf sie. Er wird in England an Land gebracht werden … Und eines Tages wird er bei der Postverteilung seinen Namen aufrufen hören. Er wird einen Brief betrachten, die portugiesische Marke, und er wird ihn Minuten unentschlossen in der Hand halten und nicht wagen, ihn zu öffnen.

Aber dann wird er ihn lesen. Deinas Antwort wird schlicht, klar und einfach sein. Sie wird genau das schreiben, was er hoffte, trotz allem. Und der letzte Satz wird lauten:

»Einmal ist auch dieser Krieg zu Ende, und dann …«

Auch Kapitänleutnant Junack schreibt, an seine Braut in Hamburg. Nach dem Krieg wird er zurückkehren und sie heiraten. Rzonca wird sich schon in Gefangenschaft ferntrauen lassen. 1943. Vier Jahre wird die Ehe nur auf dem Papier bestehen. Dann wird er heimkehren. Dann wird bald sein Sohn Friedrich zur Welt kommen, und dann, 1952, wird Rzonca ein letztes Mal zur See fahren: um nach Amerika auszuwandern … Wie wird es den Überlebenden der *Bismarck* in der Gefangenschaft ergehen? Sie sind einem fairen Gegner in die Hand gefallen. Sie bleiben ein paar Monate lang in England und werden dann nach Kanada gebracht. Zwei Jahre später, 1943, werden die Gefreiten Braun und Flieger ihren Bewachern ein tolles Schnippchen schlagen, das durch alle Zeitungen geht …

Ein paar Hundert Mann sind im Camp in der Nähe von Monthis. Der Krieg nimmt kein Ende. Die Post kommt regelmäßig. Die Verpflegung ist ausgezeichnet. Aber keiner lebt gern hinter Stacheldraht. Seit Wochen sinnen Braun und Flieger, die Kopf an Kopf vor zwei Jahren von der *Dorsetshire* aus dem Meer gefischt wurden, auf Flucht.

Heute ist es so weit. Sie haben sich einen Kübel mit Farbe und zwei Malerkittel besorgt. Braun ist in Kanada aufgewachsen und beherrscht die Sprache fließend. Seinem Freund Flieger hat er das Notwendigste beigebracht. Sie streichen die Pfosten des Camps von innen. Dann gehen sie auf das Tor zu. Man öffnet ihnen arglos den Schlag. Mit der Bewachung ist es nicht so schlimm. Wer soll schon aus Kanada entkommen? Sie streichen zwei, drei Pfeiler von außen. Dann werfen sie die Leiter weg und laufen querfeldein, so schnell sie können.

Sie entkommen. Etwas Geld hatten sie sich verschafft. Braun kauft zwei Anzüge. Kein Verdacht fällt auf ihn. Jetzt sind sie freie Männer. Zur Freiheit gehört aber auch Geld. Sie finden einen Job als Hilfskellner. Kein Mensch fragt nach Papieren. Es geht ihnen gut. Ein paar Stunden Arbeit am Tag und Entlohnung in Geld, das noch etwas wert ist. Der Whisky schmeckt, und nach Dienstschluss warten ihre kanadischen Freundinnen auf sie. Sie finden eine hübsche Wohnung. Ihre Nachbarn ziehen den Hut vor ihnen.

Dann passiert es. Ein lächerlicher Zufall bringt sie wieder hinter Stacheldraht. Sooft sie das Essen servierten, passierten sie auf dem Weg zur Küche einen kleinen Vorraum. Hier stand eine Platte mit Sandwiches für die Kellner. Ein Dutzend arbeitete in dem großen

Restaurant. Kellner haben nie Zeit. Beim Durchgehen pflegen sie sich deshalb eine Schnitte zu schnappen. Sie bissen hinein und ließen sie dann achtlos liegen. Kanada ist ein Land des Überflusses, auch im Krieg. Den beiden entwichenen Kriegsgefangenen passte diese Verschwendung gar nicht. Die deutsche Gründlichkeit wehrte sich irgendwie dagegen. Sie besorgten sich einen Teller, auf den sie die angebissenen Brote ablegten, um sie beim nächsten Mal wieder zu nehmen, bis sie aufgegessen waren. So ließen sie nichts verkommen.

Das fiel den Kollegen auf. Da stimmt doch etwas nicht, sagten sie sich. Das können keine echten Kanadier sein! Einer von ihnen ging zur Polizei und – Braun und Flieger wurden wieder Kriegsgefangene.

Zu Beginn des Jahres 1947 werden die letzten Kriegsgefangenen der *Bismarck* entlassen. Die Überlebenden stehen noch fassungslos dem lang ersehnten Wunder der Heimkehr gegenüber. Die meisten von ihnen fahren ein letztes Mal zur See: nach Haus.

Die *Bismarck* brachte den stolzesten Sieg und die schmerzlichste Niederlage der deutschen Kriegsmarine. Ein Kriegsschiff, ein technisches Wunderwerk, das allen Belastungen standhielt und doch untergehen musste, das Tausende verzweifelter, gequälter, tapferer Seeleute mit in die Tiefe nahm. Sie zogen mit lachenden Gesichtern aus, und sie starben mit verkrampften. Ihr Todeskampf dauerte Tage oder Stunden, und sie waren zuletzt allein auf sich gestellt, ohne Ausweg, ohne Hoffnung, ohne Trost. Sie sahen die Kameraden fallen und wussten, dass bald darauf sie drankämen. Sie trieben im Wasser, durchstanden die Ölpfützen, hatten die von den Engländern ausgelegte rettende Leine schon in der Hand und… mussten dennoch, und diesmal endgültig, sterben. Das Meer nahm sie zu sich.

Auf den Seekarten bezeichnet ein schlichtes Kreuz die Untergangsstelle der *Bismarck.* Die Angehörigen ihrer Besatzung weinten und hofften, hofften sinnlos, hoffen selbst heute noch. Zum Sterben blieb den Männern der *Bismarck* nur eine traditionelle Parole: Getreu bis in den Tod. Sie hatten sie nicht erfunden. Aber sie mussten ihr folgen, und sie mussten lernen, was es heißt, sie zu befolgen. Sie wurde an ihnen vollstreckt. Sie sahen ihr eigenes Blut über die nassen Deckplatten fließen. Sie erlebten gleichzeitig das Wunder der Kameradschaft und die brutalen Auswüchse des Selbsterhaltungstriebs. Sie starben einzeln oder in Gruppen. Sie gingen fluchend oder betend unter, verzweifelt oder stumpfsinnig.

Und das Schlagwort, das ihnen den Tod brachte, das in den Zeitungen stand, das man den jungen Rekruten bei der Vereidigung einhämmerte … das schließlich Hunderttausenden, Millionen das Leben kostete:

Getreu bis in den Tod,
wurde zu ihrem letzten Fluch,
zu ihrem letzten Trost,
zu ihrem letzten Wahn.